U0964967

加強判解研究
推進司法改革

肖扬
二〇〇〇年七月一日

**图书在版编目(CIP)数据**

判解研究.2013年.第1辑:总第63辑/王利明主编.—北京:人民法院出版社,2013.9
ISBN 978-7-5109-0786-9

Ⅰ.①判… Ⅱ.①王… Ⅲ.①判例-研究-中国-丛刊②法律解释-研究-中国-丛刊 Ⅳ.①D920.5-55

**中国版本图书馆CIP数据核字(2013)第226143号**

**判解研究**
总第63辑(2013年第1辑)
中国人民大学民商事法律科学研究中心 主办
王利明 主编

---

**责任编辑** 吴秀军 兰丽专
**出版发行** 人民法院出版社
**地　　址** 北京市东城区东交民巷27号 邮编 100745
**电　　话** (010)67550626(责任编辑) 67550558(发行部查询)
65223667(读者服务部)
**网　　址** http://www.courtbook.com.cn
**E-mail** courtpress@sohu.com
**印　　刷** 三河市国英印刷有限公司
**经　　销** 新华书店
**开　　本** 787×1092毫米 1/16
**字　　数** 245千字
**印　　张** 15
**版　　次** 2013年9月第1版 2013年9月第1次印刷
**书　　号** ISBN 978-7-5109-0786-9
**定　　价** 38.00元

2013 年第 1 辑

**总第 63 辑**

# 判解研究

中国人民大学民商事法律科学研究中心　主办

**王利明·主编**

人民法院出版社

# 《判解研究》丛书编委会


**顾　　　问**：万鄂湘　奚晓明

**编委会主任**：王利明

**编委会副主任**：杨立新

**编委会成员**：（按姓氏笔画排序）

孔祥俊　王　轶　龙翼飞　刘春田

刘贵祥　刘德权　张勇健　宋晓明

吴汉东　罗东川　郑学林　姚　辉

郭明瑞　董安生

**主　　　编**：王利明

**执行主编**：姚　辉　吴秀军

**编　　　辑**：兰丽专　麻锦亮　梁展欣　雷震文

# 目录 CONTENTS

# 证券市场侵权民事责任制度的法律政策

奚晓明*

## 一、证券市场法制的起步和体系形成

20年前，在中国统一证券市场起步阶段的1993年，通过高频度的立法活动，初步奠定了证券市场的法制框架。

1993年4月22日，国务院颁布了《股票发行与交易管理暂行条例》（以下简称《条例》），这是我国第一部专门规范股票发行与交易行为的行政法规，内容涉及股票发行资格、发行程序、承销、上市条件与程序，公开发行股票公司信息披露内容与途径，上市公司收购等。这一《条例》在相当长的时间内，是规范我国股票发行与交易行为的基本法规，在证券法颁布之前，《条例》一直被奉为我国的“证券法典”，或者被称为“小证券法”。① 其后，同年6月份颁布了《公开发行股票公司信息披露实施细则（试行）》、7月份颁布了《证券交易所管理暂行办法》、8

---

* 最高人民法院副院长。本文系作者2013年4月22日在中国证券法学研究会2013年年会上的演讲。

① 在公司法、证券法相继实施以后，《条例》中的许多条款实质上已不再执行，但在当时，这一法规的出台具有非常重要的意义。

月份修订了《企业债券管理条例》、9 月份颁布的《禁止证券欺诈行为暂行管理办法》，这些规定初步奠定了证券市场的法制框架。到年底，1993 年 12 月 29 日第一部公司法颁布，这是我国第一次以人大立法的形式确定证券市场的有关内容，为股份制企业和证券市场的发展奠定了制度基础，对证券市场的法制化进程具有划时代的意义。

由上可见，在我国证券市场从不成熟走向成熟的过程中，从一开始就非常重视法制建设。依照这些法律、法规、规章，在国务院领导下，证券监管部门在规范和培育市场方面做了大量工作，使证券市场在规模和质量上都上了一个台阶。此后，按照 1995 年国务院"法制、监管、自律、规范"八字方针的要求，证券市场法律体系进一步完善，证券市场的发展总体上进入了较为良性的发展轨道。

目前，以证券法、公司法、信托法、证券投资基金法为主体法律的资本市场法律体系基本形成。与此同时，以中国证监会为代表的国务院证券监督管理机构的各项监管措施沿着渐进式的市场化、国际化改革方向继续稳步深入推进。

## 二、投资者信心的维护需要完善民事责任制度

### （一）维护投资者信心是当前市场建设的重要问题

经过 20 年来的发展，上市公司由 1992 年的 53 家，发展到目前的 2494 家。截至 2012 年底，沪深两市上市公司总市值达 243908.28 亿元，仅次于美国，居全球第二；占 2012 年 GDP（51.93 万亿）的比例约为 46.97%。

但我们也看到另一个数据，2013 年 1 月，国内股票有效账户数 13456.46 万户，较上月末减少 589.46 万户。[①] 此后虽然随着股市行情好转，开户数有所增加，但截至 4 月 3 日，有效账户数 13572.68 万户，[②] 还没有回到去年底的水平。同时，新股 IPO（首次公开发行）工作也事实上暂停了。

---

① 中国证券登记结算有限公司：《中国结算统计月报（2013 年 1 月）》，载中国证券登记结算有限公司网，http：//www.chinaclear.cn/main/03/0304/0304_ 1.html。

② 中国证券登记结算有限公司：《一周股票账户情况统计表（2013.04.01～2013.04.03）》，载中国证券登记结算有限公司网，http：//www.chinaclear.cn/main/03/0303/030305/1365496353619.htm。

导致投资者选择清仓离场的原因可能很多，但最重要的一条，是投资者的信心问题。根据中国证监会投资者保护局的分析，“现阶段我国投资者群体与资本市场发展呈现出三个不匹配：一是投资者的信心与我国经济基本面的发展形势不匹配；二是投资者的结构与市场稳定运行的内在要求不匹配；三是投资者的预期与市场改革的时效进展不匹配。三个‘不匹配’交织在一起，使市场波动和震荡幅度较大，暴涨暴跌不利于市场功能发挥，损害投资者利益，影响市场信心；快进快出的短期行为对循序渐进的各项改革缺乏耐心，也导致投资损失和信心下滑；还有市场的一些偏离客观实际的分析传言，甚至盲目唱衰看空的观点，导致市场投资气氛不足，进一步影响投资者的信心和判断。”①

（二）民事责任制度是维护投资者信心的重要手段

证券法的核心问题在于保护投资者的利益和维护投资者的信心。正如台湾地区赖英照先生所言，“要健全证券市场，发展国民经济，必须先保障投资。盖投资人如缺乏适当保障，则投资人的信心无从建立，从长远的观点看，证券市场的发展亦属缘木求鱼。”②

投资大众信心的维护，对于资本市场的重要意义，已经为各国监管机构所认识并重视。国际证监会组织在《证券监管的目标和原则》中，即将此作为监管目标的一个重要方面。2008 年第三季度后的中国，不仅有“信心比黄金更重要”的家宝总理语录，更有国资系大股东集体冒着浮亏的风险增持上市公司股票的壮举。最近几年，每逢股市大跌，均会有市场传言中央汇金公司出手增持三大行股票。凡此种种，莫不为维护投资大众对证券市场的信心。

在法律制度层面，维护投资者信心的具体举措之一则是建立民事责任制度。20 世纪 30 年代的美国，因世界性的经济危机导致其股市崩盘，其社会经济状况堪称“满目疮痍、百废待兴”。作为“罗斯福新政”的一项重要内容，就是进行系统的、成文化的证券立法，以恢复投资大众对资本市场的信心。《1933 年证券法》（SA）、《1934 年证券交易法》（SEA）分别针对发行市场、流通市场的各种欺诈行为规定了相应的民事责任。此后，针对成文法

① 马婧妤：《证监会投资者保护局局长熊伟：探索将投资者教育纳入国民教育体系》，载中国证券网，http：//www. cnstock. com/toubao/tbtbzl/201210/2338707. htm。

② 赖英照：《证券交易法逐条释义》，作者自版，第 10 页。

的不足，在1942年，美国证管会根据《1934年证券交易法》第10条b款，制定了10b－5规则，成为一个“包罗万象”（catch－all）的规则。虽然有美国学者认为，选择这一突破口只是政治家转移公众注意力的手段，但不可否认的是，以上述证券实体法律为基础，配合集团诉讼的制度设计，美国的证券民事诉讼蓬勃发展，投资者保护的法律体系及保护水准，均领先于世界各国。

（三）最高人民法院在完善民事责任制度方面的努力

在我国，由于立法规定较为原则，为发挥民事责任制度在保护投资者权益方面的功能，最高人民法院于2002年1月15日、2003年1月9日先后发布《关于受理证券市场因虚假陈述引发的民事侵权纠纷案件有关问题的通知》和《关于审理证券市场因虚假陈述引发的民事赔偿案件的若干规定》，对虚假陈述民事赔偿案件的受理、审理、管辖、诉讼主体资格、侵权行为认定、因果关系、归责原则、损失认定等进行了规定，使得民事责任制度从制度层面走向了司法实践。2007年6月11日，最高人民法院发布《关于审理涉及会计师事务所在审计业务活动中民事侵权赔偿案件的若干规定》，对中介机构的责任范围作了进一步的明确。这些司法解释颁布后，人民法院审理了一批虚假陈述侵权纠纷案件，积累了审理证券专业案件的审判经验。

2005年底证券法进行修订，明确对违反公开、公平、公正原则的虚假陈述、内幕交易、操纵市场等证券市场违法行为，均规定行为人要“依法承担民事责任”。至于行为人“如何”依法承担民事责任，则以“空白授权”的方式，由最高人民法院以司法解释的方式进行规定。

2007年5月底，我在全国民商审判工作会议上提出，对于投资者对操纵市场、内幕交易违法行为提起的民事赔偿诉讼，各地法院应当参照虚假陈述司法解释前置程序的规定来确定案件的受理，并根据管辖的规定来确定案件的管辖。

这几年来，各地人民法院受理了一些内幕交易、操纵市场行为的民事赔偿案件，对损失界定、举证责任规则等进行了积极的探索。从实践效果来看，证券侵权行为受害者的民事诉讼渠道被进一步拓宽，对投资者的司法救济更加全面，民事赔偿已经成为维护广大投资者利益的有力保障。

为更好地解决司法实践中的法律适用问题，最高人民法院已经考虑在总结实践经验的基础上，进一步完善民事赔偿的司法解释。2010 年 7 月，在委托专家进行课题研究的基础上，我们拟定了证券民事责任的司法解释稿，并与中国证监会系统和部分地方法院开展了多次研讨，就其中的一些重大问题进行慎重的研究。

## 三、民事责任制度设计的政策权衡

证券市场侵权民事责任制度的完善，涉及一系列复杂的实体法和程序法上的制度安排，是一个系统工程。相关问题的制度设计，主要涉及法律政策、法律技术和法律解释层面的问题，其中最为重要的是法律政策的权衡，政策对于技术路径的选择和规则设计的拟定起着重要作用。就政策因素来说，在投资者保护与促进资本市场发展这一宏观的法律政策主线的统领之下，主要包括如下三个方面的具体考虑：

### （一）促进资本形成与投资者保护之间的关系

作为一个发展中的大国，构建良性的资本形成机制，将各种储蓄有效转变为投资，为经济增长提供资本支持，从而保持国民经济的平衡稳定和持续增长，不仅是制定各项经济政策必须考虑的因素，也是制定资本市场司法解释过程中必须考量的重要因素，这同时也是人民法院审判工作服务国家工作大局的一个重要方面。根据国家统计局的统计，在一季度的 GDP（国内生产总值）增长中，资本形成占 2.3%，这其中主要是政府投资拉动，民间投资的份额仍然较少。由此可见，进一步促进资本形成在我国现阶段仍是一个重要而且迫切的任务。

资本市场的民事责任制度，在促进资本形成与投资者保护之间必须形成一个平衡。以虚假陈述的案件为例，若过于倾向于保护投资者，会在两个方面影响投资者的投资愿望和信心，从而妨碍资本形成：

一是受害人对无辜者的“二次伤害”问题。虚假陈述行为的具体操作者是个人，由于上市公司股东由广大投资者构成，上市公司承担虚假陈述的法律责任实际上是由持有股份的无辜中小投资者对另一部分受虚假陈述损害的无辜投资者承担赔偿责任，因此，如果制度设计不合理，将构成对持有上市公司股份的中小投资者的“二次伤害”。

二是“寒蝉”效应。如果责任体系过于严苛，对会计师、外部董事、独立董事所带来的冲击，可能会形成“寒蝉效应”（小公司越来越困难，没人愿意干，中介人员的成本最终还会转嫁给投资人负担），也将妨碍资本形成。

因此，对权利受到侵害的投资者的权益保护，应该考虑一个保护度的问题。

一是损失赔偿不等于损失保险。证券市场的风险多元且无时不在。证券法第二十七条仅规定了因发行人经营和收益变化引致的投资风险，由投资者自行负责。除此之外，投资者还应承担正常的市场波动风险。美国证券审判一直强调的一个主题，就是避免将本应由投资者负担的风险通过民事诉讼转嫁给违法行为人，使得民事责任制度成为投资者的责任保险。我们认为，这一政策逻辑是适当的，违法行为人所应负责的，只是因其违法行为给投资者造成的损失。在规则设计方面，主要涉及损失因果关系和损失计算方法的认定。在违法行为与损失之间的因果关系方面，证明责任由原告负担较为合适；投资者损失的计算方法，可考虑采用修正的净损差额法，被告可举证证明原告的损失是其违法行为以外的其他原因造成的，以减轻或免除自身的责任。

二是应当设计一种宽严适度的责任结构。根据证券法第六十九条、第一百七十三条的规定，凡在信息披露文件中起过作用的人，均应承担虚假信息披露的法律责任，且各侵权人之间应当负连带责任。在学说上，一种较具代表性的观点是，对证券侵权行为应当实行严刑峻法，民事责任运用的效果，应足以使违法行为人倾家荡产，唯有如此，方能充分发挥吓阻违法的作用。“倾家荡产”一说，固然使违法行为人承担严格的责任后果，但民事赔偿责任的边界，是否应当如此严苛，在法律政策方面，存在着相当大的推敲余地，也面临着公共政策正当性的诘问。由于各加害人的赔偿能力不同，连带责任制度的实际运作，事实上已经出现“深口袋”的有钱人支付了全部赔偿的情况。由此引发的质疑是：“尚未有人能够证明，当损失由两人引起时，要求其中一人承担全部责任作为一种公共政策是正当的；恐怕永远也不会有。”基于上述考虑，在证券侵权行为的各被告人之间，公平的责任分担应当体现各司其责、内外有别、罚当其过、责称其产的法律政策，以实现加害人之间责任分担的公平。在制度设计方面，必须坚持责任承担与行为性质、过错程度相一致，防止出现重责化、严苛化的结果，并规定免责抗辩的事由（宽严相济）。在前述会计师事务所的司法解释中，已经贯彻了这一逻辑，应当继续坚持。

## （二）前置程序的存废与滥诉风险的防范

投资者因证券侵权行为所致的损害，除“钱包”受损之外，别无所失（如 1 万股股票，从 10 元跌至 1 元，虽然财富缩水但数量不变）。学说上将这种损失称为纯粹经济损失。对因纯粹经济损失引发的诉讼，各国法律均存在诉讼闸门的设计，以防止纠纷大量涌向法院。之所以如此，其背后的政策考量主要有三个方面：

一是优越法益标准。侵权法理论认为，人身法益优于财产法益，财产法益中有形财产的价值要优于一般的财产利益，所以大多数国家的法律对有形利益均提供一般的和全面的保护，而对无形利益则仅仅提供有限的保护。

二是加害人责任范围的考量。以虚假陈述为例，对虚假陈述所引起的纯粹经济损失，虚假陈述行为人不仅难以预见有哪些人将会因信赖其不实陈述而遭受纯经济损失，而且，对于受害人所遭受的损失形式、损失金额等都难以事先预见。如果对受害人因此所受的损失不加区分地加以保护的话，势必使加害人所承担的责任因无法预见损害和受害人的范围而不堪重负。

三是滥诉疑虑。普通法系的法官担心，如果纯粹经济损失都可以请求损害赔偿，将犹如打开防范诉讼的闸门，造成大量纠纷涌进法院，导致法院不堪重负。

学者的研究表明，尽管“诉讼闸门的理由从来不被认作是一个科学的主张，也不是一个基于比较法考量得出的结果”,① 但这种闸门事实上在各国法制一直存在。在证券侵权领域，比较法上对闸门的设置方式，主要有两种做法：

一是法律拟制。即通过法律规则的设计，除过滤掉一部分人的起诉资格外，还通过举证责任的分配等方式调节诉讼提起的难度，控制案件数量。美国法院采用的实际买卖人标准（Purchaser - Seller Requirement）是这一方面的典型代表。根据这一标准，三种人不得主张损害赔偿请求权：（1）潜在的股份购买人：受过于悲观的虚假陈述影响或因公司隐瞒有利的重大信息而未买进股票的投资者；（2）公司股东：受过于乐观的虚假陈述影响或因公司隐瞒重大不利信息而决定继续持有股票的投资者；（3）公司的债权人及相关

① ［意］毛罗·布萨尼、［美］弗农·瓦伦丁·帕尔默主编：《欧洲法中的纯粹经济损失》，张小义、钟洪明译，法律出版社 2005 年版，第 15 页。

人。后为解决滥诉问题，通过强化联邦民事诉讼规则 Rule 9（b）、Rule 11、Rule 12（b）6 的适用，将一部分无事实依据的诉讼处理在发现程序之前。此外，1995 年的私人证券诉讼改革法案、1998 年的证券诉讼统一标准法案，重点在案件管辖、起诉标准、举证责任、免责抗辩、责任范围及限额等方面进行了改革。

二是前置程序。即通过民事责任与行政处罚、刑事判决捆绑的方式，在未经行政、刑事程序确定相关行为之前，法院不受理民事诉讼案件。但在受理之后，对原告资格的过滤实际采用的也是实际买卖人标准。设置前置程序，在当时的历史背景下有其理由（抑制滥诉，防止诉讼爆炸；减轻原告的举证责任；有利于案件的公正处理，保障司法的统一性；等等）。近年来，呼吁取消前置程序的文章经常见诸报端，个别人大代表、政协委员也经常就此提出相关提案。

前置程序的存废，是司法解释起草过程中需要决策的重大问题。取消前置程序，需要慎重评估的问题主要是滥诉风险。取消前置程序会不会引发诉讼爆炸？在当前社会矛盾比较集中的社会转型期，确实存在好讼、滥诉的情形，人民法院也承担了较多诉讼外的职能。就证券民事诉讼领域而言，滥诉问题虽未出现，但并不意味着就没有未雨绸缪的必要。在上市公司虚假陈述被处罚后，律师在个人博客、股吧征集委托代理、风险代理等情形也时有发生。美国历史上律师出钱、当事人出名义的合资经营模式已有雏形。分析美国证券市场走过的道路，滥诉的集中领域是虚假陈述，内幕交易和操纵行为因其发现难、取证难等特点，目前还没有滥诉的问题。其他国家和地区，如日本、我国台湾地区，情况基本类似。欧盟市场由于未规定民事诉权，故案件数量很少。美国市场出现滥诉问题的根源在于法律规则问题。具体而言，是由于欺诈市场理论的采用，在放松集团诉讼原告资格证明责任的同时，放松了原告的其他举证责任，使得诉讼的提起过于容易，骚扰诉讼的价值凸现。因此，如果取消前置程序，在法律规则设计方面必须加强应对。

### （三）程序设计必须考虑专业化的审判工作需与法官的专业能力相适应

证券民事案件之所以一直被认为是一个高精尖的领域，最主要的原因是其审理过程需要综合运用会计、审计、投资理论、金融、经济、法律等多学科的知识。司法解释的规则设计，直接关系到证券民事诉讼的未来场景。我们设计的是一种什么样的场景？在这里，法官是否需要运用其他学科的知识，或者说，其他学科的知识在审判程序中是否存在相应的空间，这也是一个政策权衡的问题。在虚假陈述司法解释中，考虑到当时的实际情况，对案件的审理规定了较为刚性的约束，法官的自由裁量空间很小，对其他相关学科知识的依赖也比较小。

如果在将来的案件审理中，加大专业审判的内容，就必须考虑人民法院审判队伍是否具备审理此类案件的能力？我的判断倾向于肯定。经过多年的发展，人民法院法官队伍的审判水平和司法能力都取得了长足的进步，且还在不断提高。而且，从这些年审理的案件情况来看，北京、上海、江苏、山东、黑龙江、宁夏、重庆、贵州等法院都圆满审结过一批相关案件。这说明，人民法院法官队伍能够胜任专业审判工作的需要。在这种情况下，可以考虑在司法解释中建构一个充实、富有活力的诉讼程序，通过对委托证监会作为法庭之友、专家证人等制度的设计，扩张案件审理的知识容量和审理深度。与此同时，对重大性、主观方面等主观性较强的证明事项，也要考虑规定一些客观化的证明标准，以适度压缩法官的自由裁量空间。通过以上两个方面的努力，建构一个立体、丰满的案件审理程序。

## 四、结语

经验证明，证券市场的发展，需要具备比较完善的法律制度，集中统一的监管体系，行之有效的行业自律机制，富有经验的监管力量，具有投资理念的投资者队伍，以及比较完善的金融制度、公司制度和财会制度。这些条件相辅相成，共同构筑了证券市场规范发展的基础。其中，法律制度是证券市场健康发展的前提，也是证券市场健康发展的生命线。“新兴加转轨”的中国证券市场，市场运行及市场监管都存在不规范的环节，短线操作等投机行为盛行，一些机构和大户高抛低吸打压指数，加剧了市场波动。“赔钱效应”使投资者对市场和监管者都信心不足，观望气氛浓厚，成交量萎缩。因此，建立健全包括民事责任制度在内的资本市场制度建设，是重塑投资理性、重振投资信心、维护资本市场稳定发展的当务之急。

作为一名资本市场法制建设不断发展的参与者和见证者，我愿与各位专家一道，继续开展研究工作，为资本市场的科学健康发展尽一份绵薄之力。

# 大力开展民事审判工作 完善社会主义法治秩序 维护司法公正 推进依法治国

杜万华*

全国高级法院民一庭庭长座谈会在美丽的古城西安召开了。这次座谈会的主要目的是，深入学习贯彻党的十八大和习近平总书记关于依法治国的一系列重要讲话以及全国“两会”、全国政法工作会议等一系列会议和周强院长在全国法院学习贯彻十二届全国人大一次会议精神电视电话会议上的讲话精神，适应经济社会发展新形势、新变化的特点，充分发挥民事审判职能作用，以完善社会主义法治秩序，维护公正司法，推进依法治国为目标，促进经济发展，维护社会稳定，保障人民权益，为全面建成小康社会提供坚强有力的司法保障。下面，我讲三个问题：

## 一、今年民事审判工作面临的新形势新任务

今年是全面贯彻落实党的十八大精神的开局之年，是实施“十二五”规划承前启后的关键一年。新的历史时期、新的经济社会发展形势和新时期人民群众的司法需

* 最高人民法院审判委员会专职委员。本文系作者2013年4月12日在全国高级法院民一庭庭长座谈会上的讲话。标题略有改动。

求，对人民法院民事审判工作落实依法治国基本方略，坚持司法为民、公正司法，维护社会公平正义，保障全面建成小康社会，提出了新的更高要求。

民事审判工作依法维护和完善社会主义法治秩序的责任更加重大。当前经济形势复杂多变，经济发展中制度性、结构性矛盾逐渐突显，扩大内需、保护消费、鼓励投资，保障经济持续健康发展，对民事审判工作提出了新挑战。加强社会建设、保障和改善民生，提高运用法治思维和法治方式治理国家和管理社会的能力，对民事审判工作提出了新考验。建设社会主义核心价值体系、维护主流意识形态、弘扬法治精神、保障诚实守信市场环境、传承优秀传统文化、发扬良好道德风尚、提高公民道德素质，对民事审判工作提出了新要求。加强生态文明建设、保护环境资源，对民事审判工作提出了新期待。

民事审判工作促进司法公正、提升司法公信力的形势更加紧迫。民事审判面广、点多、量大，直接面对广大群众，裁判结果与群众切身利益密切相关。要努力让人民群众在每一个案件中都感受到公平正义，真正肩负起历史赋予的责任。作为人民法院审判工作的重心和依法维护社会和谐稳定的根基，基层人民法院及其派出人民法庭化解社会矛盾纠纷、依法及时维护人民群众合法权益的基础前沿作用更加突出。民事审判改进工作作风，坚持司法为民，解决影响司法公正和制约司法能力的深层次问题，回应人民群众对司法公正的关注和期待的目标更加明确。民事审判队伍全面提升司法能力，忠实履行宪法法律赋予的职责，提升司法公信力，推动经济社会发展、增进人民福祉、维护公平正义的要求更加迫切。

结合今年新形势，按照党的十八大要求和习近平总书记关于依法治国一系列重要讲话精神，以及全国政法工作会议等一系列会议的要求，今年全国民事审判工作的主要任务是：

以提高审判质效为中心，充分运用民事审判职能作用，进一步推动社会主义法治秩序的完善。密切关注国内外经济形势的新变化，着力做好重点领域、重大敏感案件的司法研判，加强司法应对，依法保障宏观经济政策的调整和落实。紧紧围绕执法办案第一要务，妥善审理各类民事案件，不断提高审判质效，正确处理维护经济社会秩序与激发改革发展活力之间的关系，努力推动经济社会在法治轨道上发展。依托民事审判平台，重视民事案件裁判结果的引领作用，发挥民事案件审理过程的教育示范作用，综合运用调解说理、裁判析理、法官释理等多种手段，支持社会主义文化建设。

以加强自身建设为抓手，全面提升民事审判司法能力，进一步保证司法公正的实现。完善民事审判工作机制，规范审判权力运行，加强和改善诉讼权益保障，及时有效保护合法诉求，为公正司法构建制度保障。全面加强对基层民事审判工作的监督指导，增强监督指导的针对性、科学性和权威性，着力提高基层化解矛盾纠纷、维护人民权益、促进和谐稳定的能力，支持各级人民法院依法独立公正行使审判权，为公正司法筑牢基础。注重法官队伍的思想政治建设，加强职业培训和实践锻炼，根据审判权运行的规律和特点，提高司法廉政制度的执行力，增强队伍建设的实效性，为公正司法提供组织保证。切实改进司法作风、严格工作纪律、规范司法行为，提高审判工作的亲和力和公信力，使民事案件的审理过程真正成为维护社会公平正义的生动实践。

## 二、充分发挥民事审判工作职能作用，进一步推动社会主义法治秩序的完善，切实维护司法公正

民事案件占人民法院受理各类案件的六成以上，民事纠纷与经济健康发展之间的关联性、与社会和谐稳定之间的紧密性、与人民群众利益之间的关切性，决定了民事审判能否真正做到公正司法，不仅关系到人民法院公正司法全局，也必将对能否真正完善和维护社会主义法治秩序、落实依法治国基本方略、推进社会主义法治国家建设产生重大影响。民事诉讼活动，不仅是当事人行使诉讼权利的过程，同样也是人民法院依法行使审判权、彰显和维护司法公正的过程，必须高度重视。

### （一）切实做到严格依法办事，在完善和维护社会主义法治秩序过程中坚持司法公正

服务大局、保障民生，是民事审判工作的重要目标，是完善和维护社会主义法治秩序的核心价值取向。脱离党和国家大局及保障民生，民事审判工作就会失去目标和方向。民事审判工作要尊重民事审判工作规律，通过严格依法办事，维护社会主义法治秩序来实现服务大局、保障民生的目标。脱离审判规律、严格依法办事和社会主义法治秩序的维护来谈服务大局、保障民生，就极有可能维护了个别当事人利益而损害了法律的权威，摆平了当事人

的闹访却破坏了社会主义法治秩序，最终必将造成大局混乱、民生不保。

中国特色的社会主义法律，是党领导人民通过国家立法程序制定的，是全中国人民共同意志的体现。只要真正做到严格依法办事，着力完善和维护社会主义法治秩序，就能真正实现司法公正。反之，如果不严格依法办事，即使能在个案中让个别当事人息事宁人，但破坏了社会主义法治秩序，就会在整体和全局上违背人民的共同利益和共同意志，造成社会的不和谐不稳定，也必然导致民事审判工作的目的无法实现。让人民群众在每一个案件中都感受到的公平正义，应该是在完善和维护社会主义法治秩序前提下的社会公平正义，而不是脱离严格依法办事的法治轨道去满足个别当事人的利益诉求。因此，每一位民事法官应当将严格依法办事、完善社会主义法治秩序、维护司法公正作为自己的神圣使命，生命不息，奋斗不止。

依法治国是党的十五大作为基本方略提出来的，以后历届中央领导集体都始终坚持这一基本方略。以习近平为总书记的新一届中央领导，适应中国特色社会主义发展的需要，对依法治国基本方略更加强调，并采取或正在采取一系列措施将这一基本方略落到实处。依法治国的基本要求就是严格依法办事，也就是十一届三中全会所强调的，要做到有法必依、执法必严、违法必究。只有通过严格依法办事，社会主义法治秩序才能真正建立并不断完善。也只有通过严格依法办事，在社会主义法治秩序下，社会的公平和正义才能真正得到维护。严格依法办事，建立和完善社会主义法治秩序会不会妨碍社会公平和正义的实现呢？不会。因为中国特色社会主义法律本身就已经包含了社会的公平和正义，只要严格依法办事，不断完善社会主义法治秩序，就能实现社会的公平和正义。所以我们每一位民事法官都要增强严格依法办事的决心和信心。

### （二）切实坚持实体与程序并重，以高质高效的案件审理实现司法公正

我们一贯强调和重视案件处理的实体公正。新形势下，更要注意准确把握民事实体法律规定的立法目的和规定内涵，正确理解和适用实体法律规范。在民事案件审理过程中，追求实体公正虽然重要，但程序公正也不能忽视。当前，一些地方仍然存在着轻视程序规定、损害当事人诉讼权利的现象，必须大力纠正。人民群众和社会各界对于司法公正的认知和感受，很大

程度上来源于其所参与的诉讼活动，所以一定要树立民事诉讼的程序意识，注重程序公正。习近平总书记指出的要努力让人民群众在每一个案件中感受到的公平正义，我理解首先是程序上的公平正义，没有程序公正就没有司法公正。在民事诉讼中，当事人双方的诉讼权利是平等的，无论是有理一方还是无理一方，其诉讼权利都要受到尊重和保护。法官不能根据自己的好恶，亲一方疏一方，严一方松一方。目前我们的许多案件的处理在实体上没有什么问题，但当事人仍申诉不息，上访不止，其根源很大程度上与没有尊重和保证当事人充分行使诉讼权利，以致使一些当事人在诉讼中没有感受到公平和正义有关。所以，我认为习总书记提出要努力让人民群众在每一个案件中感受到公平和正义是切中要害的。我们一定要认真学习、深刻领会，并努力改进我们的工作。为此，在今后的民事审判工作中，一定要认真学习、正确理解和全面贯彻新民事诉讼法以及最高人民法院相关司法解释关于民事诉讼程序的规定，以确保案件的程序公正。在民事案件审理中，要特别注意准确理解和把握法官居中裁判，从当事人的诉讼能力的实际情况出发，依法进行诉讼指导，行使好释明权，在公开、透明的诉讼程序进程中，合理引导当事人行使诉讼权利，实现程序公正并以程序公正保证实体公正。

按照全国政法工作会议的要求，以新民事诉讼法贯彻实施为契机，将涉法涉诉信访从普通信访中分离出来，导入司法程序解决，实现维护司法权威与群众合法权益的统一，是今年全国政法机关的重要改革任务之一。这一改革任务的落实，在客观上将对全国民事审判工作的质量提出更高要求。为什么说诉访分离改革对我国民事审判工作提出了更高要求呢？因为只有高质量的审判才能从根本上维护当事人的合法权益，从源头上减少当事人的涉诉信访。按照新的民事诉讼法，当事人的案件在诉讼中最多只能有四次实体审理的机会。诉讼程序结束后，如果当事人继续上访，人民法院只能配合地方政府做息诉罢访工作。这是从当事人的角度看。从民事审判工作的角度看，我们只有在实体和程序上全面提高案件特别是一、二审案件的审判质量，才能更好解决涉诉信访问题。对此，我们一定要有大局观，认真高质量地审理好每一个案件。因此，各级人民法院特别是中、基层人民法院，要根据新民事诉讼法的要求，加大对民事审判工作的管理和监督，认真做好案件评查工作，确保案件特别是一审、二审案件的办理质量，切实做到实体公正、程序公正。各高级人民法院要大力加强对下指导，特别是对基层人民法院及其派出人民法庭审判工作的指导，为公正司法切实提供保障。

### （三）正确把握调判结合、案结事了，以科学合理的审判理念维护司法公正

调判结合、案结事了，其核心在于强调应当根据案件的实际情况，灵活运用调判方式解决纠纷，目的在于实现司法公正。调解和裁判是人民法院处理案件的两种方式，无高低上下之分。如果错误或者片面理解调判关系，必将对司法公正产生严重损害。要坚持党的实事求是思想路线，严格依照法律规定，尊重审判工作客观规律，遵从当事人意愿，正确处理调解和裁判之间的关系。对于案件情况适合调解，当事人愿意调解，且调解不违反国家法律、社会主义道德和善良风俗的，应该认真开展调解工作，及时解决案件纠纷。对于调解可能损害社会公共利益、国家利益或第三方合法权益的，以及调解可能违背社会主义道德或者任何一方当事人不愿意选择调解的，要及时选择裁判方式解决纠纷。要注意甄别不同类型案件的特点，准确把握运用调判方式处理案件的基础和条件，实现调判有机结合。对于涉及情感、心理等复杂因素，调解有助于形成和睦和谐的家庭关系和社会关系的纠纷，首选调解方式；对于案件事实真伪不明，当事人之间争议为具体利益此消彼长的案件，在调解不成的情况下，综合运用举证责任分配等方法进行裁判；对于身份关系、权属确认等法律规定不能调解或案件性质不适宜调解的案件，则不能适用调解方式。在处理调判关系时，人民法院应当坚持“两手抓、两手都得硬”的原则，不能在理解上让绝对化的形而上学思想搞乱了“调判关系”。要站在局部与全局协调一致的高度、当前与长远有机统一的角度，准确理解“案结事了”的科学内涵，力戒从一事一案的角度，以损害全局和长远利益来满足局部和当前利益、以牺牲一方当事人合法权益的方式实现所谓纠纷了结。“案结事了”要了在四个点上：要了在有利于社会公平正义的坚守上，要了在对党和国家工作大局的服务上，要了在对社会主义法治秩序的维护上，要了在对社会主义道德和善良风俗的弘扬上。只有这样，才能真正实现案结事了，维护司法公正。

（四）深入理解法律与道德的辩证关系，以科学的法律精神体现司法公正

要充分认识到，法律特别是民事法律规范，是社会基本道德的规范化，正确运用法律进行民事裁判，本身就是弘扬社会主义道德风尚的过程。法律与道德绝不应当对立起来。民事裁判的过程与结果，绝不能够仅仅满足于不违背法律规定，而是必须全面、准确理解法律的精神和道德内涵，深入挖掘法律所蕴含的道德价值取向，在遵守社会公序良俗的原则下作出具体裁判。在民事案件审理中，要特别注重通过过错分析、责任认定等途径，树立社会公平正义的价值理念，引导群众遵守法律和社会公德；在依法保护权利、制裁侵权行为的基础上，积极倡导互谅宽容、和谐友善；通过缔约过失和违约责任等制度的合理运用，促进社会诚信建设；通过合理保护劳动者和创业者的合法权益，营造劳动光荣、创造伟大的社会氛围；通过劳动争议案件的审理，保护用人单位的合法权益，宣扬爱岗敬业的职业道德；重视和强化夫妻间的忠实义务，亲属间的扶养、赡养义务等家庭责任，增强公正司法的道德基础。要提高法官审理民事案件的道德敏感性，在处理涉及伦理道德以及可能引发社会广泛关注和深刻反思的案件时，更加注重对法律和道德关系的理解与把握，努力通过以法说理、以理释法的方式，体现司法公正。

（五）全面加强对下监督指导力度，以确定统一的执法尺度促进司法公正

经过30多年的努力，我国的民事法律体系已基本形成，无法可依的局面已得到扭转。在新形势下，如何将法律的规定适用于具体案件，达到既不违反立法本意，又能公正及时解决案件纠纷，是摆在我们面前的重要任务。我国地域辽阔、东中西部差异较大，如何在我国民事审判工作中有效统一司法、实现司法公正，更是摆在我们面前的重大课题。在当前形势下，全面加强对下监督指导，是完善社会主义法治秩序、维护司法公正、提高司法公信力的重要手段。在过去几年中，由于民事涉诉信访案件的大幅上升，不少法院将审判力量抽调至立案、审监部门，或者将涉诉信访案件交给民事审判部门办理。这种调整对及时办理涉诉信访案件发挥了很好的作用。但毋庸讳言，这样做的结果客观上也导致了对下监督指导能力的削弱。正是由于对下

监督指导能力的削弱，各地方法院，特别是中级、基层人民法院面对民事案件日益增长的压力，只能基于自己对法律的理解处理案件，同案不同判、同院不同判的现象大量出现，人民群众意见很大，民事涉诉信访的案件也就不断出现。要克服这一弊端，就必须全面加强对下监督指导的力度，切实统一司法尺度，从源头上解决一、二审民事案件质量问题。最高人民法院要通过司法解释和司法政策的制定，综合利用业务指导、调查研究、指导性案例等多种形式，明确对下指导的权限、范围，规范案件请示报告制度，监督指导民事审判工作。高级人民法院要切实克服重案件审理、轻监督指导的倾向，认真学习领会国家法律、政策以及最高人民法院司法解释和司法文件精神，结合本地区实际，做好对下监督指导工作，要完善问题的发现、反馈、分析和解决机制，建立健全对下指导长效机制。中级人民法院要以办理好二审案件为主要手段，利用好审级监督和发回改判案件通报，实现对基层人民法院的监督指导。中级人民法院和基层人民法院要紧紧围绕执法办案第一要务，切实提高一、二审案件裁判质量，从源头上降低上诉、申请再审和申诉比例，就地、就近、及时做好当事人服判息诉工作。要切实提高上级法院的案件办理质量，使审判工作本身成为有效的监督指导手段；要下大力气做好类型案件总结和事前指导工作，提高法律理解适用和裁判尺度的正确性和统一性；要依法加强敏感问题、重点案件的监督指导，努力实现“指导一个、规范一片，指导一片、带动全局”的效果；要依法运用提级审理、指定管辖等制度规定，防止地方保护主义、部门保护主义对人民法院依法独立公正审判的干扰。

### （六）继续坚持基层建设总体思路，以不断完善的基层基础保障司法公正

不断加强基层基础建设，是人民法院服务大局、保障民生、维护社会公平正义的重要保证，也是司法公正的重要保障。基层民事法官的工作内容与社会生活联系紧密，办理案件过程与人民群众直接接触，因此应该成为维护司法公正的排头兵。要通过内容丰富、形式多样的培训交流活动，着力提高基层民事法官的司法履职能力和纠纷化解能力、特别是做群众工作的能力。畅通和规范群众权益保障渠道，真正将矛盾纠纷化解在当地、化解在基层。要大力加强对人民法庭指导人民调解工作的督导力度，不断完善人民调解协

议司法确认机制，创新和完善诉讼与非诉讼相衔接的矛盾纠纷解决机制，为群众解决纠纷提供更多、更便捷的渠道。各级人民法院特别是基层人民法院要充分发挥民事审判在社会管理法治化建设中的保障作用，从源头上减少矛盾纠纷，夯实维护司法公正的基层基础。

（七）着力改进工作作风、提升司法能力，以扎实有效的工作业绩推进司法公正

加强和改进工作作风是我们党的一贯要求。特别是党的十八大以后，新一届中央领导集体率先垂范，得到人民群众和社会各界的坚决拥护。我们要认真落实中央关于改进工作作风、密切联系群众的八项规定和最高人民法院制定的六项措施，说实话真话、办好事实事，不搞形式主义，不做表面文章，努力做出实实在在的工作业绩，把司法公正的维护落到实处。要切实增强民事法官对国情社情民情的了解，严肃组织纪律，克服官僚主义和衙门习气。要从依法规范审判权力行使和保障当事人诉讼权利的角度，进一步加强庭审规范化。要以高度的责任感，按照“心正、事明、理顺、法清”的要求，提高庭审和裁判文书质量。这八个字是我在最高人民法院裁判文书经验交流会上提出来的，它同样适用于整个民事案件的审理过程，特别是庭审过程。所谓“心正”就是要有公正之心，不能偏袒任何一方；“事明”就是要调动一切手段查明案件事实，因为这是正确适用法律的前提和基础；“理顺”就是要说明裁判理由，要以理服人；“法清”就是适用法律要清楚明白，这是裁判的依据。裁判文书是整个案件审理的总结，这八个字要充分体现，才能让当事人真正感受到公平正义。要切实规范自由裁量权的行使，提高法官实现司法公正的能力和水平。要着力提升新媒体时代的社会沟通能力和舆论引导能力，增强对现代新闻传播规律的把握，充分运用各种宣传手段，建立和完善舆情研判处置机制，及时主动回应社会关切，增强舆论正能量的辐射作用。特别是在审理涉及社会道德、民主权利、基本生存权利的案件时，在做好案件审理工作的同时，务必重视做好舆情研判和舆论引导，避免错误舆论误导人民群众对司法公正的感知。此外，近几年来一些民事诉讼的当事人，在向人民法院起诉立案后，又利用网络和媒体开辟“第二法庭”，试图通过“媒体审判”“舆论审判”压服对方当事人、压服人民法院，从而谋求自己的利益。要特别注意在网络手段高度发达的技术条件下维护好民事诉讼

秩序，对个别当事人隐瞒、删减案件事实，利用网络和媒体恶意误导社会公众、贬损对方当事人、向司法施加压力、损害司法公正的行为，要依法予以处置，以便平等保护当事人诉讼权利，引导当事人通过正常的法律程序主张权利，通过正当的法律途径维护权利。这是在当前民事诉讼中必须认真对待的问题。我们民事法官一定要挺直腰杆，捍卫司法的尊严，坚决维护司法公正。

## 三、今年民事审判工作需要重点关注的几个问题

完善社会主义法治秩序，维护公正司法，推进依法治国，是民事审判工作必须始终坚持的目标和方向。民事审判各项工作的开展，都要以司法公正为指向。结合今年的形势和任务，我就民事审判工作中的具体问题谈几点意见：

### （一）妥善审理房地产纠纷案件，确保国家宏观调控政策措施有效落实

今年以来，国家陆续出台了新的房地产宏观调控政策，要密切关注相关政策的变化，深入理解、全面把握相关法律法规、国家政策以及授权各地制定的具体实施细则，注意政策的连续性，坚持民事审判促进宏观政策落实和调控目标实现的价值取向。在审理此类案件时，要充分考量宏观政策调整与合同履行之间的关联度，区分具体案件情况，正确处理借名买房、隐瞒或虚构事实订立房屋买卖合同等规避国家政策的合同效力问题。准确区分变更的情势与正常的市场风险，严格适用情势变更原则，维护合同严肃性和市场秩序的稳定性，避免以政策变动为由，盲目否认合同效力、恣意免除合同责任。要准确把握宏观政策的颁布实施时点与合同签订、履行时间之间的关系。合同履行期跨越宏观调控政策变化时点，合同理解发生纠纷、合同履行遭遇障碍时，涉及限贷、限购政策变化的，要按照全国民事审判工作会议纪要的精神处理相关纠纷。涉及税费政策变化的，首先应当从合同约定及当事人真实意思的角度，依法合理解释合同条款；在合同确未约定或约定不明的情况下，鼓励和提倡当事人通过平等协商解决纠纷；协商不成的，要根据相关法律法规的规定，结合合同约定，探究当事人真实意思，合理确定税费承担主体、损失分担比例、违约责任方式等。要充分认识合同效力多层次性特

点，依法综合运用合同解释、变更、撤销、解除以及违约责任等法律规定，在现有法律规范框架内，结合民法理论研究成果，探索国家调控政策与民事审判衔接的有效路径。要通过审判工作引导建立和规范诚实守信市场交易秩序，依法维护各方当事人权益，促进房地产业健康发展。

（二）审慎处理民间借贷纠纷，依法规范民间借贷行为

民间借贷纠纷已经连续几年成为增幅最快的民事案件。民间资本的市场化流动，对缓解公民、企业特别是中小微企业融资困难具有积极作用，要在统一规范的金融体制改革范围内，支持和保护民间金融创新，加强制度约束和行为规范，避免对国家金融体系和实体经济造成冲击，从而影响社会稳定和发展。在审查借贷合同效力时，要正确适用法律、行政法规的效力性强制性规定，准确界定民间借贷纠纷，特别是划清合法借贷与非法借贷的界限，依法为中小微企业融资需求提供有效的法律空间。要在具体案件中分析辨别不同当事人之间的法律关系性质，区分正常的借贷行为与利用借贷资金从事违法犯罪的行为，妥善处理民间借贷纠纷中的涉嫌刑事犯罪问题，避免因僵化理解和执行“先刑后民”规则，损害合同当事人的合法权益。要严格按照法律、行政法规和司法解释的规定，明确民间借贷纠纷中的举证责任分配，在法律真实难以全面还原客观真实的情况下，注重对借贷行为违法性的审查，在必要时依法扩大人民法院依职权调查取证的范围，加强对借贷关系真实性的审查，特别要重视虚构债务损害第三方利益，以及借民间借贷之名实现非法利益的问题。最高人民法院正在加紧起草相关司法解释，在新的司法解释出台前，要严格执行现行司法解释对借贷利率上限的规定，加大对计算复利的审查排除力度，坚决挤压高利贷的获利空间，打击假借民间借贷之名行违法犯罪之实的行为。

（三）切实维护农民合法权益，依法促进农业现代化、推动新型城镇化

“三农”工作是党和国家工作的重中之重。要从促进农业发展的高度，重视处理农业生产和农产品流通中发生的纠纷，依法审理制售假冒伪劣农资产品等侵害农民财产权益的案件。要从尊重和保障农户生产经营主体地位，充分激发农村生产要素潜能的角度出发，审慎处理农村土地承包纠纷案件。在坚持不损害农民权益、不改变土地用途、不破坏农业综合生产能力的原则

下，一方面加大对违法收回、调整承包地等案件的审判力度，稳定农村土地承包关系；另一方面，坚持依法自愿有偿原则，规范土地承包经营权流转秩序，制裁非法转让土地使用权、非法占用耕地等行为，鼓励和支持承包土地向专业大户、家庭农场、农民合作社流转，发展多种形式的适度规模经营。充分发挥民事审判职能作用，合理引导社会资本投向新农村建设，健全农业支持保护制度，加大对新型农业经营体系的司法支持，依法推进农业现代化进程。在农村土地征用补偿纠纷案件中，要特别注重保护农民的基本生活和长远生计，严格按照中央关于农村集体非经营性建设用地不得进入市场的要求，坚决制裁侵害农民宅基地使用权的违法行为。要依法保护广大农民共同分享现代化成果的合法权益，加大对农民工返乡创业、就地就业的司法保障和支持力度，继续努力化解农民工“讨薪难”，在公正高效审理好此类案件的同时，积极研究从司法环节破解问题，切实避免“要求年年提、问题年年有”的情况出现。

在审理新型城镇化进程中出现的土地征收补偿、房屋拆迁补偿等民事纠纷时，要注重眼前利益与长远利益相结合，依法保护当事人的合法权益与实现国家土地集约利用相结合。要充分认识到，土地征收、房屋拆迁补偿的基础和前提是社会公共利益的需要，这与一般民事交易之间存在很大差别。被拆迁人的安置补偿权益不仅表现为财产权，更是一种基本生存权，应当作为一种物权性质的权利，而不应当作为债权性质的权利来看待。因此，被拆迁人的安置补偿权益应当区别于普通民事权益，应当受到法律的特别优先保护。在案件审理中，除按照商品房买卖司法解释的规定，依法确认被拆迁人的安置补偿权益优先于购房人权利外，还应依法赋予其对建设工程价款优先权、抵押权以及普通债权的优先地位。在审理重点工程招标投标、建设工程施工、合资合作开发等民事纠纷时，涉及关系城镇化建设进程重点项目的，要依法加快审理进度，确保城镇基础设施建设顺利推进；对假借城镇化之名，损害人民群众合法权益的行为，要严格按照物权法等法律的规定，维护好当事人的合法权益。新型城镇化最为核心的内容是人的城镇化。在民事审判中，要立足维护社会公平正义，配合有序推进农业转移人口市民化进程，妥善处理人口城镇化过程中发生的教育、医疗、住房、就业、消费、养老等领域的民事纠纷，着力研究解决民事纠纷中的“城乡二元化”问题。要从保障新型城镇化高质量发展的角度，依法审理城镇化进程中因产业转移、资源开发等引发的民事纠纷，把生态文明理念和原则全面融入城镇化全过程，积极推动城镇化健康发展。

（四）妥善处理其他各类涉及民生的案件，切实有效保障和改善民生

对民生的保障和改善，历来是人民法院民事审判工作重点，今年要继续抓紧抓好。主要强调三个方面：

依法审理消费者权益纠纷。消费者权益纠纷表现形式多、涉及内容广，在做好日常审理工作的同时，今年要特别关注涉及食品药品安全方面的案件。目前，最高人民法院正在抓紧制定食品药品安全民事侵权赔偿司法解释，在司法解释出台前，各地法院要依据现有法律妥善处理此类纠纷。一方面要严格按照侵权责任法、合同法、消费者权益保护法、产品质量法、食品安全法以及民事诉讼法、民事诉讼证据规定等相关法律、司法解释的规定，合理分配当事人的举证责任，准确认定侵权责任的主体、过错、因果关系和赔偿责任，依法适用法律规定的惩罚性赔偿等制度，切实保护广大消费者的合法权益。要在法律规定的范围内，加快对此类案件的受理审查和审理执行进程，确保权益维护的时效性。另一方面，要充分认识到，民事责任的承担仅是推动食品药品安全状况提升的一个方面而不是全部，要积极探索通过民事审判职能作用的发挥，推动从根源上化解纠纷。利用民事审判平台作用和引导作用，普及食品药品安全常识，帮助消费者提高自我保护能力，增强企业安全责任意识。运用好司法建议手段，提示生产经营者主动修补经营管理漏洞，提示相关行政主管部门及时解决市场管理缺位、错位问题，预防矛盾纠纷的发生。认真制定应对地区性、行业性重大突发食品药品安全事件的预案，紧紧依靠党委的领导和政府的支持，及时妥善化解此类群体性纠纷。

依法审理劳动争议案件。在我国，投资者和劳动者在企业这个平台上是一对利益共同体。他们既相互对立，又相互统一。说他们相互对立，是因为在利益上，如果投资者获得利润多了，劳动者的工资和福利就会减少，反之亦然；说他们相互统一，是因为投资者离不开劳动者，离开劳动者，他就不能收获利润；同时劳动者也离不开投资者，离开投资者，劳动者就不能收获工资和福利。这种既对立又统一的状况，在中国特色的社会主义社会中将会始终存在。因此，当前在劳动争议纠纷的处理中，要继续坚持劳动者权益保护与企业生存发展平衡保护原则，把保护劳动者眼前利益、现实利益同保障

劳动者长远利益、根本利益结合起来，最大限度化解双方具体利益上的相对差异。在产业结构调整的大背景下，要区别案件不同情况，采用不同处理方法，全面审视劳动争议案件的裁判效果。对暂时存在资金困难但有发展潜力的企业特别是中小微企业，尽量通过和解、调解等方式，鼓励劳动者与企业共渡难关，避免杀鸡取卵、竭泽而渔。对那些因产能过剩被倒逼退出市场的企业，要防止用人单位对劳动者权益的恶意侵害，加大审判和财产保全、先予执行力度，最大限度保护劳动者权益。对地区、行业影响较大的产业结构调整，要提前制定劳动争议处置预案，形成多层次、全方位的协同联动机制和纠纷化解合力。要整体理解把握劳动法、劳动合同法、劳动争议调解仲裁法和最高人民法院颁布的四个劳动争议司法解释，在既有法律规定和同一理论框架内，全面、准确理解和适用法律、司法解释的规定，避免因对法条的孤立、片面理解而产生法律适用错误。

依法审理网络侵权纠纷。当前，网络技术的飞速发展为经济社会发展带来众多便利的同时，也带来了新的法律挑战，在民事审判领域主要表现为网络侵权问题，尤其是通过网络侵害当事人精神性人格权益的问题已经到了严重的地步，各级人民法院对此一定要高度重视。目前，最高人民法院已经着手起草的网络民事侵权的司法解释，今年要加大力度，一定要取得重大进展。在司法解释出台前，各级法院要依法受理此类案件。人格权是人民群众的基础性权利之一，依法保障民事主体的人格权，是保障民生的题中应有之意。在审理此类案件时，要按照侵权责任法的规定，确定侵权行为的责任主体，对知道网络用户利用其网络服务侵害他人民事权益或者接到侵权通知后未采取必要措施的网络服务提供者，依法判令其承担相应的侵权责任，以促使网络服务提供者自觉落实实名登记措施，规范运营行为，承担起净化网络环境的社会责任。要全面理解侵权责任法对民事权益保护范围和归责原则的规定，认真研究确定网络侵权责任构成的司法认定标准，合理划定网络上的言论自由与保护他人合法权益之间的界限，对通过非法手段收集传播他人隐私以及虚构事实、肆意诋毁、散布谣言等恶意损害他人合法权益的行为，受害人依法主张民事赔偿的，人民法院应当予以支持，决不能让网络成为“法外之地”。

### （五）准确理解，正确实施，认真落实民事诉讼法

民事诉讼法是人民法院审理民事案件的基本程序法律依据。能否全面正

确贯彻落实民事诉讼法的规定，关系到人民法院民事审判工作的水平、质量和效率能否得到真正提高，各项司法保障职能能否得到真正落实，并将最终影响司法公信力的有效提升，必须认真抓好。为此，最高人民法院今年已经启动民事诉讼法司法解释修订工作。这次修订工作将依据新修改的民事诉讼法，对1992年通过的民事诉讼法司法解释进行全面修订。届时，请各地相关法院配合做好调研论证的有关工作。在新的民事诉讼法司法解释出台前，各地法院应按照最高人民法院的要求，对民事诉讼法所规定的新制度可以先行先试，并认真做好经验总结，如第三人撤销之诉、执行异议之诉，以及担保物权实现、司法确认等，均可认真探索。在探索中要注意保护好当事人的合法权益，维护司法公正。

积极稳妥审理公益诉讼。民事诉讼法明确将公益诉讼纳入民事案件的受理范围，通过环境损害赔偿制度的运用，加强司法对于环境保护的监督力度，推动生态文明建设以及推动建立诚信、健康、有序的消费市场环境等，具有重要意义。要认真审慎做好公益诉讼案件的审理工作，在实践中逐渐摸索总结经验，为科学规范此类诉讼提供实践支持。要牢牢把握公益诉讼的公共性特点和公益性目的，区分涉及不特定多数人的公益诉讼与特定多数人的私益诉讼。将公益诉讼与行政行为、行政诉讼相区分，坚持公益诉讼裁判的公益性原则，避免一些人通过公益诉讼方式获取私利。鉴于目前审理公益诉讼案件的经验还很不足，在管辖上采取经高级人民法院审查后，由中级人民法院受理为宜。

全面落实小额诉讼制度。小额诉讼制度作为法定诉讼程序今年已经进入全面实施阶段，这有利于快速化解纠纷、及时保护当事人合法权益、降低当事人诉讼成本、提高审判效率、优化审判资源配置，为提升民事审判工作的质量和水平提供了机遇和制度保障。但是小额诉讼制度的全面实施，也使全国3000多个基层人民法院及近万个人民法庭的民事审判工作面临巨大挑战。根据我们初步估计，全国法院小额诉讼案件将占到全部民事案件的30%左右，总数将超过120万件。由于实行一审终审，当事人的救济渠道相对更少，因此对案件审理质量的要求也就更高。能否高质高效地审理好此类案件，关系到小额诉讼程序制度设立和运行能否成功，也会对人民法院民事审判工作格局产生重大影响。各级人民法院特别是广大基层人民法院，必须高度重视小额诉讼工作的开展。要从体制、机制、组织、人员和物质保障等多方面、全方位保证小额诉讼程序的健康运行。要将审判能力强、业务素质高、思想工作作风过硬的审判人员，充实到小额诉讼工作的第一线，切实提高小额诉讼案件的审理质量。

切实加强民事审判工作，对全面落实依法治国基本方略、完善社会主义法治秩序、维护司法公正意义重大，使命光荣。让我们在党的十八大精神指引下，紧紧围绕经济社会发展大局，顺应人民群众对司法公正、权益保障的新期待、新要求，脚踏实地、埋头苦干、扎实进取，切实肩负起维护社会和谐稳定、促进社会公平正义、保障人民安居乐业、服务经济社会发展的职责使命，为全面建成小康社会做出新的更大的贡献！

# 活跃的力量："知识产权司法保护中法官造法"的实证考察与分析

## 围绕知识产权影响性案例的叙说

邓志伟[*]　曾　茜[**]

法律应该是稳定的，但不能停止不前。

——庞德

"一部知识产权的司法史，就是一部知识产权的权利扩张史。"① 也许正是以司法为路径的这种急遽扩张，引发了一些持形式法治观的学者深刻的忧虑，反对的声音响起："法官造法活动否定立法政策，打破法定的利益平衡，威胁公共领域的行动自由和法律的统一性，并可能为国际保护打开后门。"② 知识产权诉讼中法官造法确实会如此这般的洪水猛兽么？法官与法的续造之间是否真的有一道不能逾越的界限？这个界限是极具合理性的自然存在，还

* 湖南省高级人民法院研究室副主任。

** 湖南省娄底市中级人民法院法官。

① 应振芳：《司法能动、法官造法和知识产权法定主义》，载《浙江社会科学》2008 年第 7 期。

② 崔国斌：《知识产权法官造法批判》，载《中国法学》2006 年第 1 期。

是狭隘的法治观的一种矫饰?[①] 对于上述种种疑问，可以用杨仁寿教授的话给一个言简意赅的答复："法之极，害之极。"[②] 因为实践与理论均证明，知识产权法需要直面社会生活中那些最活跃的智力因素（文化、科技、艺术等）在飞速发展中所带来的源源不断的新问题，而法的稳定性（反面意义为滞后性）以及法律规则的开放性决定了知识产权立法不能跟上社会发展的节奏，无法对前述新问题做出及时回应。基于"法官不得拒绝裁判"的基本原则，面对法律无法回应的当事人诉求，知识产权案件"法官造法"必然而且正当。

## 一、误区澄清：何谓法官"造法"

有关知识产权案件法官造法之所以会导致法定主义者的诟病甚至激烈的反对，很大程度上源于学者们对何谓"法官造法"的误解。

### （一）法官造法并非争夺立法权

法官在裁判过程中对法律的续造，行使的是"剩余立法权"，只是对立法机关所立之法的一种补充，没有也不可能动摇立法机关的权威性地位；法官续造法律的目的在于寻找和发现可以适用于待决案件的法律规范，是基于司法裁判的客观需要，亦即基于现实生活中紧急需要解决的法律事项（待决案件）。[③] 法官造法无意争夺立法机关的立法权，相反，在开放性规则所隐含的对法官造法的邀请面前，法官总是非常慎重地行使这项权利（某种程度而言是义务）。根据笔者在日常工作中了解到的情况，多数法官（尤其是年龄偏大的法官）在遇到法律没有明文规定的新型权利诉求时，会有以"法无明文规定不予支持"为由驳回原告诉讼请求的倾向，而不是着力于对现行法律进行续造，因为造法可能带来的恣意行使审判权的评价以及可能引发的各方

---

① 参见郭卫华主编：《"找法"与"造法"——法官适用法律的方法》，法律出版社2005年版，第194页。

② 杨仁寿：《法学方法论》，中国政法大学出版社1999年版，第20页。

③ 参见王纳新：《法官的思维——司法认知的基本规律》，法律出版社2007年版，第217~220页。

压力,① 使得法官们在合理裁决与自身趋利避害之间，往往会选择后者。培根所言的“谨慎比自信重要”是不少法官信奉的司法哲学。

在早期的知识产权审判实践中，也曾有这样的判决：“被告构成不正当竞争，但因原告不能提供被告侵权的获利以及原告利润减少的证据，对原告要求赔偿损失的诉讼请求予以驳回。”② 这种违法却不受罚、受损害（此种损害属于在证明上缺乏确定性但可以获赔的损害）却得不到救济的裁判结果，显然不能很好衡平当事人的权益，亦无法很好的实现立法目的。

因此，在本来就具有保守性倾向的中国法官面前，与其担忧法官造法侵占立法权的空间破坏法制的安定，还不如担忧法官持消极被动司法观导致民众形成“司法无能”的评价，进而损害司法的权威，阻碍法治的进程。

（二）法官造法并非脱离现行法的“创造”

法官造法并非脱离现行法的“创造”，而以现行法为起点的法的“续造”。法官只能在法律体系内的空白处造法，而不能在法律之外立法，意即：如果某一事项并未纳入法律规制的范围，则法官不能为了裁决该事项而创造法律，只有在该事项属于法律裁决的事项而具体法律规则又缺失时，法官才有造法的余地。法官造法事实上是对现行法应规定而未规定事项的补充，是现行法的延续。

基于以上分析，或许我们可以基本厘清知识产权法官造法的概念，知识产权民事审判中的“法官造法”，是指法官审理知识产权案件过程中，现行法律规则无法回应双方争议时，借助立法目的、法律原则、法理、比较法等渊源进行“法的续造”。③ 通常包括两大类，一是对现行法律规范语意模糊、相互矛盾之处进行修正，二是在现行法律规范的基础上创设新的规范。

① 尤其是在河南年轻的女法官李慧娟因“种子案”涉及地方人大的立法权而引发的轩然大波之后，法官对于释法都变得更加慎重，更遑论造法了。

② 参见广东省高级人民法院（2004）粤高法民三终字第217号民事判决书，在原告中信集团分公司与被告明华公司不正当竞争纠纷案中，一审法院认定明华公司的行为构成了不正当竞争行为，但却不支持原告要求赔偿损失的诉讼请求，原因是原告没有提供证据证明被告侵权的获利，亦无证据证明其利润的减少额。

③ ［德］卡尔·拉伦茨：《法学方法论》，陈爱娥译，商务印书馆2005年版，第246页。

## 二、源头追问：法官缘何“造法”

美国法学家博登海默曾经这样描述：“法律是一个带有许多大厅、房间、凹角、拐角的大厦，在同一时间里想用一盏探照灯照亮每一间房间、凹角和拐角是极为困难的，尤其当技术知识和经验受到局限的情况下，照明系统不适当或至少不完备时，情形就更是如此了。”① 在现有法律之光所不能照射到的凹角与拐角，法官点亮灯火就有了现实意义，这也是法官之所以造法的缘由，在知识产权法规制的领域内，由于“照明系统的不完备”，法律之光能探照得到的地方尤其有限，法官造法亦成必然。

### （一）抽象存在的公共性私权

知识产权所保护的权利具有特殊性，其抽象性及公共产品属性的特点，决定了审理此类案件时法官时常需要“造法”以满足处理新型权利纠纷以及衡平公私利益的需要。

1. 知识产权是一种抽象性的存在。无论是专利权、商标权、著作权，还是经营者所享有的正当竞争权，其权利所指向的客体均是一种抽象物而非物体性的存在——尽管其载体通常是具体的。因此，知识产权有别于传统财产所有权，这种不具有自然或物理属性上的排他性特征的特质，使得用固定不变的法条去保护与规则知识产权变得格外困难。

2. 知识产权具有公共产品的属性。知识产权是一种具有公共性质的私权，其保护的客体不仅关系到权利人的私利，而且与社会公共利益关系非常密切，有时甚至会影响到人类文明的进程。基于此，知识产权法中对权利人的保护范围是相对模糊的，其中预留了公共利益的空间，例如著作权法中的合理使用制度、专利法中的强制许可制度均是基于知识产权公共性特点而作出的规定，因为“保护私有、促进社会进步的二元立法原则是知识产权制度的价值目标所在”。② 这也决定了在司法裁判过程中，法官要在现有法律框架内最大限度地衡平公私利益，时常需要一些创造性的裁量方法以及开拓性的

---

① ［美］博登海默：《法理学——法律哲学与法律方法》，中国政法大学出版社 1999 年版，第 198 页。

② 吴汉东、胡开忠：《走向知识经济时代的知识产权法》，法律出版社 2002 年版，第 12 页。

裁判技巧。

（二）变动不居的社会生活

卡多佐说："世界是一个无穷无尽的'变成'（becoming）。"①"我们生活在一个变幻不定的世界里。现行的法律体系即使适合今天的文明，也不可能满足明日文明的需求。"② 这些变化，在知识产权领域表现得尤为突出，知识经济时代早已经到来，网络世界日新月异，依靠人类文明数千年以来的积淀而站在巨人肩膀上的当今人类，创造力勃发，各种饱含人类智慧的创造喷涌而出。应当没有哪一部部门法像知识产权法这般时刻可能遇到新类型案件：网络域名、计算机软件、网络下载手机铃声词曲、数字图书馆、植物新品种网络竞价排行、干扰搜索引擎服务甚至立体发型，等等，都是在知识产权部门法立法之初不曾预见更不曾设置具体规则的案件类型。"如果规则与现实行为漠不相关，法律的功能就被扭曲了，应当通过塑造规则本身来适应现实需要。"③ 但立法机关不可能及时察觉到这种变化，并且法律应有的稳定性也要求法律不能朝令夕改，所以法律适应社会发展步伐以实现公正的任务自然落到了知识产权法官的肩上。

（三）处处留白的法律规定

法定主义者说："立法者经过审慎的政策性权衡，将社会付出的代价限制在维持创造者正常的再创作的动力的范围内，从而建立知识产权法精细的利益平衡机制。"④ 很显然，该段文字描绘出的这片理想图景是对立法的美好期许而非对现状的客观描述。法律规则的开放性特征决定了构成法规的语言既有明确的中心意思，也有外延不确定的模糊空间。立法者立法时不可能预见到所有将来可能发生的情况，"法律必然有漏洞"，这是不争的事实。

在我国，知识产权法律文本中开放性规则占有很大比例，具有多重解释的空间。弹性化的法律文本自身就体现了立法者"审慎的政策性权衡"，即

---

① ［美］本杰明·卡多佐：《司法过程的性质》，苏力译，商务印书馆 2000 年版，第 14 页。

② ［美］本杰明·卡多佐：《法律的成长：法律科学的悖论》，董炯、彭冰译，中国法制出版社 2002 年版，第 90～91 页。

③ 同②，第 65 页。

④ 转引自崔国斌：《知识产权法官造法批判》，载《中国法学》2006 年第 1 期。

法律授权法院来进行具体的利益平衡，以期在技术发展和权利保护之间进行及时的利益调整。① 略举几例：

1. 知识产权法对侵犯知识产权的民事责任形式规定均较为单一、简单、粗略，民事诉讼救济制度未在部门法律范围内得以确立。以《中华人民共和国著作权法》（以下简称“著作权法”）为例，该法规定了“停止侵害、消除影响、公开赔礼道歉、赔偿损失”等民事责任，但没有规定这些民事责任实现的具体方式，而且排除妨害等其他常用的民事责任形式也未列入著作权法条文之中，因此审判实践中尚需法官结合其他法律规定或是法律原则对该条款所包含的民事责任形式加以续造。

2. 知识产权法对于民事侵权损害赔偿的数额计算方式规定也不尽完善。以《中华人民共和国专利法》（以下简称“专利法”）为例，规定了四种计算损失的标准，分别为权利人损失、侵权人获利、专利许可倍数及定额赔偿，但是如果权利人的损失、侵权人获得的利益和专利许可使用费均难以确定，且权利人损失明显超过定额赔偿的最高限额时应当如何处理，专利法未予规定，需要法官续造赔偿计算方式。

3. 专利法规定了“发明或者实用新型专利权的保护范围以其权利要求的内容为准，说明书及附图可以用于解释权利要求的内容”，即权利保护范围的折中原则，但何谓“以权利要求为准”，何谓“说明书和附图可以解释权利要求”，专利法中未予明确，法院审理案件过程中必须做具体阐释。

因此，在现行知识产权法中立法空白、原则性条款及开放性条款（该两种条款通常暗含了由司法者进行完善的授权）客观存在且不可能消除的情形下，法官造法，实为正当。

## 三、实证展示：法官如何造法

最高人民法院自2006年开始每年发布“中国知识产权司法保护十大案件”，这些案例均是每年在知识产权审判中出现的重大案件或疑难案件，其共同特点是一般具有较大的社会影响、在裁判过程中准确而富有创造性的适用法律，且裁判结果通常得到了最高人民法院的肯定。知识产权案件法官造

---

① 梁志文：《法院发展知识产权法：判例、法律方法和正当性》，载《华东政法大学学报》2011年第3期。

法过程中较有价值的贡献，均在这些案例里有所体现。因此，分析知识产权案件法官造法是否符合知识产权制度的立法目的、是否具有正当性，这些案件颇具代表性和权威性。囿于篇幅所限，笔者依照类型化研究的方法，在著作权法、专利法、《中华人民共和国商标法商标法》（以下简称“商标法”）中各选取较有造法意义的3个案例①进行实证分析，以展示法官如何造法并回答试图回答法官是否应当造法的困惑。

（一）著作权法案例：新类型著作权保护的完善

随着文化和科学事业的发展与繁荣，据以表达人类思想的载体形式越来越多，在著作权法具有影响性的案例中，对新类型文化载体是否列入保护范围是法官审理过程中关注的重点。此外，有关民间文化艺术作品的著作权保护越来越受到相关方面的重视，但民间文化艺术一直以来所具备的“公共性”特征决定了法官要很好地厘定公私界限、衡平各方利益。以下选择有代表性的三个案例进行分析。

**表1　著作权纠纷中法官造法典型案例分析**

| 名称 | 法官如何造法 | |
|---|---|---|
| | 造法内容摘要 | 造法方法解析 |
| 案例一<br>“道道通”导航电子地图著作权案 | 1. 导航电子地图可以作为地图作品予以保护；<br>2. 电子地图作品是否属于非法出版物，系测绘行政主管部门监管问题，与其作为具有独创性的作品而禁止他人抄袭，二者并不排斥；<br>3. 被告赔偿原告损失100万元。 | 1. 对现有法律条文规定的笼统概念进行延伸解读；<br>2. 借助立法法的相关规定，划分司法与执法的界限；<br>3. 为实现个案正义借助法律原则对现有条文进行突破。 |

① 下文所引案例，均来源于最高人民法院的权威发布，笔者进行了改编——作者注。

| 名称 | 法官如何造法 | |
|---|---|---|
| | 造法内容摘要 | 造法方法解析 |
| 案例二<br>北京保时捷中心建筑作品著作权案 | 1. 独特的外观和造型受保护，内部特征及必然存在的设计及因所用建筑材料产生的横向带状、颜色等，不受著作权法保护；<br>2. 判令被告对其涉案建筑予以改建，使之不再与原告建筑外观造型的主要特征组合相同或者近似的请求。 | 1. 对现有条文所规定的笼统概念进行明确；<br>2. 对法律规定的方式进行了创新。 |
| 案例三<br>《妈勒带子访太阳》著作权案 | 1. 民间文学艺术作品既要保护作品的独创性，但又不能不恰当地把其中的公有领域部分的内容纳入到作品的保护范围；<br>2. 在后的作品与在先独创性作品（需存在着明显利用关系或间接受益）的惠益分享原则。 | 1. 确定法律保护的范围；<br>2. 创建惠益分享原则。 |

案例一既有对现行法律规范的修正，也有对现行法律条文的突破：法官对著作权法第三条第七款中所规定的“地图”包括的范围进行了细化，厘清了地图作品出版的审核批准程序与著作权保护的关系，是对著作权法第七条的延伸解释；在损失或获利均难以准确证明的情况下，突破著作权法第四十九条所规定的50万元法定赔偿最高额，是在遵循了全面赔偿原则下对著作权法现有条文的续造。

案例二主要体现在对现行规定的延伸性解读：法官对著作权法第三条第四项所规定的“建筑作品”著作权保护的范围进行了界定，对著作权法第四十七条中“停止侵害”的承担方式进行了创新。

案例三则是完全意义上的造法。在《民间文学艺术作品著作权保护办法》尚未出台的情形下，民间文学艺术作品的保护范围、保护方式需要法官在司法实践中予以创建。在该案中，二审法官在法律空白处“造法”：以利益平衡原则为依据，确定了民间文学艺术作品的保护范围，即只保护作品中独创的部分，对公有部分不予以保护。同时，根据两部作品具有承前启后关系、后作品从前作品间接受益的实际情况，从公平原则出发，判决后作品的著作权人适当补偿前作品的著作权人，并创建了衡平利益的惠益共享原则。在该案的处理过程中，作出生效判决的法官表现出了高超的“造法”技巧，该案的裁判对于鼓励民间文学艺术的传承、创造、发展，保护宝贵的民间文学艺术遗产，具有积极的探索意义。

（二）专利法案例：原则性条款的延伸解读

专利法的立法目的在于鼓励发明创造，推动发明创造的应用，提高创新能力。在该类案件的处理中，通过保护专利权人的合法利益并进而保护技术推陈出新具有重要意义。由于专利法要所保护的客体范围十分广泛（大类分为发明、实用新型、外观设计），为满足不同客体的技术性判断标准要求，专利权法的条款通常使用不具有固定含义的开发性条款，对条文中规定的相关专业标准进行具有解读，是法官造法的重点。

**表2　专利权纠纷中法官造法典型案例分析**

| 名称 | 法官如何造法 | |
| --- | --- | --- |
| | 造法内容摘要 | 造法方法解析 |
| 案例四<br>美的、格力空调“舒睡模式”专利侵权纠纷案 | 1. 判决被告赔偿损失200万元；<br>2. 被告与原告产品效果基本相同，不同之处无需经过创造性劳动就能够联想到，因此，二者属于等同的技术特征，被告构成侵权。 | 1. 根据个案正义的需要，在法定赔偿最高限额之上判赔；<br>2. 适用“等同原则”处理本案。 |
| 案例五<br>本田汽车外观设计专利无效案 | 本案诉争的汽车类型的前面、侧面、后面等部位的设计特征的变化，对于一般消费者而言是显而易见的，足以使被控侵权专利与原告据以主张权利的产品从整体视觉效果区别开来。因此，上述差别对于整体视觉效果具有显著的影响，二者不属于相近似的外观设计。 | 明确法条规定含糊之处的具体含义。 |

| 名称 | 法官如何造法 | |
|---|---|---|
| | 造法内容摘要 | 造法方法解析 |
| 案例六<br>双层炉排反烧锅炉发明专利无效纠纷提审案 | 1. 专利法所称的“同样的发明创造”是指保护范围相同的专利申请或者专利，在判断方法上应当仅就各自请求保护的内容进行比较即可，本案涉案两个专利不属于同样的发明创造；<br>2. 专利法上的“禁止重复授权”是指同样的发明创造不能有两项或者两项以上的处于有效状态的专利权同时存在，而不是指同样的发明创造只能被授予一次专利权。 | 1. 对法条规定的内容进行延伸解读；<br>2. 阐明明文规定的法律原则的具体内容及适用方式。 |

案例四中法官造法表现在两个方面：(1) 综合多种因素，在专利法第六十五条的法定赔偿最高限额 100 万之上判赔；(2) 在专利法规定的保护范围内，创造性地适用“技术等同原则”处理本案。

案例五中法官明确了 2000 年专利法第二十三条所规定的“外观设计相同或者相近似”的判断方法：基于被比设计产品的一般消费者的知识水平和认知能力，对被比设计与在先设计进行整体观察、综合判断两者的差别对于产品外观设计的视觉效果是否具有显著影响；同时对“三年不使用撤销”制度从立法目的上进行了限制性的解释。

案例六体现了专利纠纷案件中法官造法的重点。该案中，法官对 2002 年专利法实施细则第十三条“同样的发明创造”的概念内涵进行了延伸解读；阐明了对“禁止重复授权原则”的理解与适用，明确了在现行专利法立法框架下相关行政操作的合法性，妥善解决了我国专利局过去依此授予的数千件专利的生死存亡问题。

### （三）商标法案例：借助立法目的探究法条应有含义

商标法具有保障消费者利益以及生产、经营者利益的双重立法目的，商标的主要功能是据以区分不同的产品供应商，故是否造成公众混淆是案件处理的重点。假冒商标的侵权人通常要借助经销商的销售行为以及经销场地进行完成侵权行为，在新型网络销售模式下，未参与经销但提供了网络交易平台的网络供应商在何种情形下要承当共同侵权责任，是现行商标法没有规定的新问题，需要法官结合国际通行规则及案情予以正确处理。

**表3　商标权纠纷中法官造法典型案例分析**

| 名称 | 法官如何造法 | |
|---|---|---|
| | 造法内容摘要 | 造法方法解析 |
| 案例七<br>“卡斯特”商标三年不使用撤销行政纠纷案 | 1. 商标法第四十四条第（四）项规定的立法目的在于激活商标资源，清理闲置商标，撤销只是手段，而不是目的。因此，只要在商业活动中公开、真实地使用了注册商标，且注册商标的使用行为本身没有违反商标法律规定，则注册商标权利人已经尽到法律规定的使用义务。<br>2. 涉案商标有关的其他经营活动中是否违反进口、销售等方面的法律规定，并非商标法第四十四条第（四）项所要规范和调整的问题。 | 1. 从立法目的出发，对法律制度进行了限制性的解释；<br>2. 借助立法法的要求，对法条适用的范围进行了限制解释。 |
| 案例八<br>“鳄鱼”商标案 | 鳄鱼国际公司主观上并无利用拉科斯特公司的品牌声誉，造成消费者混淆、误认之故意，客观上也已经建立起特定的商业声誉，而且被诉侵权产品具有了整体识别性，能够有效地与其他标有鳄鱼形象的商品相区别。根据整体比对、综合判断的原则，二者之间已经形成了显著性的区别特征。判决驳回拉科斯特公司的诉讼请求。 | 1. 对语言模糊的法律规范进行明确解释；<br>2. 适用法律原则对案件进行判决。 |
| 案例九<br>淘宝网商标侵权纠纷案 | 淘宝公司知道杜国发利用其网络服务实施商标侵权行为，但仅是被动地根据权利人通知采取没有任何成效的删除链接之措施，未采取必要的能够防止侵权行为发生的措施，从而放任、纵容侵权行为的发生，其主观上具有过错，客观上帮助了杜国发实施侵权行为，构成共同侵权。 | 确立在我国适用国际通行规则（“避风港规则”）的具体条件。 |

案例七从立法目的上对商标法规定的“三年不使用撤销”制度进行了限制性的解释。同时，对商标法所适用的范围进行了界定，明确指出商标法第四十四条第（四）项合法与否的评判规范仅限于商标法律规定。

案例八对法律规定的含义模糊之处进行了明确，对商标法第五十二条第一项所规定的“商标近似”进行了定义：应当是指混淆性近似，即足以造成市场混淆的近似。同时，确立判断是否构成混淆性近似的原则为，整体对比、综合判断。

案例九确定了网络交易平台服务提供者承担帮助侵权责任的过错判断标准，即世界通行的“避风港规则”（通知—移除规则）适用的具体条件。

### （四）例证解读：法官造法必要且正当

从以上对三大知识产权法影响性案例的解析，可以得出如下结论：

1. 每一次“造法”均来源于审判实践的需要，新类型案件的出现是法官造法的主要动因（案例一、二、三、九）。

2. 法官绝大部分时候只在法无明文规定或是法律规定含义模糊的情形下，才会进行有限的续造，法官所造之法通常是为了使抽象的条文具有可操作性，以解决裁决纠纷的需求（案例一、五、六、七、八）。

3. 法官造法时，既可能扩张法条表意的范围，也可能限制法条表意的范围，依据案件的具体情形以及是否对公共利益造成的影响而定：对涉及私权利的，一般从宽保护（案例五、六），而与公共利益相关的，则保护的标准相对从严（案例三），这充分体现了法官在司法过程中对利益平衡原则的把握。

4. 法官所造之法，通常有事实依据，即案件的具体情况；也有法理依据，包括法律原则（例如案例三、四、六）、比较法（例如案例九）、立法目的（例如案例七）等。

5. 有时法官也会突破现有的法条进行判决，其目的是为了实现个案的正义（例如案例一、二、三、四）。从上述影响性案例中对法官造法的分析，可以得出这样一个结论：知识产权审判中法官造法，与其说是对法制的破坏，还不如说是为了更好地实现实质意义上的法治。

当然，前文对于法官造法所持的赞许态度，并非鼓动法官毫无限制地去改造、突破甚至放弃对现行法律文本的适用。事实上，法官造法始终是附前提条件的，法治社会的要求和民众对于法律后果的“可期待性”决定了法官造法时只能“带着镣铐跳舞”，法官应当仅限于在如下几个“领地”行使造法权：在法律空白处造法，在法条沉睡处造法，在公益实现处造法，在正义彰显处造法。

## 四、方法总结：法官以何造法

尽管通过前文从理论到实证的分析，可以得出知识产权法官造法具有正当性的结论。然而，正当性与被广泛接受之间尚有距离，如果裁判者希望法的续造结果能被人们——尤其是反对者们所接受，那么裁判时就必须有事实上的依据与理论上的依据——尤其是理论上的依据。法官必须从隐藏于成文法背后的各种法律资源中去探究并寻找到有助于案件解决的真正有用的东西——笔者称之为活跃的力量。

### （一）借助法律原则的力量

在具体规则之外，法律体系还包括大量的一般原则。从法理学的层面看，原则是从法律规则中抽象出来的具有普遍适用性的准则，通常反映了法律文本内在的、本质的东西，相对于固定的法律规则而言，法律原则体现了法律的灵活性。原则不仅可以用来解释具体法律规则，而且当具体法律规则不明确或者不存在时可以被用来作为判决的一般准则。①

知识产权法在演进过程中形成了一些通用的原则，例如利益平衡原则、权利穷竭原则、保护在先权利人利益原则、技术等同原则等。另外，还有民法中的平等、公平、诚实信用、保护民事权利、权利不得滥用等原则也都能用于知识产权审判中。

如前所述，知识产权法立法追求的目标是宜粗不宜细，在保护客体每天翻新、新诉求层出不穷的知识产权审判中，正确适用具有普适性、灵活性的法律原则对于正确裁判具有重要意义。面对大量的法律空白，运用法官借助法律原则来创设裁决案件的具体规则，通常具有很强的说服力。前文对影响性案件的实证分析也证明，在知识产权审判工作中，法律原则起着无可估量

---

① Roscoe Pound, The Theory of Judicial Decision, 36 Harvard Law Review 641 (1923). 转引自刘星：《法律是什么？20世纪英美法理学批判阅读》，中国政法大学出版社1998年版，第159页。

的作用，法律原则正成为法官造法最重要的理据来源。

（二）寻求成文法源的支持

成文法源指由国家机关制定或者批准、以成文法方式表达的法律规范性文件。知识产权法官造法过程中对成文法源的适用主要体现在以下两个方面：

1. 适用民法的相关规则用于解决知识产权纠纷，知识产权法作为民法的特别法，在出现法律空白地带时，可以借用民法中的一般条款进行判决。例如，知识产权法对民事责任的承担方式规定得均不完备，在涉及到特殊的责任承担方式时，裁判者可用民法通则及其司法解释中确定的方式保护权利人利益；此外，合同法、刑法、行政许可法等法律中所隐含的与知识产权相关的规则，均可作为知识产权法官造法的“原料”。

2. 国际条约和公约对于知识产权审判而言具有特殊的意义。“知识产权”在我国本就是个舶来品，加入 WTO 更是赋予了我国司法保护与世界同步的义务。在知识产权国际公约的适用上，我国法院遵循“国际条约优先适用”的原则，即当知识产权国际条约与我国国内法有不同规定，且我国未声明保留的情形下，应优先适用国际公约。故在涉外知识产权案件的处理中，如果遇到国内法律的未作规定之处，可以直接适用《伯尔尼公约》、《巴黎公约》来进行判决。另外，Tirps 协议虽然不能在我国直接适用，但 Tirps 协议却是知识产权审判法官造法的一个极好来源，依据该协议作出的判决，基本能反映世界通行的规则，无疑能得到广泛的认同。

（三）探寻立法者的立法目的

当法官在公布的法律文本中找不到案件裁决所需的法律依据时，或者是依照法条的表面语义判决会得出不正义的答案时，法官应当设想立法者在面对该案时所持立场——立法目的，并以此为依据来进行司法判决。探究立法者立法目的的途径有三：（1）大多数法律法规都第一条或第二条开宗明义地阐明立法目的，这是立法目的的权威出处；（2）立法时的背景资料也是管窥立法者立法目的的重要途径；（3）通过立法机关在新闻发布及其他场合对法律公布所具有意义的权威发言，也有助于明确立法目的。立法目的的本身即体现了立法机关关注的核心问题，多半也是社会现实需要解决的核心问题，立法期望保护的法律关系、期望限制的行为模式大致能够反映社会意识形态的进步程度和主流价值观。[①] 每一个法律文本均有其特殊的使命，知识产权法也不例外。在知识产权审判过程中，法官如果碰到了法律不曾规定的情况或者碰到符合立法精神而与法律词句相冲突的情况时，探寻立法机构所要取得的效果并以立法者的立场来解决问题，不失为一个好的办法。

此外，除去前述三种主要“造法原料”，比较法、公共政策、法理、事理及判例，均是法官造法过程中可供利用的资源。只要法官在造法过程中准确地掌握了归纳、总结、对比、类推等裁判技巧，并且在裁判过程中始终贯彻对社会整体利益与个体利益关注与体恤，则法官造法的结论应当是理性、正义且符合法治目的的。

## 结　语

法条有尽，事情无穷。即使立法者多么高明，也不可能事先预见今后所有的问题，由制定法条文织造的规范体系注定千疮百孔。而由立法者事后通过补充立法来弥补漏洞或者修改法律去衡平个案中的不公，由于对个案的处理过于迟钝而显得不切实际。法律织物的褶皱最终需要司法者去熨平。[②] 法官在裁判案件过程中，如果遇到制定法条文有遗漏、法条含义不明确或者拘泥于制定法字面含义将导致不能容忍的明显不公时，应当根据法律原则、其他成文法、隐含法律、学说理论等，在衡平各种法律价值后对法律进行续造——这不仅是法官的权力，更是义务。中国知识产权的发展，不仅仅由于一个个新法律出台的推动，很大程度上还得益于知识产权法官的敢于担当的勇气和敢于创新的司法智慧。在我国知识产权法制尚不完备而知识产权人权利意识觉醒、案件高发的今天，知识产权法官造法显得尤其重要且弥足珍贵。试问，我们“有什么理由排斥及时的司法正义，而等待姗姗来迟的立法正义呢”?[③] 判

---

① 参见郭卫华主编：《“找法”与“造法”——法官适用法律的方法》，法律出版社2005年版，第214页。

② 参见何海波：《实质法治：寻求行政判决的合法性》，法律出版社2009年版，第265页。

③ 应振芳：《司法能动、法官造法和知识产权法定主义》，载《浙江社会科学》2008年第7期。

# 论报批义务对合同效力的影响

张　华*

《最高人民法院关于适用〈中华人民共和国合同法〉若干问题的解释（一）》（以下简称《合同法司法解释（一）》）第九条规定：依照合同法第四十四条第二款的规定，法律、行政法规规定合同应当办理批准手续，或者办理批准、登记等手续才生效，在一审法庭辩论终结前当事人仍未办理批准手续的，或者仍未办理批准、登记等手续的，人民法院应当认定该合同未生效。该司法解释将未经批准的合同定义为合同未生效，首次提出未生效合同概念，丰富了合同效力的层次及内容，也纠正了司法实践中将未经审批的合同认定为无效合同的错误做法。但由于学理对未生效合同的理论研究不足，这一新的合同效力形式给司法实践带来了新的困惑，突出表现在合同未生效是否及于合同中约定的或者法律规定的报请申请批准的义务（以下简称报批义务）？参与起草该司法解释的法官认为，经批准或者登记生效的合同，在批准或者登记手续办理之前合同本身只是成立而没有生效，因此合同中约定的办理批准或者登记手续的义务，或者法律规定的负有办理批准

* 最高人民法院审判监督庭法官。

或者登记义务，因合同并未生效而不能约束当事人。① 这一认识将报批义务纳入到当事人的合同义务之中，因当事人的合同义务尚未生效，报批义务也就不具有可履行性。于是，报批义务与合同生效之间似乎形成了一个“未经审批合同不生效，合同不生效则无从履行报批义务”的纠结地带。有鉴于此，《最高人民法院关于适用〈中华人民共和国合同法〉若干问题的解释(二)》（以下简称《合同法司法解释（二)》）提出了一些解决方案，规定有义务履行报批义务的一方当事人不按照法律规定或者合同约定报批的，人民法院可以根据相对人的请求判决相对人自己办理有关手续。该规定虽然在一定程度上赋予了报批义务的可履行性，但仍局限于“相对人自己办理”，没能从理论和实践层面破解“义务人办理报批手续”的难题。倒是新近出台的《最高人民法院关于审理外商投资企业纠纷案件若干问题的规定（一)》作了开创性的探索，该解释第一条即开宗明义规定，当事人在外商投资企业设立、变更等过程中订立的合同，依法律、行政法规的规定应当经批准后生效的，未经批准，应认定为合同未生效，但不影响合同中当事人履行报批义务条款及因该报批义务而设定的相关条款的效力。该条司法解释在外商投资企业设立、变更等过程中订立的合同范围内，赋予了报批义务的独立性，有效地解决了报批与合同生效之间的矛盾。但是，赋予报批义务独立性的规则是否为外商投资企业设立和变更过程中的合同的特殊性使然呢？根据该司法解释的起草者对该问题的认识和对该条的解读，似乎也看不出是外商投资企业设立和变更过程中的合同的特殊性的原因。② 那么，报批义务独立性规则为什么只能适用于外商投资企业设立和变更过程中的合同，而不能成为一条合同法上的普遍适用规则呢？

笔者认为，上述三个司法解释规制的其实是同一个问题，但在报批与合同生效之间的关系上却表现出较大的差异性。这种差异性使人们有理由提出这样的疑问：报批义务独立性规则为什么只能适用于外商投资企业设立和变

---

① 沈德咏、奚晓明主编：《最高人民法院关于合同法司法解释（二）理解与适用》，人民法院出版社2009年版，第75页。

② 参见刘贵祥：《论行政审批与合同效力》，载《中国法学》2011年第2期；刘贵祥、高晓力：《〈关于审理外商投资企业纠纷案件若干问题的规定（一)〉的理解与适用》，载《人民司法》2010年第17期。

更过程中的合同，而不能成为一条合同法上的普遍适用规则呢？面对这样的疑问，确有必要重新审视未生效合同这一合同效力层次中的新生事物，重新理解报批与合同效力之间的关系，重新规制报批与合同效力之间的规则。

## 一、对报批义务与未生效合同的正确解读

未生效合同因行政审批而产生，所以，报批义务为未生效合同的核心问题。报批行为虽属行政许可程序中的申请行为，但因其具有促成合同生效的功能，与合同之间存在着密切的联系，因而具有重要的私法上的意义。正确理解报批义务的性质及其与未生效合同之间的关系，对于厘清报批义务的私法效果从而确立报批义务与未生效合同之间的私法规则具有重要意义。

1. 合同未生效并不意味着合同之上无有效的义务存在

我们在认定一个未经批准的合同为未生效合同的时候，往往会认为合同的全部条款都未生效，一个尚未生效的合同中绝无有效的义务存在。事实上，这一认识并不完全正确。

其一，合同法上的独立性条款适用于未生效合同。合同法上有两个条款被视为是具有独立性的条款，不受合同效力的影响和约束，分别是合同法第五十七条“合同无效、被撤销或终止，不能影响合同中独立存在的有关解决争议方法的条款的效力”和合同法第九十八条“合同权利义务的终止，不影响结算和清理条款的效力”。我们来看未生效合同与这两个条款之间的关系。从未生效合同的命运来讲，可能因生效而得以履行，也有可能最终被认定为无效，还有可能因未生效而被解除。① 而未生效合同既可能被认定为无效，也可能因解除而致合同权利义务终止，所以，未生效合同也有合同法第五十七条和第九十八条的适用余地，即未生效合同中完全可能存在独立于合同效力的争议解决方法、结算或者清理的条款，这些条款并不因合同未生效而不具有履行效力。

其二，未生效合同之上存在独立于合同效力的法定义务。合同之上除了约定的义务以外，也还存在法定义务，法定义务不属当事人合意的产物，其履行有的是为了公共秩序的需要，有的是为了促成合同生效，有的是为了辅

① 关于未生效合同解除的讨论，可参见张民：《再论未生效合同的解除》，载《法学》2012 年第 3 期；崔建远：《合同解除的疑问与释答》，载《法学》2005 年第 9 期。

助主给付义务的履行。前者如合同法第七条规定的“当事人订立、履行合同，应当遵守法律、行政法规，尊重社会公德，不得扰乱社会经济秩序，损害社会公共利益”，后者如合同法第六十一条第二款规定的“当事人应当遵循诚实信用原则，根据合同的性质、目的和交易习惯履行通知、协助、保密等义务”。上述法定义务的履行并不以合同已经生效为条件，既可以发生在合同生效后的履行阶段，也可发生在合同成立阶段，还可发生在合同成立后的未生效阶段。此时，尽管合同尚未生效，但合同之上的法定义务已经存在并已具有履行效力，而报批义务即属附随义务中的协助义务。正因为如此，有学者将未生效合同理解为尚未完全生效的合同，即部分（报批义务）已生效，部分（主给付义务）尚未生效是不无道理的。①

其三，未生效合同之上可以存在约定的辅助性给付义务。比如，在一个等待批准的采矿权转让合同中，尽管合同尚未生效，但双方可以提前约定将转让款交由公证部门提存，以方便履行将来生效的合同。在一个须经批准的合同中，当事人可以按照需要为未定状态期间允诺一定的给付义务，如当事人可以就立即提存价款达成合意，德国法院有判决支持此等合意。②

可见，未生效合同中完全可能存在生效条款，固守合同未生效是指合同的全部条款未生效的立场是不正确的。合同未生效并不意味着合同之上就不能存在有效的义务。合同未生效应该是指合同的主给付义务尚不具有履行效力，而非指合同的全部义务都不具有履行效力，至少有四个方面的义务是不待合同生效而自动生效的：为了合同的“善后”，履行合同中订立的争议方式解决条款以及结算和清理条款的清算性义务；为促成主给付义务的履行，根据法律的规定应当适时履行的协助、通知和保密等保障性义务；为促成主给付义务的履行，根据法律的规定应当适时履行促成合同生效的报批等程序性义务；合同中约定的纯粹为保障主给付义务履行的辅助性义务，如为及时履行合同生效后的付款义务，约定付款义务人事先提存价款。

---

① 参见王轶：《合同效力认定的若干问题》，载《国家检察官学院学报》2010年第5期。

② 汤文平：《批准（登记）生效合同、“申请义务”与“缔约过失”》，载《中外法学》2011年第2期。

2. 报批行为本为行政许可程序中的申请行为，通过附随义务这个管道进入私法领域从而成为私法上的法定义务

从报批行为的产生来看，均源于国家从维护国家利益、公共利益以及行政管理利益的需要，对特定行业采取的对涉及私人自治空间的法律约束，其直接表现形式是法律、行政法规的强制性规定。所以，报批行为本身并不属于私人自治的范畴，当事人既不能约定排除，也不能在法律、行政法规无规定的情况下，自行约定报批。当事人可以约定的空间仅限于法律、行政法规规定了必须履行报批手续，但没有具体规定履行报批手续的义务人时，当事人可以约定由一方履行报批手续。

一般认为，报批行为作为行政许可中的申请行为，仅产生影响合同效力的私法效果。其实，这只是看到了事物的表面现象。报批义务还有可能产生更深层次的私法效果，即报批行为可以通过相应的管道，转变为合同之上的法定义务。

这个管道就是合同法上的附随义务。所谓附随义务，是为使债权能够圆满实现，或保护债权人的其他法益，债务人除给付义务外，尚应履行其他行为义务，主要有协力、通知、照顾、保护等义务。诸此义务。[①] 学者们在论及附随义务的产生时，都是将其归结为诚实信用原则，事实上，诚实信用原则只是附随义务产生的原因或者源泉，某项具体附随义务的产生，仍然来源于法律的具体规定。合同法第六十条规定："当事人应当按照约定全面履行自己的义务。当事人应当遵循诚实信用原则，根据合同的性质、目的和交易习惯履行通知、协助、保密等义务。"通说认为，这是附随义务在我国合同法中的具体体现。合同法只在总则中就附随义务作了上述概括性规定，合同法分则中就具体的合同类型的附随义务作出规定的较少。[②] 这是因为，附随义务的履行，除了合同法第六十条的规定外，还须结合合同的性质、目的和交易习惯具体确定。所以，附随义务不以当事人的约定为限，更多地表现为

① 王泽鉴：《民法学说与判例研究》（第一册），中国政法大学出版社2005年版，第91页。

② 据笔者检索，好像只有合同法第一百三十六条就买卖合同中的附随义务明确规定"出卖人应当按照约定或者交易习惯向买受人交付提取标的物单证以外的有关单证和资料"。

一种法定义务。

就报批行为来说，其属于附随义务中的协助义务，由合同法第六十条直接加以规定，从而成为根据合同的性质和目的能够具体确定的合同之上的法定义务。即便当事人在合同中约定了报批义务人，这种约定虽然也带有“义务”的性质，但该“义务”并非合同的实体义务，本质上仍来源于对法定的附随义务的遵守，所不同的是，此时的法定义务与约定义务融为一体了。对于报批义务的法定性，国际商会制定的《国际商事合同通则》（2004）也专门予以了规范，其第六条第一款明确规定“若一国法律所要求的公共许可影响到合同的效力及其履行，则在任何其他条件下，履行须经许可的那一方当事人应当采取必要的措施”。① 在德国法上，促成批准的协作义务是附随义务的一大典型，协作义务的实践价值尤其存在于批准生效合同，在这个协作义务中，最为关键的就是申请批准。而且德国法院和学说都认为，在经批准生效的合同场合，当事人的协作义务是可以独立诉请履行的。②

相较而言，合同的主给付义务来源于当事人的合意，其应该履行与否，取决于当事人的合意是否具有履行效力。故报批义务与合同的主给付义务在义务来源和义务履行的条件上均存在着本质的区别，报批义务为法定的合同义务，主给付义务为约定的合同义务，不能将二者混为一体。③

3. 报批义务具有程序性的性质与功能，其程序价值具有独立性

合同中主给付义务的性质与功能是为了实现合同目的，完成当事人给付利益的交换，而报批义务并不具有具体实现当事人利益交换的功能，只具有促成合同生效从而促进合同目实现的辅助功能，所以，报批义务具有程序性的性质和功能，主给付义务具有实体性的性质和功能。同时，这种程序性的

---

① 参见陈安、房东主编：《国际经济法学资料选编》（上册），北京大学出版社2008年版，第232页。

② 参见汤文平：《德国法上的批准生效合同研究》，载《清华法学》2010年第6卷，第163~164页。

③ 崔建远先生也将报批义务理解为法定义务，参见崔建远、吴光荣：《中国法语境下的合同效力：理论与实践》，载《法律适用》2012年第7期；刘贵祥法官一方面力主报批义务的独立性，一方面却认为，报批义务来自当事人订立的合同，合同虽未生效，但合同中的报批条款以及与报批条款相关的条款已经生效，故属合同义务。参见刘贵祥：《合同效力研究》，人民法院出版社2012年版，第20页以下。

功能具有独立性，如果程序性的功能无法完成，则实体性的功能则无法满足。如果硬要将两者进行捆绑，否认报批义务的程序价值，否认其程序性功能的独立性，意味着合同的实体性功能也将丧失。

从这个意义上说，报批义务有些类似于合同法规定的合同争议解决条款及结算和清理条款，这些条款属于纯粹的程序性条款，独立于合同的实体条款之外，只不过其功能是出现合同无效、被撤销等合同不能履行的情形后，解决合同的"善后"事宜。而报批义务是在合同未生效之前，合同不能履行的情况下，解决合同的"准生"问题，两者在性质、功能上并无区别，都是在合同无法履行的情况下解决问题的手段而已。有学者形象地将促成合同生效的条款针对合同的"生前"，有关争议解决的条款针对的是合同的"死后"，均具有手段性特点，都属于服务于当事人实体权利义务的其他合同条款，当然具有独立性，不受合同未生效的影响。①

4. 报批义务为合同形式拘束力的内容之一，理应具有法律保障机制

一般认为，合同有形式拘束力与实质效力之分，前者源于合同的成立，意指当事人不能任意撤销、变更甚至解除合同，后者源于合同的生效，是指基于合同而在当事人间发生的权利义务关系。② 所以，未生效的合同产生合同的形式拘束力，生效合同产生合同的实质效力，即履行效力。

合同的形式拘束力所产生之"力"应该包含三个方面：（1）确定力。对合同的主要条款形成合意，表明合同权利和义务已经具体、明确和确定，合同具有确定力。（2）保持力。指债权人依债权取得之利益，为有法律上之原因，得永久保持。③ 合同成立后的保持力，实质上是指自合同成立至合同履行完毕这个时间段里，当事人负有的保持上述合同确定力的义务，这种义务表现为不作为，如不得任意变更和解除合同；不得擅自转让合同权利义务；不得任意处分合同特定的标的物。（3）协作力。协作力因合同的附随义务而产生。对于成立与生效分离的合同，当事人一方负有促使合同生效的准备义务，对须批准、登记生效的合同，充分准备材料，及时报请批准或登

① 刘贵祥：《论行政审批与合同效力》，载《中国法学》2011 年第 2 期，第 149 页。

② 王泽鉴：《债法原理：基本理论、债之发生》（第一册），第 193 页；赵旭东：《论合同的法律约束力与效力及合同的成立与生效》，载《中国法学》2000 年第 1 期。

③ 参见郑玉波：《论债之效力及一般担保》，载《法学丛刊》第 104 期。

记；对附生效条件的合同，不得对条件的成就与否施加不正当的影响。此外，协作力还表现为当事人应履行相应的保密、通知、协助和保护等附随义务。

上述形式拘束力应该受到怎样的法律保护呢？在合同成立与生效同时发生时自不成问题，但在合同尚未生效阶段，却存在争议。有观点认为，合同成立后的拘束力既然仅仅是形式拘束力，自然不能产生实质的权利义务，此种状态应为有拘束而无义务的状态。① 也有学者持相反的观点，认为合同的形式约束力是当事人必须为之或者不得为之的强制状态。② 本文认为，既然成立后的合同产生确定力、保持力和协作力等形式拘束力，法律应该对其提供保护并以强制力为后盾。其之所以没有受到应有的重视，主要原因是此类合同尚未生效，其法律效力未能全面展开，合同约定的权利义务尚不能诉请履行，导致合同的形式拘束力时常被淹没在合同的履行效力之中，失去了自身的独立价值。

合同成立后产生的确定力、保持力和协作力都是应该有相应的法律保障机制的。就确定力和保持力来说，合同法第八条给予了完全的保护，即依法成立的合同，在当事人之间产生法律拘束力，任何一方不得随意解除。但协作力却缺少相应的法律保护机制。特别是对于促成合同生效的报批义务这一协作力来说，更应该有相应的法律保障机制，促使义务人积极履行促成合同生效的积极作为义务。此种“协作义务”的正当性基础，在我国一般认为是诚实信用原则。而在德国，随着 2002 年债法现代化改革，其正当性基础不再为诚实信用原则而是直接以德国民法典第 241 条第 2 款为基础，将协作义务直接归类为“由债务关系产生的义务”,③ 使其从源于诚实信用原则的“弹性”义务变成源于由债务关系产生之义务的“刚性”义务。

上述解读表明，未生效合同之上客观地存在着有效义务，报批义务为一方或者双方当事人应当履行的法定义务，该项义务的履行独立于合同是否生

---

① 苏永钦:《私法自治中的经济理性》，中国人民大学出版社 2004 年版，第 164 页。

② 赵旭东:《论合同的法律约束力与效力及合同的成立与生效》，载《中国法学》2000 年第 1 期。

③ 《德国民法典》第 241 条第 2 款规定，“债务关系可以按其内容来说使任何一方负有顾及另一方权益、法益和利益的义务”。见陈卫左译注:《德国民法典》，法律出版社 2004 年版。

效，在一方怠于履行报批义务时，相对方可以独立地诉请履行。

## 二、未经批准的合同并不必然都导致合同未生效

《合同法司法解释（一）》第九条规定似乎对合同法第四十四条第二款作了扩大解释，因为合同法第四十四条第二款局限在“法律、行政法规规定办理批准、登记等手续生效”上面，突出了法律、行政法规明确规定“办理批准、登记手续才生效”的内涵，而《合同法司法解释（一）》第九条则包含了两部分内容，一是法律、行政法规规定“办理批准、登记手续才生效”，二是法律、行政法规规定“应当办理批准手续”，并将二者的后果统一认定为合同未生效，显然是将法律、行政法规规定“应当办理批准手续”，但没有明确规定未经办理批准手续的法律后果的合同统一认定为合同未生效。《合同法司法解释（一）》的这一扩大解释，显然是没有意识到违反行政审批这一强制性规定对合同效力影响的多样性。[①] 事实上，有的法律、行政法规明确规定不办理批准合同不生效，有的只规定应当办理批准手续，但未对不办理批准手续的后果作出规定。对未经批准的合同效力，须结合待批准事项的特点以及法律、行政法规的规范目的，具体予以确定。仔细分析，会发现报批对合同效力形态的影响呈现多样性的特点，远非《合同法司法解释（一）》确定的“合同未生效”这一单一效力形态。不仅如此，报批带来的合同效力形态不同，也决定了该类报批义务是否具有强制履行性，所以，报批义务与合同效力形态之间的关联度值得关注。

### （一）对法律行为或具体权利义务的批准

有些情况下，根据法律、行政法规的规定，当事人之间就某项民事行为达成的合意，还必须加入国家意志，才能得到履行，国家意志的实现通过审批程序来完成，此时，合同本身成为批准直接调整的对象，审批程序直接调

---

① 本院某审判部门在审理一起股权转让纠纷案件中，对于如何理解《中华人民共和国证券法》第一百二十九条规定的“证券公司变更持有百分之五以上股权的股东必须经国务院证券监督管理机构批准”，对于未按上述规定办理批准手续，其股权转让合同的效力如何，庭务会就形成合同不成立、合同无效、合同未生效、不影响合同的效力四种意见。可见，未经行政审批对合同效力的影响并非《合同法司法解释（一）》规定的那么简单。

整法律行为或当事人之间的具体权利义务本身。司法实践中，这类合同主要包括针对市场准入资格的批准和针对市场交易行为的批准，前者如中外合资、合作经营合同，后者如上市公司国有股转让合同、国有企业转让国有资产的合同、矿产资源转让合同等。

法律、行政法规规定的对民事行为本身的批准，其直接后果至少有三种可能。后果之一，批准之前合同未生效。如中外合资经营企业法第三条规定"合营各方签订的合营协议、合同、章程，应报国家对外经济贸易主管部门批准"。这类合同，审批程序所直接调整的是以合营协议、合同、章程为载体的法律行为，就审批与合同效力之间的关系，该法的实施条例第十四条规定"合营企业协议、合同和章程经审批机关批准后生效"。再比如，国务院1998年颁布的《探矿权采矿权转让管理办法》规定，探矿权、采矿权转让必须经审批管理机关批准，经批准转让的，转让合同自批准之日起生效。后果之二，因未报请批准，合同无效。如原《城市私有房屋管理条例》规定，机关、团体、部队、企业事业单位不得购买或变相购买城市私有房屋；如因特殊需要必须购买，须经县以上人民政府批准。① 现有判决表明，在一起国有企业买卖城市私有房屋纠纷案件中，法院认为，房屋买卖合同并未报请批准，该合同违反了当时的行政法规的规定，应当认定无效。② 后果之三，因批准申请被不可逆转的拒绝，合同无效。批准申请被不可逆转的拒绝，表明国家对该民事行为作出了否定性评价，该民事行为很有可能因违反合同法第五十二条的规定而无效。此时合同如果无效，并不是因为批准被确定的拒绝，而是因为违反了合同法第五十二条的规定。

即便如此，有些情况下仍要结合具体案情作具体分析。还是以中外合资经营企业法第三条规定"合营各方签订的合营协议、合同、章程，应报国家对外经济贸易主管部门批准"为例，此条规定的"合营协议、合同"是否应该作限缩性解释，究竟是指合营各方签订的所有协议和合同，还是仅指设立合营公司时的协议、合同，而不包括公司为经营需要签订的协议和合同？至少已有判例认为此处经审批生效的协议和合同仅指合营各方设立合营公司时的协议、合同，而不包括合营各方为经营需要签订的协议和合同，合营各方

---

① 该行政审批事项已由国务院国发〔2002〕24号文件废止。

② 参见最高人民法院（2011）民提字第92号民事判决书。

为经营需要签订的协议和合同的生效并不以行政审批为条件。①

（二）对法律行为外部情势的批准

有些法律行为本身不需要批准，但其外部情势涉及到批准的问题。如最高人民法院《关于审理涉及国有土地使用权合同纠纷案件适用法律问题的解释》（法释［2005］5号）第十六条规定，土地使用权人未经有批准权的人民政府批准，以划拨土地使用权作为投资与他人订立合同合作开发房地产的，应当认定合同无效。但起诉前已经办理批准手续的，应当认定合同有效。还如，最高人民法院《关于审理商品房买卖合同纠纷案件适用法律若干问题的解释》（法释［2003］7号）第二条规定，出卖人未取得商品房预售许可证明，与买受人订立的商品房预售合同，应当认定无效。但是，在起诉前取得商品房预售许可证明的，可以认定有效。此处的“预售许可证明”，即是商品房预售的批准。

上述待批准事项并不涉及合作开发、房屋买卖等民事法律行为本身，但涉及到履行法律行为的外部情势，按照上述司法解释的规定，对法律行为外部情势的批准，并不导致合同未生效，只可能因未经批准导致合同无效，但在一定期间内得到补正的，会使合同效力也得以补正。

（三）对履行行为的批准

有些合同的履行行为也须得到批准，该类批准主要涉及合同义务能否得到履行，物权能否发生变动的问题。如果履行行为确定地不能得到批准，很可能导致合同法第一百一十一条规定的法律上或事实上履行不能的情形，在我国合同法上，其结果是导致合同的解除。无论如何合同的履行情况不具有决定合同效力的意义。如《最高人民法院关于审理外商投资企业纠纷案件若干问题的规定（一）》第十三条规定：“外商投资企业股东与债权人订立的股权质押合同，除法律、行政法规另有规定或者合同另有约定外，自成立时生效。未办理质押登记的，不影响股权质押合同的效力。当事人仅以股权质押合同未经外商投资企业审批机关批准为由主张合同无效或未生效的，人民法院不予支持。股权质押合同依照物权法的相关规定办理了出质登记的，股权质权自登记时设立。”该条第二款即将行政审批的对象界定为作为权利变动

---

① 参见最高人民法院（2008）民一抗字第18号民事裁定书。

的股权质权，而非作为原因行为的股权质押合同，明确了行政审批不影响合同的效力，而仅影响权利的变动。

值得注意的是，有时候此类履行行为的批准与法律行为的批准很多时候纠结在一起，较难分辨。比如，《中外合资经营企业法实施条例》（以下简称《条例》）第二十条第一款规定，合营一方向第三者转让其全部或者部分股权的，须经合营他方同意，并报审批机构批准，向登记管理机构办理变更登记手续。第四款规定，违反上述规定的，其转让无效。这里的“转让”究指转让合同，还是指转让合同履行行为中的实际股权变更？司法实务中一般认为此处的批准应是法律行为，而非履行行为，但有学者认为，《条例》关于“未经审批，其转让无效”的规定，规范的应是转让合同的履行行为，而不是转让合同。①

（四）对履行行为外部情势的批准

有些情况下，合同往往不是批准所直接调整的对象，须经批准的特定事项大多表现为合同履行的外部基础或条件，该特定事项与当事人的合同之间虽有一定的牵连关系，但两者往往并不发生直接的联系，只是间接地发生联系。其牵连性表现为，若特定事项未获批准，则当事人之间的合同因缺乏基础或条件往往无法实际履行，合同目的因外部条件未获批准而无法实现。如某演艺公司拟在鸟巢举行一场大型演唱会，该演唱会需经文化主管部门批准，但该演艺公司未经文化主管部门批准即与场馆管理方签订场地租赁合同，后因演唱会未获批准，场地租赁合同无法实际履行。本案中需批准的对象是演艺公司的演唱会，而不是场地租赁合同，演唱会未经批准的法律后果是场地租赁合同无法实际履行，场地租赁合同的目的无法实现，并不影响租赁合同的有效与无效。若演艺公司或场馆管理方以演唱会未经批准为由请求确认场地租赁合同无效，人民法院不应支持。

所以，如果合同不是批准直接调整的对象，特定事项的批准与否影响的只是合同目的能否实现，并不会影响合同的效力。

（五）对民事主体经营资质的批准

还有些情况下，批准的对象不直接指向合同本身，也不涉及合同履行的

---

① 蔡立东、李晓倩：《行政审批与合资企业股权转让合同的效力》，载《吉林大学社会科学学报》2010年第6期。

外部条件，而是指向民事主体的经营资质。在有些特许经营、限制经营的情形下，如果未获批准取得经营资质即从事民商事交易行为，则合同的效力将得到否定性评价，但若在合理的期限内取得资质的，合同效力将不受影响。如《最高人民法院关于审理涉及国有土地使用权合同纠纷案件适用法律问题的解释》（法释［2005］5号）第十五条规定，合作开发房地产合同的当事人一方具备房地产开发经营资质的，应当认定合同有效。当事人双方均不具备房地产开发经营资质的，应当认定合同无效。

所以，对民事主体经营资质的批准与否可以决定合同的有效还是无效，与合同生效无涉。

综上分析表明，法律、行政法规规定须经批准的合同体现出多样性的特点，批准的内容或者说侧重点不同，对合同效力的影响也不尽相同。司法解释一将“应当办理批准手续”与“办理批准手续才生效”的法律后果一体把握为合同未生效，忽视了法律、行政法规对“应当办理批准手续”的后果的多样性考虑。

## 三、“判决相对人自己办理”报批手续存在的问题

《合同法司法解释（二）》第八条就报批义务的强制履行问题，创造性地规定“人民法院可以根据案件的具体情况和相对人的请求，判决相对人自己办理有关手续”。笔者认为，这一规定在理论和实践层面均存在诸多问题。

问题一：“判决相对人自己办理有关手续”缺乏相应的法理支撑。

“判决相对人自己办理有关手续”应该归类为替代履行规则的适用，①即当义务人不履行义务时，由权利人或者第三人代替义务人履行，由此产生的费用由义务人承担。替代履行规则具有三个方面的特质：适用的范围仅限于非金钱债务，具体表现为义务人拒不履行裁判文书或者其他文书指定的行为；适用的前提是非金钱债务具有确定性和终局性，而非金钱债务的确定性和终局性，只能由人民法院的裁判或者仲裁机构的仲裁来决定，所以，替代履行规则的适用，必须以生效的法院裁判或仲裁裁决存在为前提；适用的方式具有协商性，而不具有强制性，只能作为非金钱债务履行的变通方式，由人民法院委托他人进行。正是因为替代履行规则的上述特殊性，所以只能作

---

① 刘贵祥：《论行政审批与合同效力》，载《中国法学》2011年第2期。

为一种执行措施出现在执行程序之中。正如学者所言，原则上应在判决发生效力，进入强制执行程序之后才发生替代履行的问题。① 而“判决相对人自己办理有关手续”则属于在实体裁判阶段适用了本应在执行程序中才适用的替代履行规则，明显与替代履行规则的特质相矛盾，客观上将本应由审判环节和执行环节两个阶段完成的事务，而由审判环节一个阶段就完成了，有越俎代庖、“以审代执”的嫌疑。

同时，司法解释认定不办理批准、登记手续构成缔约过失责任，但缔约过失责任的承担方式仅为赔偿损失，并不包括实际履行。“判决相对人自己办理有关手续”实为违约责任中的继续履行或采取其他补救措施等违约责任承担方式，显然与缔约过失责任的承担方式不符。司法解释一方面认为不办理批准、登记手续构成缔约过失责任，一方面又规定“判决相对人自己办理有关手续”这种违约责任的承担方式，将缔约过失责任和违约责任混为一谈，违背了民事责任的基本规则。

问题二：“判决相对人自己办理有关手续”在法理上混淆了合同权利和合同义务。

从民事裁判的角度看，在义务方不履行报批义务时，判决相对人自己办理有关手续，实为苛于相对人履行一定的义务，但相对方显然并不负有该项义务。报批义务人应当履行报批手续，这对报批义务人来说是一种责任和义务，相应的，该项责任和义务对相对人来说则意味着是一种权利。将相对人应该享有的权利判决成相对人应该履行的义务，有混淆民事权利和民事义务之嫌。举例来说，合同法第二百二十一条规定承租人要求出租人对租赁物进行维修，出租人未履行维修义务的，承租人可以自行维修，维修费用由出租人负担。这是实体法少有的关于义务人不履行义务，相对人可以通过自我履行以维护自己权益的实例。但此处的维修，对出租人来讲，是义务，对承租人来讲，则意味着权利。合同法作出“承租人可以自行维修”的规定，实为赋予承租人维护自己房屋租赁权完整性的一项权利。既然是一项权利，法院就不能判决承租人承担自行维修的义务，否则，有可能将承租人的自行维修权利变成了维修义务。

问题三：“判决相对人自己办理有关手续”并不具有实际的价值。

---

① 王文胜：《论合同生效前当事人的协作义务》，载《私法研究》2012年第12卷。

法律、行政法规对报批义务主体的规定，因报批的性质和行政许可的强度而有所不同，有的要求特定一方当事人履行报批义务；有的要求合同双方一起履行报批义务；还有的要求特定的第三方履行报批义务，如外商投资企业股权变更的报批义务人即为目标企业；还有的只要求办理报批手续，对于报批义务人未作明确规定，如国务院《关于采矿权、探矿权转让管理办法》只规定了采矿权、探矿权的转让须经审批方能转让，但究由转让方还是受让方履行报批义务，未作规定。现实情况是，如果法律、行政法规规定了只能由特定的一方履行报批义务或者双方共同履行报批义务，在该方拒绝履行报批义务时，法院显然不能判决由相对方来完成报批义务；如果法律、行政法规规定了可由相对方履行报批义务，则相对方的报批行为来源于法律、行政法规的直接规定，在法律、行政法规明确授权相对方可以办理报批手续的情况下，又何须法院判决相对方履行报批义务呢？

同时，“判决相对人自己办理有关手续”并不当然具有可履行性。其履行效果完全依赖于行政机关在行政程序上予以配合，如果缺乏行政机关的配合，这种判决也只能是一纸空文。因为法院在作出判决之前无法评估行政机关是否会给予配合。

所以说，《合同法司法解释（二）》关于“判决相对人自己办理手续”不仅缺乏法理依据，混淆了当事人的权利与义务，而且毫无实际价值。司法实践中，相关法院已经意识到该司法解释存在的弊端，已经意识到“判决相对人自己办理手续”并不能真正解决报批的问题，在解决报批问题上开始突破该司法解释的规定。①

---

① 如《最高人民法院公报》2012 年第 3 期登载的陈允斗与宽甸满族自治县虎山镇老边墙村委会采矿权转让合同纠纷案的裁判摘要为：采矿权租赁合同未经批准，应认定该合同未生效，采矿权合同虽未生效，但合同约定的报批条款依然有效。如果一方当事人据此请求对方进行履行报批义务，人民法院经审查认为客观条件允许的，对其请求应予支持；相关判例还可参见广西壮族自治区高级人民法院（2006）桂民四终字第 12 号民事判决；江苏省高级人民法院（2009）苏民三初字第 108 号民事判决；新疆维吾尔自治区乌鲁木齐市中级人民法院（2009）乌中民四终字第 908 号民事判决，上述诸判决均认为报批义务并不以合同生效为前提，报批义务人不待合同生效即负有履行报批手续的义务。

## 四、对违反报批义务的处理原则

考虑到报批义务对合同效力的影响主要表现为未生效和无效两类情形，所以在讨论本节问题时，也应该区别这两类情形，分别讨论违反报批义务的处理原则。

（一）未履行报批义务导致合同未生效的处理

对于处理未生效合同的价值取向，已有法官明确提出，对于未生效合同则是促进条件成就，将交易向前推至当事人订约时预期的履约状态，因此，对于法定条件未成就，规定程序未履行的未生效合同，人民法院应当鼓励当事人办理相关手续，完成交易。① 前文对报批义务与合同生效的解读表明，报批义务为合同之上的法定义务，不受合同是否生效的控制，可以单独诉请履行。因此，对于当事人签订完合同之后，在报批阶段反悔的，拖延办理报批手续或者拒不办理报批手续的，可以直接判令义务人履行报批手续。同时，也还要考虑到合同的特殊性，对于那些不适宜继续履行的合同，则应不予支持办理报批手续。

1. 以判决义务人履行报批义务为原则之一

在一个合同待批准生效时，基于一方当事人的请求，应该首先判令义务方履行报批手续。该义务方的确定来源于三个方面，一是法律、行政法规明确规定一方或第三方为报批义务人；二是虽然法律、行政法规没有规定报批义务人，但当事人在合同中约定了报批义务人的；三是有证据证明合同的一方持有报批手续所需的资料。事实上，司法实践中已有法院开始作出这样的判决。如广州市仙源房地产股份有限公司与广东中大中鑫投资策划有限公司、广州远兴房产有限公司、中国投资集团国际理财有限公司股权转让纠纷案中，一审法院判决中鑫公司履行报批义务，二审予以维持，中鑫公司向最高人民法院申请再审，被最高人民法院驳回。② 在乌鲁木齐牙克亚富民园艺有限公司与哈密金祥矿业有限责任公司采矿权转让合同纠纷中，一二审法院

---

① 张勇健：《对最高人民法院两则企业改制案例的解读》，载《中国审判》2008年第5期，第70~73页。

② 见《最高人民法院公报》2010年第8期。

都直接判决转让人履行办理采矿权转让的批准手续。①

2. 以不支持违反报批义务的一方解除合同为原则之二

有时候的情形会恰好相反。相对人没有提起履行报批义务的请求，但报批义务人基于自身利益的考虑、不仅不履行报批义务，还会提出因未经批准合同未生效，请求解除合同、返还财产等。如果批准已不可逆转地成为不可能，则必然要走向解除合同，但如果批准的客观条件具备，报批义务人以合同未生效为由提出解除合同，则不能得到支持。如在王永飞与王旭采矿权转让合同纠纷一案中，王永飞已将煤矿交付给了王旭，后因煤炭价格上涨，王永飞以合同未经审批为由要求收回煤矿。法院认为，未经审批的合同虽未生效，但报批义务并不以合同生效为前提，在王永飞不履行报批义务的情形下，无权请求返还煤矿，驳回了王永飞的诉讼请求。②

3. 以由相对人履行报批义务为补充

在判令义务人履行报批义务的同时，也应该考虑到义务人从自身利益出发，签订合同后反悔，拒不履行判决确定的履行报批义务的问题。在相关法律、行政法规许可且相对人能够自行履行报批义务的情形下，在判令义务人履行报批义务的同时，可在判决主文上释明，如果义务人拒不履行报批义务，则可由相对人自行履行报批手续。这一处理方式，可以说是对《合同法司法解释（二）》第八条直接“判决相对人自己办理有关手续”的完善。既有的司法实践表明，在某些案件中，这样的判决方式符合对双方当事人的利益状态进行妥当处理的要求，如某高级法院在审理上海文嘉实业有限公司与日本荐田纸业工业株式会社股权转让合同纠纷上诉案中，就判决首先由被告履行协助义务，如逾期不履行，则由原告持本判决自行申请办理审批及登记手续。③

当然，在执行阶段执行该项判决时，应该考虑尽可能地穷尽执行措施，促使义务人履行报批义务，只有在全部执行措施穷尽后，义务人仍不能履行报批义务时，才可以由相对人补充履行报批义务。

---

① 参见新疆维吾尔自治区乌鲁木齐市中级人民法院（2009）乌中民四终字第908号民事判决。

② 见最高人民法院（2010）民提字第145号民事判决。

③ 参见江苏省高级人民法院（2009）苏民三初字第108号民事判决。

4. 以不支持履行报批义务为例外

现实生活中，也并非所有履行报批义务的诉请都应该得到支持。因为办理批准手续的目的是为了合同的履行，但如果即使强制办理了批准手续，合同的履行仍存在困难，则应考虑不支持履行报批义务。① 具体来说，以下类型的合同是可以这样处理的。一类是报批义务方明确提出不履行合同并愿意承担解除合同的违约金或赔偿金的，对于愿意以承担违约责任为条件的合同解除，应该得到支持；第二类是兼具资合和人合特征的继续性合同，如中外合资、合作合同，这些合同有些类似合伙的特征，合同的履行是建立在完全的信赖关系基础之上的，如果信赖关系丧失了，强扭的瓜就不甜了；第三类是合同的履行有赖于相对方的自愿合作，在相对方拒不履行合同时，无法强制履行的情形。如涉及商业秘密的技术进出口合同，在出让方不愿履行合同时，即使强制办理了批准手续，也无法对商业秘密强制执行，该种情形可归类为合同法第一百一十一条规定的事实上不能履行的合同。第四类是客观情况发生了变化，继续报批缺乏客观条件的。如在陈允斗与宽甸满族自治县虎山镇老边墙村民委员会采矿权转让合同纠纷一案中，法院虽然认定一方当事人请求对方履行报批义务的，应予支持，但同时认为，出租采矿权以拥有合法采矿权为前提，鉴于目前村委会已不是涉案金矿的采矿权主体，丧失了履约条件和能力，依约办理审批手续并继续履行涉案租赁协议已不可能，故对于陈允斗诉请履行报批手续和继续履行合同的主张不予支持。②

（二）未经审批导致合同无效的处理

通过前文对未经审批对合同效力影响的讨论得知，对法律行为外部情势的批准和民事主体经营资质的批准与否有可能导致合同无效。对该两类情形的批准的违反，相对方是否有权诉请履行呢？比如按照《最高人民法院关于审理涉及国有土地使用权合同纠纷案件适用法律问题的解释》第十六条的规定，土地使用权人未经有批准权的人民政府批准，以划拨土地使用权作为投

① 当然，也有学者持相反观点，认为应当区分“在法律上是否可以要求履行”与“是否可以强制执行”。参见王文胜：《论合同生效前当事人的协作义务》，载《私法研究》2012年第12卷。

② 见最高人民法院（2011）民提字第81号民事判决，另可参见《最高人民法院公报》2012年第3期。

资与他人订立合同合作开发房地产的，将导致合同无效。但在一审庭审结束之前办理批准手续的，合同效力将得到补正。那么，一审庭审结束之前，相对方是否有权请求土地使用权人办理批准手续呢？这涉及到合同效力的补正可否通过诉讼的方式得到救济的法律问题。我们认为，合同效力的补正不能通过诉讼的方式得到救济，因为该类合同的效力因未经批准而无效，表明国家已对该类合同的效力作出了否定性的评价或者说暂时作了否定性评价，代表国家的审判机关当然不能一方面否定该类合同的效力，一方面又可以应一方当事人的请求，要求对方当事人办理批准手续以使合同的效力得以补正。所以，一个因未经批准而处于无效状态之下的合同是不能通过诉讼的方式要求对方办理批准手续而使合同有效的。但是，这并不妨碍对方当事人在一定期间内自行履行报批义务而使合同有效。

## 五、批准的“否定性”后果探讨

在讨论行政审批与合同效力的时候，大都从鼓励交易的角度将注意力集中在如何让批准推动合同生效的“肯定性”后果上，但对批准要求被行政机关拒绝、批准要求的法律法规被废止等批准的“否定性”后果研究较少。其实这也是非常值得关注的地方。

1. 批准申请被拒绝

批准申请被拒绝的原因应该很多，如提出报批申请的义务主体不符合规定；提出报批申请的资料不全；提出的报批事项违反国家对该项民事行为的管制要求等，都会导致批准申请被拒绝。在主体不符或资料不全的情况下，可以通过补正得到批准，而在报批事项因违反国家对该项民事行为的管制要求而被拒绝批准的情况下，属于批准被不可撤销地拒绝，此时合同的批准能力被终结，表明国家不许可该项民事行为的发生。有疑问的是，此时的合同效力如何，该以什么方式处理合同的善后事宜。在德国法上，合同因批准拒绝而终极地无效。但在我国，合同无效由合同法第五十二条控制，此时合同是否无效，仍要按照合同法第五十二条的标准作出判断。如果合同无效，则溯及自始的无效；如果合同并非无效，因合同的批准能力被终结，则应按未生效合同的解除来处理。

2. 批准要求被废止

合同成立后批准与否作出前，原作出批准要求的法律、行政法规可能被废止或者可能对批准事项予以废止，则未生效合同因批准要求不存在而自动生效。有疑问的是，合同生效的时间点如何起算，是以批准要求被废止的时间起算，还是以合同成立的时间起算？这应该是一个有争议的问题。我们认为，此种情况下，从鼓励交易，及时稳定民事权利义务关系的立场出发，应该视为合同自始就无须批准，合同生效溯及到合同成立之时。

3. 故意规避批准

订立合同之时，明知国家对该项民事行为有管制，双方通谋企图绕过批准的要求而订立合同，企图规避批准以逃避国家管制，则属于合同法第五十二条第三项规定的以合法形式掩盖非法目的行为，应认定合同无效。如果当事人企图借助合同追求违法目的，而隐瞒该目的以骗取批准，同样属于合同法第五十二条第三项以合法形式掩盖非法目的，应认定合同无效。但是，如果只是其中的一方存在上述企图，则因缺乏“恶意串通”，该种合同仍应认定为未生效合同。

## 结　语

因公权力对私人意思自治的干预而使民事合同暂缓生效，这是国家出于维护公共利益和管理利益的需要。但由此给民事行为的价值判断和当事人的权利救济增加了一定的难度，对此，法律应该给予清晰的指引。既有的司法解释并不能很好地做到这一点。因批准而生效的合同应具有自己独特的规律性，批准本身应具有独立性，不受合同是否生效的影响，应在此基础上重新确立批准与合同效力之间的规则。受篇幅所限，本文也只研究了其中的部分问题，事实上，还有诸多问题值得关注，如经批准生效的合同与预约合同之间的关系、① 法律、行政法规规定的批准与违反强制性规定之间的关系、违反报批义务的损失赔偿等等。

---

① 司法实务中已有判决认定预约的单独存在，其效力不受批准程序的影响，意即如果认定为本约，合同效力则受批准的影响。参见《最高人民法院公报》2008年第4期刊载的仲崇清与上海市金轩大邸房地产项目开发有限公司合同纠纷案。

# 我国股东提案权内容的检讨与改善

王延川 *　刘卫锋**

## 引　言

股份公司作为所有和经营相分离的物的公司，公司的意思主要是根据全体股东的共同意志来决定。但是，股东大会的召集权或者议案提出权基本上都是由董事会来行使的。随着公司规模的扩大和股东对于公司经营的漠不关心，股东权利正在逐渐地走向形式化。所有和经营分离的机制虽然能够带来公司经营上的效率性，但是，在体现公司的责任上是否是最好的选择值得深思。当初在制定公司法的时候，为了抑制公司的经营者，虽然考虑了多种相关制度，但那些制度主要是为了防止公司经营者违法或者违反章程的行为等。假如股东积极地参与到公司的经营中，在股东大会上提出重要的议案，并且进行讨论、决议的时候，既要考虑保障作为公司所有者的股东积极地参与，同时，又要考虑阻止经营者专横，股东提案制度就是在此情形下孕育而生的。股东提案制度是指满足一定条件的股东在股东大会上提出议案和议题，积极地参与公司经营，同时也具有监督公司经营作用的一种制度。① 但是，为了发挥股东提案制度的本来功能，则需要在股东提案权的对象和范围，股东提案不当的拒绝事由以及股东提案有效的运营上，提供制度上的保

* 西北政法大学民商法学院副教授，中国人民大学法学院2012级民商法学博士生。

** 韩国国立忠北大学法学专门大学院2011级商法学博士生。

① 参见［韩］全三铉：《公司法的争点》，自由企业中心1999年版，第139页。

障。本文通过对股东提案制度的论述以及各国的立法例，来检讨我国公司法上股东提案制度存在的问题点，借此提出自己的意见。

## 一、股东提案权内容的发展——比较法意义的考察

### （一）提案权者

1. 提案股东的持股数

我国公司法第一百零三条中规定了持有一定数额以上股份的股东才有权行使提案权。即单独或者合计持有公司3%以上股份的股东，可以在股东大会召开10日前提出临时提案并书面提交董事会。在美国，根据1983年的证券交易法，SEC（证券交易委员会）规则14a－8的（a）（1）号中，议案提出的要件是提案人必须持有公司1%或者市价2000美元以上的有表决权的证券。在日本，根据1981年的商法，持有发行股份总数1%以上的股东或者持有300股以上的股东可以行使股东提案权。

韩国商法第364条之2规定了“除了没有表决权的股份，持有发行股份总数3%以上的股东可以行使提案权”。另外资本市场和金融投资业法也规定了持有金融投资业者的发行股份总数中具有表决权股份5‰以上的股东（大统领令另外规定的金融投资业者的情形则是2.5‰）也可以行使股东提案权。

德国在1965年的股份法中规定了少数股东权的议题提案权和单独股东权的反对提案权、修正提案权和选举提案权。其中在第122条第2项中规定了股东提案权的资格。即“持份达到总资本的1/20或者额面金额达到100万马克的股东可以提案把特定的事项作为股东大会的决议事项”。

法国在商事公司法第160条第2项中规定了“持有相当于资本5%以上股份的股东可以请求在股东大会的议事日程中记载议案。但是，公司的资本超过‘命令’确定的金额（500万法郎）的时候，商事公司法实行令第128条第2项规定了按阶段降低持股条件”。①

英国的股东提案制度最早是在1948年的公司法第140条中规定的。1985年的公司法把该项制度放在了第376条中。即作为少数股东权，持有表决权

---

① 即对于资本超过500万法郎的公司，最初资本500万法郎的公司则是4%；资本在500万法郎和5000万法郎之间的公司则是2.5%；资本在5000万法郎和1亿法郎之间的公司则是1%；资本达到1亿法郎以上的公司则是0.5%。

总数5%以上的股东或者持有100英镑以上股份的股东100名以上，可以行使提案权。

2. 股份持有期间

我国公司法虽然规定了股东行使提案权所具有的持股数，但对股份的持有期间却没作明确的规定。相反，美国、日本、英国、德国等国家对此却作了明确规定。例如，美国证券交易委员会（SEC）规则14A－8（a）（1）中规定了“提案权者在行使股东提案权之前，最少1年期间继续持有具有表决权的股份，并且，直到股东大会召开日为止，应该持续地保有该股份”。日本公司法也明确地规定了股东行使提案权的时候，股份的持有期间应该是6个月。同样，韩国在资本市场和金融投资法中规定了股份保有期间6个月以上才有权行使提案权。

相反，德国、法国、英国与美国、日本、韩国不同的是严格地规定了股份保有条件，但对股份持有期间没有作特别的规定。即使这样，现实中也几乎不存在滥用持股的现象。

### （二）股东提案权行使的程序

1. 提案权的行使期限

我国公司法第一百零三条第二款规定：“单独或者合计持有公司百分之三以上的股东，可以在股东大会召开十日前提出临时提案并书面提交董事会。”实际上，这主要考虑到董事会收到提案请求，准备股东大会所需要的时间。例如，股东名簿闭锁、股东大会召集通知等需要的时间。美国SEC规则14A－8规定：“提案事项属于股东大会中讨论的，提案股东应于公司寄送委托书征求资料之日的120日以前，将提案送达公司本部，然而，提案事项需要在股东大会以外的会议上讨论的时候，则提案股东应当于合理期间内将提案送达公司。”

日本公司法第232条之2第2项规定：“股东在股东大会会议日的6周前，通过书面或者电子文书的方式，向董事提出议案，并且可以请求该议案记载于通知书和公告上。”韩国商法上规定了提案股东应该在股东大会会议日的6周前提出，这和日本的规定是一致的。但是，德国股份法规定“不是在股东大会会议日前提案，而是接到股东大会召集通知后一周内，对董事会提出的议案提出附理由的反对议案，且应通知股东”。[①] 英国公司法规定“股东提案原则上股东大会会议日的6周前，通过书面、电子的方法或者网站的方式提出”。

2. 提案的方法

我国公司法第一百零三条第二款中规定了“股东提案必须以书面的形式提出”。但是，美国对于提案的方法没有作特别的规定，因此通过书面以外的电子方式也可以。另外，美国证券交易规制法对于股东提案的费用问题也作了规定。例如，SEC规则14a－7规定“股东的委任状劝诱无论是公司发出还是股东直接地邮寄，这个时候，印刷费和邮寄费均由股东来负担，通过委任状劝诱制度自由地能够行使股东提案，提案的内容或者分量没有限制”。SEC规则14a－8规定“股东的意见包含在委任状劝诱参考资料中，并把此邮寄给股东的时候，公司负担其费用”。但是，在美国所谓的股东提案制度一般指的是后者。

日本和韩国在股东提案的方法上存在着一致性。即股东向股东大会提出议案或者议题的时候，可以通过书面或者电子文书的形式提出。英国在股东提案的方法上更为广泛。即书面、电子的方法，甚至通过网站也可以提出。德国和法国对于股东提案的方法也没作特别的规定，一般可以通过书面或者电子的方式提出。

（三）提案的效果

我国公司法规定股东提出临时提案的时候，提案的内容应当属于股东大会职权范围，并有明确议题和具体决议事项。

美国证券法规定“公司若没有正当的拒绝事由，则应当把股东的提案作为股东大会的决议事项，并记载于召集通知书和委任状征求资料中，通知给每个股东。另外，当公司反对股东提案的时候，根据提案者的要求，反对提案者的提案事由应该记载于委托书征求资料中”。1983年修改证券交易法时，规定“股东的提案以及其理由应该控制在500字以内，并且每个股东只能提

① 据此，股东在股东总会召集公告后1周内，可以向公司发送附带理由的反对议案，同时，该股东在总会上若反对董事会和监事会提出的议案，为了使其他股东同意其反对议案，而通知其劝诱的意思时，董事会应当通知该股东的反对议案（德国股份法第126条第1项）。

出一个提案，还有，经营者拒绝股东提案的时候，应该把200字以内的拒绝事由记载于委托书征求资料中"。

日本公司法规定"股东提出的议案违反法令或者章程的时候，或者实质上相同的议案，以及在股东大会上对于该议案的表决少于总表决权的十分之一，从该日起没有经过3年的话，股东不能再次提出该议案"。另外还规定"若没有把合法的股东提案作为股东大会的决议事项，董事应当接受100万日元以下的罚款"。韩国的商法规定"股东提案的时候，提案的内容若没有违反法令或者章程，董事会应该把该提案作为股东大会的决议事项提出，并且，可以根据提案股东要求，给予其在股东大会上说明该议案的机会"。

德国股份法规定股东在股东大会召集公告后1周内，可以把附加反对理由的议案发送给公司，同时该股东在股东大会上反对董事会和监事会提出的议案，为了让其他股东同意该反对议案而发出劝诱的意思时，董事会应当负责把该反对议案通知给其他股东，这样的反对议案实际上也就是独立股东权。在这里需要注意的是，所谓的反对议案是与公告的议题相关的，也就是针对董事会和监事会提出的议案而提出的反对提案。与监事或者结算监事的选任相关的股东提案，即对于选举提案准用股份法第126条的规定。但是，选举提案和反对提案不同的时候，就没有必要附加提案理由，董事会也没必要通知该选举提案。法国商事公司法规定"股东可以请求把议案记载于议事日程，并且在股东大会的召集通知中记载议事日程，议事日程应该明确地表示记载事项和范围"。

英国公司法第377条规定"股东提案的时候，公司应该在年差总会上把该提案作为大会的决议事项，并通知具有受领股东大会召集通知书权限的股东。股东在提出议题提案的同时，可以提出对该议题的特定议案，并且，董事对于提出的议案可以修正。另一方面，把不必要的名誉毁损事项的公开作为目的而滥用理由书的发放权时，公司或者其他被害者可以请求法院命令发送理由书的义务取消"。

（四）股东提案的限制

股份公司制度中股东提案权一旦滥用的话，就会违反股份公司所有者和经营者相分离的基本原则，由此存在很大的弊害。因此，各国一般对股东提案权的行使规定了一定的要件。

1. 我国的规定

我国公司法第一百零三条第二款中规定“临时提案的内容应当属于股东大会职权范围”。在这里所谓的股东大会的职权范围，即：（1）决定公司的经营方针和投资计划；（2）选举和更换非由职工代表担任的董事、监事，决定有关董事、监事的报酬事项；（3）审议批准董事会的报告；（4）审议批准监事会或者监事的报告；（5）审议批准公司的年度财务预算方案、决算方案；（6）审议批准公司的利润分配方案和弥补亏损方案；（7）对公司增加或者减少注册资本作出决议；（8）对公司发行债券作出决议；（9）对公司合并、分立、解散、清算或者变更公司形式作出决议；（10）修改公司章程；（11）公司章程中规定的其他职权（公司法第三十八条）。我国公司法对于股东提案限制的规定相对比较模糊，缺乏操作性。如果存在公司不能实现的事项，意味着事实上实现不可能的时候，对此因为没有定型化的判断方法，以此为理由公司拒绝股东提案的时候，就会对于这种不可能判断产生分歧。另外，对于没有实际利益的事项，广泛地来讲，就是提出的议案不具有决议的可能性，这个时候，股东的提案认证与否又可能成为问题。

2. 美国的规定

美国SEC只确定了股东的追加提案权，而对反对提案（counter proposal to management proposals）和选举提案（proposal to elections of office）没有作规定。即SEC规则规定了13种具体的提案拒绝事由，大体上可以分为违反法规的提案、不重要的事项、其他特殊类型的提案。其中违反法规的提案包括：（1）股东的提案不符合公司所在地法的规定，股东的提案并非股东会决议的适当事项；（2）公司如果执行提案的内容，将违反州法、联邦法和相关外国法；（3）提案的内容或者其说明理由违反联邦证券管理委员会委托书的规则。不重要的事项包括：（1）该提案为股东对公司或者他人的请求，或者提案仅涉及股东的个人利益，而与其他股东的利益无关；（2）小规模营业活动的提案（总资产或者纯收益、总卖出5%以内）或者与公司的经营无关的提案；（3）提案的事项属于公司的一般营业事务。另外被拒绝的其他特殊类型的提案包括：（1）提案的事项并非公司权限所能执行；（2）提案事项关于选举提案；（3）提案事项属于反对公司拟提出于股东大会的议案提案；（4）提案事项的讨论或者决议不具有实质意义或者没有必要；（5）提案事项与其他股东的提案实质上重复，并且公司已预定将其他股东的提案列入委托书征求资料中；（6）实质上相同的提案，过去5年内曾经被提出且当时未获多数股东支持；（7）提案事项涉及特定数额的现金股利或者股票股利。以上可以看出，美国SEC规定的提案拒绝事由情形与我国公司法中的规定相比非常得具体明确，特别是涉及到公司通常营业活动情形的提案，公司都能拒绝。所谓的与通常营业相关的提案拒绝的事由在美国国内作为比较争议的事项，积累了许多的判例。因此，社会性政治的提案涉及到公司的营业活动已经成为问题。

3. 日本的规定

日本公司法对于违反法令或者章程的议案以及相同的议案，在股东大会上得到的表决权少于10%的话，从该议案决议之日起3年内再次提出，公司可以拒绝该提案。

4. 韩国的规定

韩国商法规定“股东提案的内容违反法令或者章程的时候以及大统领令确定的情形，则不能作为股东大会的目的事项”。大统领令确定的情形如下：（1）在股东大会上获得的表决权低于10%以及与否决的内容相同的提案从被否决之日起3年内再次提案的时候；（2）涉及到股东个人苦衷的事项；（3）涉及到股东为了行使权利，应当保有超过一定比例的股份的事项；（4）涉及到任期中人员解任的事项；（5）公司不能实现的事项或者提案的事由完全的虚假或者损害他人名誉的事项。

5. 欧洲各国的规定

德国股份法中虽然没有对股东提案拒绝的情形作出规定，但根据通说，若不是非得在本次股东大会需要决议的急迫事项；股东提出的议案不是股东大会决议事项；股东的提案违反法令或者章程；最近已决议的事项而在本次股东大会上没有必要再作决议的等，公司可以基于以上事由拒绝股东提出的议案。英国的公司法中规定“具备一定资格的股东在提出议案的时候应当寄托一定的费用。然而，具备提案条件的股东即使具备以上程序上的条件行使了提案权，但考虑到不必要的事实公开可能造成公司或者他人的名誉毁损的情形，公司或者其利害关系人可以提起股东提案权滥用的异议，法院一旦认定该情形的话，公司则可以拒绝该提案”。

## 二、我国股东提案制度的改善方案

如上所述，一些发达国家在很久之前就已确立了股东提案制度。我国于2005年在公司法中增设了该种制度，虽然这在一定程度上具有很大的意义，然而，正如以上我们看到的那样，股东提案制度也存在着消极的一面，甚至具有被滥用的倾向。考虑到这些，有必要检讨现行的股东提案制度并查找出合理的解决方案。特别是为了防止股东提案权的滥用，对于股东提案权的行使要件和限制要件有必要再检讨。对此，我们可以从立法论或者解释论的角度来解决现行公司法上股东提案制度所面临的问题。

### （一）立法论的考察

#### 1. 持份要件

若把股东提案权视为单独股东权，因为存在着被滥用的危险性，所以把其作为少数股东权相对来说比较妥当。我国公司法上并没有规定股东提案权是独立股东权，而是除了没有表决权的股份，单独或者合计持有公司发行股份的3%以上的股东才能行使股东提案权，据此我们可以推断出公司法上的股东提案权是少数股东的权利。对于股东提案权的持股要求，和其他国家的立法例相比较的时候，我国的立法呈现出要求过于严格的特征。如上所述，美国SEC规定了提案者在提出议题之前，最少1年间持有表决权股份的1%或者相当于市价2000美元以上的有表决权的证券，截止到总会议日为止继续保有该股份的股东可以行使股东提案权。日本公司法规定了6个月之前开始持续保有表决权股份的1%以上或者持有300股以上表决权的股份，就可以行使股东提案权。德国股份法规定了持份达到总资本的1/20或者额面金额达到100万马克的股东可以行使股东提案权等。尽管存在着德国、法国、英国、韩国等国家规定5%以上的持股要求的立法例，但是股东提案权的持股要件作为少数股东权，确定为1%以上或许更为恰当。另外，有必要同美国、日本一样，若满足一定的持股要件，为了能够行使股东提案权，可以通过一定的股份折价来衡量（美国市价2000美元左右，日本300股以上等）。

#### 2. 持份要件的维持期间

公司法上虽然对提案权者规定了一定的持份要件，但是对提案者持份要件的维持期间没有作任何的规定。因此，提案者在行使股东提案权时，是否满足于法律上规定的持份要件就可以，还是其持份需要维持一定的期间才可以，对此，解释上出现很多问题。各国立法中对此也作出了不同的规定。学界中对此也存在着不同的见解；（1）股东名簿的闭锁时或者基准日为止，应当持有；（2）直到理事会决定在股东大会召集的通知书或者公告中记载的意思表示为止，这期间应该持续地保有；（3）直到股东大会结束时为止；（4）根据提案的内容，股东大会结束时或者基准日为止，应当持有等。根据第一种学说，事实上并不能防止股东提案权的滥用。股东名簿的闭锁或者基准日以后，提案者即使转让其全部的股份，买受人因为不能行使表决权，结果提案者还能参加股东大会行使表决权。第二种学说并不能明确地判断提案股东什么时候为止应当保持持股要件，因此，不仅会导致股东提案权相关法律的混乱，而且根据同一的基准，统一地处理公司法律关系的话，可能就会违背商法的基本精神。对于第四种学说，提案者根据提案的内容，应当分别地判断持股要件的维持期间，这实际上并不是件容易的事，反而因此会阻碍股东提案制度的活用机能性。因此，考虑到股东提案制度的立法宗旨以及防止股东提案制度的滥用，第三种见解更为妥当。对于第三种见解，提案者在股东大会会议日前，即使不具备持股要件，因为决议事项已经通知给各个股东，应当归结于股东大会自体的问题。因此在决定股东大会召开前，存在不能认定就视为无效，对此，虽然在一定程度上遭到批判，但是，对于这样的问题可以在法令或者章程中规定“股东行使提案权以后，在股东大会会议日前，不具备持股要件的时候，可以视为抛弃其提案”，另外，若把其内容记载于股东大会召集的通知书或者公告中，也能充分地解决。

3. 提案内容和提案方式的限制

公司法上规定了股东提案的内容应当属于股东大会的职权范围，并有明确议题和具体决议事项。这在一定程度上限制了股东提案的内容，如上所述，美国、英国、韩国等国家规定对于股东提案的内容只要不违反法令或者章程就可以向股东大会提出。还有日本、德国，对于提案的排除事由是通过列举的方式加以规定的。因此 ，对于我国公司法上股东提案制度，在考虑少数股东积极地参与公司决策的基础上，应该放松对于股东提案内容的限制，股东提案的内容只要不违反法律或者章程的规定，就能够提交股东大会进行审议，并且，在必要的时候同日本和德国一样，通过列举的方式对于股东提案的排除事由作出规定。

公司法上规定了股东行使提案权应当以书面的形式提出。但是股东提案是否必须以书面的方式才能提出，值得怀疑。确定股东提案制度的宗旨是基于股东权益的保护，抑制支配股东和实际控股股东，通过股东自发积极地参与，以谋求股东大会的活性化。因此，股东通过其他方式行使提案权也无妨。特别是如今随着网络的普及化，许多先进国家已先后确立了股东大会召集通知的电子化、股东大会运营的电子化等。基于此，应该允许股东在提出议案的时候，除书面以外，电子文书等方式也可以提出。但是，在这里值得注意的是当公司从股东那里收到电子文书提案的时候，该如何确定股东身份的真实性。对于这个问题，虽然可以通过电子署名或者电子认证程序给予解决，但是这在一定程度上减少了根据电子文书提案的便利性。因此，可以让提案者从公司那里得到 ID 和 Password，进入系统进行提案，这在一定程度上也更有效地活用实质股东名簿。另外，在这种情况下，当股东的 ID 被第三者盗用行使的时候，如果股东自身不存在故意或者过失的话，公司应该免责。

4. 股东提案的不当拒绝

(1) 股东提案的不当拒绝

尽管股东通过合法的方式提出了议题提案，但是，受领提案的董事没有报告给董事会或者在董事会上无视股东提出的议案，没有把该议案作为股东大会的决议事项记载于股东大会的召集通知书中发送给股东，也可以视为对股东提案权的侵害。除此之外，虽然在股东大会召集通知书中记载，但是在股东大会的进行中，对于股东提出的议案未达成决议而终结股东大会的时候，股东的提案权也面临着被侵害的问题。如此，股东提案权遭到侵害的时候，公司关联者的责任以及议题没有达成决议而终结的股东大会的效力等也会成为问题。

对于侵害股东提案权而达成的股东大会决议的效力，因为不是关于股东本身提出的议案而形成的某种决议，则应该视为和其他决议的效力不同，董事应当就此另外地对股东负担损害赔偿责任和罚金的制裁。① 例如，股东提出章程变更的议案，同时也存在着具体的章程条款变更的议案提案，当公司不当拒绝该提案的时候，并且在该股东大会上又达成了财务预算的决议，则

---

① 参见李哲松：《会社法讲义》，2009 年自版，第 412 页。

应该视其他决议没有任何的影响而有效。但是，与议题一起提出的议案和其他决议的内容实质上相抵触的时候，则可以视为其他决议取消的事由。除此之外，股东提起关于召集通知书中记载其提案的诉讼，则可以把其看作股东大会的议案，可以申请股东大会召开禁止的假处分。

然而，通说认为，议案提案权的不当拒绝不能如上统一地作为股东大会决议取消的诉的对象，相反，学界中也存在着与此对立的学说。即股东行使议题提案权的时候，公司把议题作为股东大会的决议事项记载于股东大会的召集通知书中，负责通知各个股东，如果在股东大会的召集通知书中没有做记载的话，则就被视为在股东大会的召集程序上存在瑕疵。① 另外，对于股东提案的不当拒绝应该在股东大会的召集程序上和股东大会的运营程序上做出区别，特别是在股东大会的运营程序上，与提案未被采纳一起，把预想的抗议和同意权作为前提，侵害同意权而通过的决议则应视为决议方法上存在瑕疵。

（2）议案要领记载请求的不当拒绝

股东虽然合法地请求议案要领的记载，但是股东提出的议案要领在股东大会的召集通知书或者公告中没有记载，而召集股东大会的，由此因为无视股东的请求而被视为侵害了股东议案要领记载请求权。如此一样，无视股东议案的修正提案而通过公司层面上原案决议的话，也会成为股东大会决议取消之诉的对象。②

如上所述，议题提案权与不当拒绝的时候一样，存在着统一解释的见解。对此，学界中也存在着对立的观点。即公司虽然无视股东提出的议案，但是，对于在股东大会上没有形成决议的议案，不赞成与通说的议题提案权一样的立场，认为不存在取消决议的情形。因此，把议题提案权和议案提案权统一地区别来评价其效果是不妥当的。因此，议案要领的记载请求遭到不当拒绝的时候，因为根据公司的不当措施而通过的股东大会决议，当该不当拒绝行为与股东大会决议的成立存在着相当因果关系的时候，可以认定为股东大会决议存在着瑕疵。然而不能只以不适当地无视议案记载请求作为理

---

① 参见稻田俊信：《株主提案権無視につく總會決議の效力》，载《商事法务》第1093期，第767页。

② 参见江頭憲治：《株式会社・有限会社法》，有斐阁2004年版，第261页。

由，否定与其具有的相当因果关系而认为通过的股东大会决议存在瑕疵。

（二）解释论

实际上，对于股东提案拒绝的情形也可以从解释论的角度来判断。即公司对于股东提出的议案或者议题，是否把其作为股东大会决议的事项，可以从以下几个层面加以考虑：首先，股东的提案是否是必须在本次股东大会上急需决议的事项；其次，股东的提案是否属于股东大会决议事项的范围；再次，股东的提案是否存在违反法令或者章程的情形；最后，股东提出的议案是否属于最近决议的事项而没有必要再次在股东大会上作出新的决议的提案等。总而言之，公司对于股东提案是否给予拒绝可以根据以上情形作出严格地解释。

## 结　语

股东虽然在股东大会上能够行使表决权，具有决定公司意思的地位，但是随着公司规模的扩大和股东高度的分散，期待股东表决权的行使相对来讲比较困难。由于所有和经营的分离，经营者虽然不具有所有权，但对公司具有形成控制的可能性，相反，股东虽然作为公司的所有者，由于对公司治理的不关心，在某种程度上讲对公司不可能形成一定的支配权。实际上，现实中存在着这样的一个事实，大部分的股东在公司内部并不能行使其发言权，甚至小额投资者的股东在此情况下只好抛弃公司的股份。如今，股份公司的运营主要是以董事会为中心，即使企业的所有和经营相分离这一事实是不可回避的，但是，不管怎样，股东分明地还是企业的所有者。因此，从这个层面上来讲，小额股东的权利应该得到合理地保护。股东提案制度就是在这种情况下产生的。股东提案制度立足于公司的民主主义，作为股东权利活性化的一种制度，而不是作为所有者股东和经营者对立的一种制度，是为了共同利益的最大化而能达到意思疏通的一种制度，也是为了防止经营者作出错误判断的一种制度。股东提案制度于1934年开始在美国确定，我国虽然于2005年公司法中确立了该项制度，但是立法层面上存在许多的不足。美国、日本、英国等国家确立该项制度以来对其进行不断地修订，但是至今还具有作为经营者统治手段而利用的一面。由于公司法规定上的模糊性，公司就具有了股东提案的不当排除性，基于此，有必要考虑相应的对策。

另外，股东提案制度作为影响公司治理结构的手段，是基于股东民主主义的理念，具有积极的功能，如果不重视的话，在某种程度上可能会阻碍公司有效地经营。因此，股东提案程序上的规定，以及股东提案排除事由的事项，应该作为立法考虑的对象，但是考虑到规定上所具有的局限性，以及为了防止股东提案权的滥用和股东权利的活性化，从解释论的角度去考虑也是有必要的。

# 夫妻婚前不动产所有权归属问题研究

李佳伦*

离婚时不动产作为夫妻财产分割的敏感部分，无论判决结果倾向于哪一方，都有另外一方承受不能继续对不动产享有使用权的风险。然而目前居住房屋对于个人生存的重要意义更加强烈地驱使我们从法律基础理论层面辨别夫妻婚前不动产的真正所有权归属。夫妻婚前不动产产权争议应该从物权移转的时间与婚姻缔结时间，夫妻一方婚前对购买不动产的意愿和实际履行情况是否与另一方有密切联系等因素而定。

## 一、夫妻财产制下的婚前不动产归属

夫妻婚前不动产的产权不是归属于夫妻一方个人财产，就是夫妻共同财产。我国属于婚后夫妻共同财产制国家，婚姻存续期间探讨夫妻婚前不动产产权的必要性不大，但在离婚进行夫妻财产分割时，不动产作为夫妻共同财产的主要部分，其归属事关重大。最高人民法院出台的《婚姻法司法解释(三)》征求意见稿第十一条和定稿第十条都是围绕着夫妻婚前不动产的产权的相关规定。

法律对婚姻关系存续期间个人财产权利的保护不但提高了婚姻双方当事人的自主性，使其可以在更大范围内行使个人权利，从而避免夫妻一方因婚姻状况改变而丧失其在财产上的独立人格，也有利于调动夫妻双方创造家庭

---

* 中国人民大学民商法学博士研究生。

财富的积极性。[1] 然而单薄的法条文字表述仅仅对夫妻财产关系制度的中的很多问题做出了较为原则化的规定和指引，可操作性不强，需要进一步分析和探究，从而能够让法官更加从容的使用，更好地解决夫妻财产关系中所存在的问题。在我国受到诸多社会历史因素的影响，夫妻财产关系涉及的不仅是单纯的经济利益，还包含了很多道德和情感的因素，夫妻财产的类型也随着经济发展呈多元化趋势发展，因此平衡夫妻双方利益是理解法条和司法解释的核心。

夫妻财产制，是指关于夫妻婚前财产和婚后所得财产的归属、管理、使用、收益、处分，以及债务的清偿、婚姻关系解除时财产清算等方面的法律制度。[2] 夫妻虽然各具独立、自由、平等的人格，但对于共同生活体的圆满维持应共同负责，所以，夫妻应共同分担家庭生活费用。[3] 而负担共同生活费用、抚育子女、赡养老人费用等，都必须有财产来源，因此，夫妻的财产来源也构成夫妻财产关系，所以，夫妻应共同分担家庭生活费用。因此，对于共同生活体的圆满维持而共同分担家庭生活费用的财产关系，即夫妻财产关系是派生于夫妻身份关系和重要法律关系，是实现家庭经济职能的基础性要素。

夫妻个人财产是指夫妻在婚姻存续期间于夫妻共同财产之外享有个人所有权的财产。夫妻个人财产也称夫妻特有财产或者夫妻保留财产。夫妻个人财产是夫妻在实行共同财产制的同时，依照法律规定或者夫妻约定，夫妻各自保留的一定范围的个人所有财产。夫妻个人财产具有的最为明显的三个特征如下：一是夫妻个人财产独立于夫妻共同财产之外，即之于夫妻共同财产之外独立存在的财产；二是夫妻个人财产的权利主体是单个的人，即夫妻个人财产的主体只能是夫或妻一方；三是作为夫妻个人财产，该财产权利属于夫妻个人单独所有权，而不是共有权，即夫妻个人财产所有权是单独所有的、具有非公有性。我国婚姻法第十八条细致划分了夫妻个人财产的范围，其中包括：第一，婚前个人财产。婚前个人所有的货币及一般的生产资料、生活资料，归个人所有，不属于夫妻共同财产。第二，一方因人身伤害获得

---

① 高学全：《论夫妻个人财产范围》，载《唐山师范学院学报》2006 年第 1 期。

② 参见李志敏主编：《比较家庭法》，北京大学出版社 1988 年版，第 109 页。

③ 参见林秀雄：《家族法论集（一）：夫妻财产制研究》，中国政法大学出版社 2001 年版，第 213 ~ 214 页。

的具有强烈人身依附属性的医疗费、残疾人生活补助费。第三，遗嘱或赠与合同中确定只归夫或妻一方的财产。赠与人或者被继承人明确以赠给、继承给个人为条件，所赠与或者所继承的物品具有极为鲜明的个人属性，也体现了财产所有人支配财产的真实意志，完全是所有权应有的内容，因此应当将遗嘱或者赠与合同中确定只归夫或妻一方的财产规定和认定为夫妻个人财产，从而充分尊重赠予人和被继承人的意思表示。第四，一方专用的生活物品。例如个人衣物、书籍、资料等，都是极具个人属性的财产，为个人财产。在生活物品中，应当注意贵重物品和其他奢侈品应除外，因为这些物品中有些价值极大，完全归一方所有不公平，例如，贵重首饰等奢侈品属于生活用品，但是价值极大的首饰完全归一方所有，不但是显然不公平的，而且对对方的权益是有损害的。第五，其他应当归一方所有的财产。该条兜底内容应当包括：（1）婚前个人财产增值部分。婚前个人财产在婚后增值，应当分为两个部分：经过夫妻共同管理、经营部分的增值，为夫妻共同财产；自然增值和未经共同管理、经营部分的增值，为个人财产。（2）复员、转业军人的复员费、转业费、医疗补助费和回乡生产补助费，永远归个人所有。（3）夫妻一方的人身保险金。人寿保险金、伤害保险金等具有人身性质，只能作为个人财产。（4）其他个人财产。例如与个人身份密切相关的奖品、奖金，国家资助优秀科学工作者的科研津贴，一方创作的手稿、文稿、艺术品设计图、草图等，永远为个人所有。

《婚姻法解释（一）》第十九条是对婚姻法第十八条的补充："婚姻法第十八条规定为夫妻一方所有的财产，不因婚姻关系的延续而转化为夫妻共同财产。但当事人另有约定的除外。"因此，婚前的不动产应该属于夫妻个人财产，不因为婚姻缔结行为而影响该不动产的归属。我国婚姻法关于夫妻财产制的发展，可以分为明显的三个阶段：一是家庭财产属于夫妻共同财产；二是规定婚后所得财产归夫妻共同共有；三是既强调对夫妻共同财产的保护，也强调对夫妻个人财产的保护。通过对这三个阶段的发展过程的研究可以看出，我国婚姻法规定的夫妻财产制是逐渐向着承认夫妻财产个性的立场进步。确认和保护夫妻个人财产有其必要性，尤其在现阶段，我国亲属法采取保护夫妻个人财产的立场的必要性是：第一，顺应时代的发展需要。我国现在实行的是市场经济，通行的是市场经济规律，如果过分强调共有制，在家庭领域完全不保护个人的财产所有权，不利于各个家庭成员平等独立的发展，也是与社会的市场经济形式的大环境不相符合的。第二，适应财产关系的变化的需要。财产法的基本规律体现的是个性化，强调个人权利界限的清晰。在财产法领域，一旦出现财产权利的界限模糊，就会大大降低个人努力奋斗，创造财富的积极性。因此，亲属法应当在强调家庭共同生活的共同财产基础的同时，尊重个人的财产权利要求，特别是婚前财产，其所有权就是个人所有权，如果结婚后，对于自己的婚前财产的所有权都无法享有，显然是假借婚姻的名义，通过共同生活的方式而侵害独立个人的财产完全享有的支配所有权的圆满状态。第三，保护财产权利人的权利支配的需要。在婚姻存续期间，对于有些财产也应当确认为个人的财产加以保护，因为在缔结婚姻关系之后，共同财产已然成为夫妻所有财产中的主流，只有对某些需要保护的个人财产确认其个人的所有权，才能保护应当取得财产权利的主体对权利的支配。

## 二、影响夫妻婚前不动产的权利归属的因素

### （一）两个民事法律关系移转时间

婚姻家庭法作为民法的一个重要组成部分，自然秉承意思自治的原则，将双方自愿贯穿于始终，在个人婚前贷款买房时，由夫妻共同财产还贷的，在离婚时该房屋的归属可以由双方协商。这就赋予了夫妻双方根据自愿原则对不动产的归属进行约定，这是婚姻法对夫妻之间对夫妻财产分割的约定。如果双方当事人能够协商解决的事情，并且不危害公共利益和他人合法利益，就不必动用司法途径解决问题，这不但体现了法律对夫妻双方当事人权利的充分尊重，也能有效节省司法成本。

然而实务中大部分疑难案件中夫妻双方不能达成一致协议，都不想放弃对不动产的支配，因此法律及司法解释也是进一步规定了如果夫妻双方就不动产的归属不能达成协议，该不动产所有权由婚前首付方取得。之所以做这样的规定，是因为这其中涉及两个十分重要的民事法律关系的成立时间，一是不动产所有权取得的时间，二是夫妻婚姻关系的缔结时间。这两个法律关系形成的时间先后对该不动产的权利归属存在一些影响。首先，如果该不动产所有权取得在婚姻关系缔结之前，那么房屋买卖合同的买受人是夫或妻一方，并且合同义务在婚前履行，因此该房屋买卖合同项下的权利应由该买受

人享有，该房屋是买受人的婚前财产，属于婚姻法第十八条第一款规定的婚前个人财产。其次，如果该不动产所有权取得在婚姻关系存续期间，由于该不动产物权变动的合意是夫或妻一方于婚前与卖方共同达成，并没有夫或妻另一方的参与和意思表示，因此该不动产也属于夫妻婚前个人财产，其所有权的归属不因婚姻关系而从个人财产转化为共同财产。有的观点认为此类不动产如果是在婚后取得所有权的，无论产权登记在谁的名下，均应认定为夫妻共同财产，离婚时应作夫妻共同财产分割，对于一方婚前支付的首期贷款，由另一方返还一半，尚欠的贷款，作为夫妻共同债务，由双方返还。①但是笔者认为，由于该买卖合同形成于婚前，因此，还贷的义务属于买受人单方的个人债务。如果婚姻关系存续期间双方共同还贷，可认定为夫妻共同财产偿还一方债务，不动产的权利归属不因他人参与偿还债款而发生转移，虽然此类不动产的所有权系夫妻婚后取得，但购买不动产的价金却是登记名义人的婚前个人财产，由于这笔财产并不因婚姻关系的成立而成为共有财产，那么，不动产作为这笔价金的另一种表现形式，也同样应当认定为婚前个人财产，这也反映了婚姻法对“转化论”的否认。②

（二）首付一方物权行为是否与另一方有密切联系

首付一方如果在进行物权行为的过程中，例如有购买居住房屋的意愿、与卖方签订房屋买卖合同、支付价金等行为受到了另一方的物质以及精神上支持，那么可以认为另一方对该不动产将来作为家庭生活的基石，并将在此场所之上进行家庭生活抱有一定的情感期待。首付方绝对获得不动产的所有权收到其物权行为是否完全脱离另一方的意志及行为支持。

（三）保护妇女和儿童利益的法律原则

夫妻婚前不动产权利归属并不机械地受到民事法律关系成立的先后时间和一方物权行为与另一方的密切联系程度的制约。婚姻法第三十九条第一款中提到，在保护妇女和儿童原则的指导下双方就共同财产分割打不成协议时，人民法院根据财产具体情况结合照顾女方和未成年儿童权益原则判决。

---

① 参见江苏省高级人民法院《关于适用〈中华人民共和国婚姻法〉若干问题的讨论纪要》（征求意见稿）。

② 参见田韶华：《婚姻领域内物权变动的法律适用》，载《法学》2009年第3期。

婚姻法上的夫妻财产制之所以与物权法和合同法不同，是由于夫妻之间并非简单的合作关系或者单纯的经济关系，婚姻法确立的夫妻财产制体现的是中国社会普遍认可的价值观，不仅仅延续了家庭财产共有的传统，也反映了夫妻同甘共苦，共同投资、共担风险的家庭伦理。婚姻法维护的不仅仅是平等、和谐的家庭关系，并且与抚养子女、赡养老人紧密相联，而物权法和合同法调整的是市场经济秩序规则，不适宜直接运用于家庭关系。① 因此，不应将调整市场经济秩序规则的物权法和合同法直接运用于家庭关系。

《婚姻法解释（三）》一共 19 个条文，其中关于夫妻共同财产中房产确权的内容占的比例较大，这也从一个侧面反映了随着今年房价的上涨，不动产已经成为夫妻共同财产中一个相当重要的部分，也是最容易产生纠纷的症结所在。近几年不动产的价值已经今非昔比，按照目前只涨不跌的趋势，人们对不动产的是抱有看涨的心态的，因此在夫妻共同财产分割时，双方当事人不仅看到了不动产的现有价值，也大概能预测到不动产短时间内的增长价值，因此如果双方共同居住的一处不动产非要由夫妻双方中的一人取得时，那么两人势必都不愿轻言放弃。总之，处理好夫妻共同财产中不动产归属的争议是解决离婚中夫妻财产分割的重大问题，将夫妻个人财产从夫妻共同财产中抽离，也是对尊重婚姻家庭中个体的个人利益做出了巨大的贡献。

2001 年修订婚姻法，其根本出发点是限制夫妻共同财产范围和强调婚姻当事人的个人财产。因此在确认不动产的权利归属时，不仅要从物权法、合同法的角度分析，也要重视限制夫妻共同财产范围和强调婚姻当事人的个人财产。婚姻法确立的法定夫妻财产制是“限定的婚后所得共同制”。法律规定夫妻共同财产应当具备三个属性：第一，必须是在婚姻关系存续期间双方合法取得的财产。财产出的取得必须在婚姻关系存续期间，必须是双方合法取得的财产。婚前的个人财产，离婚后的个人财产，以及非法所得的财产不属于共同财产；第二，必须是没有被双方约定为个人所有的财产，以及约定无效的婚后所得。凡是通过双方约定被个性化的个人财产不属于共同财产；但是如果双方约定后归于无效的婚后所得仍属共同财产。第三，必须是法定个人特有财产以外的双方婚后所得财产。

另外，夫妻婚前不动产归属问题的司法解释定稿与征求意见稿的不同在

① 孙若军：《离婚时处理按揭房屋的法律问题探析》，载《法学家》2009 年第 3 期。

于，征求意见稿的表述为："夫妻一方婚前签订不动产买卖合同，以个人财产支付首付款并在银行贷款，婚后不动产登记于首付款支付方名下的，离婚时可将该不动产认定为不动产权利人的个人财产，尚未归还的部分贷款为不动产权利人的个人债务。婚姻关系存续期间由夫妻共同财产还贷部分，应考虑离婚时不动产的市场价格及共同还贷款项所占全部款项的比例等因素，由不动产权利人对另一方进行合理补偿。"与定稿相比，第一，定稿中增加了"不动产登记于首付款支付方名下"使指代更加明确，虽然征求意见稿中没有明确规定，但是通常的理解也是不动产登记权利人为支付首付款的一方，增加这一条件限定，是读法者更加不会产生歧义。第二，定稿还增加了"离婚时该不动产由双方协议处理"，赋予了双方自主决定优先权。第三，定稿中增加了夫妻婚后共同还贷，权利人一方向另一方补偿应遵循"婚姻法第三十九条第一款规定的原则"，即照顾女方和未成年子女的原则。

在不动产归属问题上，允许夫妻双方协商，协商不成的则归登记一方处理，充分尊重了夫妻财产分割时的意思自治，也是贯穿婚姻家庭法始终的自愿原则的体现。该条第 2 款也增加了要求法院在处理该不动产归属时要依据照顾子女和女方权益原则判决，这样的补充性规定被很多人称之为"打补丁"，因为婚姻法本身已经规定了这一原则，在司法解释中再重新强调则是为了提示读法者这一原则贯穿婚姻法始终的指导作用，至于有些观点认为该规定并无存在必要，存在反而显得累赘，影响法律体系的逻辑性和整体美观。但是有了总比没有好，至少可以一定程度上避免考虑问题不周导致处理不公的后果。

## 三、不动产增值部分和夫妻共同还贷行为的法律性质

### （一）不动产增值部分的法律性质

由于通货膨胀、房地产市场行情的变化以及房屋作为不动产本身的增值性，当事人婚前购买房屋时的价格往往和离婚时的市场价格有较大的差距，即实现了增值。对于该条中不动产增值部分的法律性质，学界有两种主流观点。一种观点认为，房屋增值部分属于投资收益，应当根据婚姻法的规定，按照"婚后所得"，即在婚姻关系存续期间双方合法取得的、没有被双方约定为个人所有及约定无效的婚后所得、法定个人特有财产以外的双方婚后所

得财产，也就是夫妻共同财产来处理。另一种观点认为，从物权法角度来讲，财产的收益属于孳息，孳息又包括天然孳息和法定孳息，房屋增值属于法定孳息的一种，应归属于物的所有人。一个人的婚前财产的孳息不应转化为夫妻共同财产①，孳息的归属应与原物相同，既然原物为个人婚前财产，不因结婚而转化为夫妻共同财产，那么孳息也不应转化为夫妻共同财产。

夫或妻一方婚前购买不动产的行为类似于按揭购房，由于按揭房屋最初是英美法系概念，因此明确英美法对按揭房屋增值部分的性质十分重要。美国对于增值的个人财产的定性包括主动增值和被动增值两种：第一，将因通货膨胀或者其他不适因当事人主观努力而是因市场价值的变化而产生的增值视为被动增值，认定为个人财产；第二，将由于另一方或者双方所支付的时间、金钱、智力、劳动而增值的视为主动增值，认定为是夫妻共同财产并在离婚时予以公平分割。②《1970 年英国婚姻诉讼和婚姻财产法》第 37 条规定："如果男方或者女方以货币或者货币的价值的方式对不动产或者动产的增加做出了贡献，而且一方或者双方对于此种或者出卖此种财产的收益有使用权，那么如果这种贡献不是微不足道的，双方又无相反的书面的或者默契的协议，做出此种贡献的男方或者女方就应根据自己的贡献和双方的协议占有财产使用权的一方份额或者增加所占有的份额。"香港地区也持类似观点："夫妻一方以金钱或者物资改变了不动产或者动产的一部分或者大部分权益，份额的划分可由双方协商决定，无协议时，由法庭视情况决定。"以上观点表明在实行分别财产制时，有限度地承认无所有权一方可以取得占有、使用和收益权。

虽然学界对不动产增值部分的法律性质观点各异，但是大部分观点都认为在财产分割时要考虑非所有权人一方对房屋增值做出贡献的，例如共同还贷或者装潢等，应该获得所有权一方的适当补偿。如果将夫妻共同还贷的行为视为债权关系，既不符合配有另一方参与还贷的本意，变相剥夺了共同拥

---

① 参见欧彦峰：《离婚案件中按揭房屋分割难题之对应》，载《司法解决纠纷的对策与机制：全国法院第十九届学术讨论会获奖论文》，人民法院出版社 2007 年版，第 398 页。

② Brett R. Turner, Unlikely Partners: The Marital Home and the Concept of Separate Property, 2006 American Academy of Matrimonial Lawyers, 2006, 20J. Am. Acad. Matrimonial Law. 69

有自己房产或者投资获益的权利，又违背了公平原则。① 总的来说，对于一方婚前购买并完成首付的不动产来说，婚后取得的不动产所有权是婚前享有的债权的转化，只要按揭是在婚前由夫或妻一方完成，包括签订商品房买卖合同和一方支付首期按借款，则该方即享有请求开发商转让房屋所有权的请求权，由其取得的不动产所有权，房屋产权登记是否发生在婚后则不论；在夫妻实行共同财产制时，以夫妻共有财产偿还一方婚前的房贷，该方由于从夫妻共同财产中获得经济利益，自然应当对共同财产给予补偿，然而此项结论的适用应排除两种例外情况：一是，如果夫妻对不动产的所有权归属问题另有约定的，那么从其约定；二是，如果有证据证明支付首付款并在银行贷款的行为是由夫妻双方共同完成的，那么任何一方都有取得不动产所有权的合法依据，即使不动产只登记在一方名下，仍然是夫妻共同财产。②

（二）夫妻共同还贷行为的考量

仅将夫妻婚后共同还贷行为认定为一种单纯的债权，对非首付一方是不公平的。一方面，近年来房屋的市场价格持续上升，投资房地产被认为是稳赚不赔的投资之举，原告罗某对该套房屋的金钱投入也应随着房屋的市场价格的变化而增值。另一方面，如果将非首付一方帮助家庭居住用房还贷的行为认定为是简单的债权，就泯灭了婚姻家庭中各家庭成员同甘苦共患难的团结精神，尤其是在我国，男方买房是极普遍的现象，通常情况下，受到“男主外，女主内”的传统思想的影响，婚姻家庭中男方往往在持家方面没有女方付出的时间和精力多的实例不在少数。在离婚时处于弱势的女方虽为家庭能够创造更多财富付出了很多，但却得不到应有的回报，因此一般女方情理上应得到更多的补偿。该司法解释定稿弥补了征求意见稿中的不足，将夫妻双方协商解决不动产权利归属摆在了首位，更有利于双方自愿协商，是法律尊重人权的体现，还规定了夫妻财产分割要根据财产的具体情况，协商行不通时按照照顾子女和女方权益原则进行处理，也更有利于保护未成年子女的成长和双方之间的利益平衡。

由于目前不动产价格攀升，在经济发达的省份和地区，适婚年龄的青年男女大都在事业上刚刚起步或者还在学校进修，想要依靠自己的经济实力负

---

① 参见吴晓芳：《有关婚姻家庭案件的问题探讨》，载《人民司法》2008年第7期。

② 参见田韶华：《婚姻领域内物权变动的法律适用》，载《法学》2009年第3期。

担一套婚房几乎是生命不可承受之重。我国传统婚俗中男女结婚一定要有婚房，婚房可以说是建立夫妻共同生活，建立幸福美满家庭的生活必需品，也是结婚的物质前提。在一些思想保守的地区，如果结婚没有婚房的话，“父母之命”的那一关恐怕没法过，甚至还会招致亲朋好友的疑虑甚至耻笑。贷款买房是可以解决问题的最好方法，既可以不用支付房屋全部价款，还可以提前居住使用。夫妻共同居住的房屋是唯一的，离婚时该房屋势必要归其中一方所有。如果该房屋是婚后夫妻贷款购买，那么毋庸置疑该房是夫妻共同财产，依据夫妻共同财产的规定进行分割即可，争议不大。如果该房是夫妻婚前以个人名义贷款购买的房屋，婚后由该个人以自己的个人财产还贷，在该房没有明确承认和变更登记另一方为该房屋共有人的情况下，另一方既没有参与购买房屋的买卖合同，缺乏买房的主观意思表示，也没有以自己的财产参与还贷，从头到尾都没有参与购买房屋的过程，那么该房屋不是夫妻共同财产，应该是支付首付和还贷一方的婚前个人财产。以上两种情况都比较好理解，值得深思和难以处理的是一方婚前贷款付首付买房，婚后二人用夫妻共同财产还贷，离婚时房屋归属的处理。如果双方协商的处理结果为上策，如果协商不成的话则该房自动归首付一方所有，但应就另一方还贷的款项由首付一方向其进行补偿，此时为完成的贷款部分不再由二人共同还贷，由取得所有权一方继续支付，并向另一方支付之前还贷的补偿。这样基于不同的情况进行处理和分割夫妻共同财产中婚前一方贷款买房的问题，很好地平衡了夫妻之间的财产利益。

夫妻财产关系涉及的不仅是单纯的经济利益，还包含很多传统道德和伦理情感的因素。随着经济的发展，夫妻财产的类型也呈多元化，针对不同的财产类型和不同的时代背景，建立平衡夫妻双方利益规则体系才是理解法条和司法解释的核心。准确把握我国共同财产制下对发展夫妻个人财产的尊重和鼓励，落实个案中不动产物权移转与婚姻缔结时间的先后、首付一方物权行为与另一方的密切联系程度以及结合保护妇女利益和为未成年人成长教育提供优越便利条件的原则，配合不动产在婚姻存续期间的增值收益和非首付一方的还贷行为，最终公平认定不动产的归属。夫妻财产分割中不动产确权的争议问题还会不断涌现，但是无论何种情况的分割和处理都要遵守婚姻法最基本的规则，不能厚此薄彼，法官应通过自己的价值判断在法律法规空白的细微之处，维护夫妻双方利益的公平。

# 《最高人民法院关于适用〈中华人民共和国保险法〉若干问题的解释（二）》的理解与适用

宫邦友* 林海权**

2013 年 5 月 31 日，最高人民法院公布了《关于适用〈中华人民共和国保险法〉若干问题的解释（二）》（以下简称《保险法司法解释（二）》），并于 2013 年 6 月 8 日起施行。《保险法司法解释（二）》是专门针对保险法中关于保险合同一般规定部分有关法律适用问题作出的规定，共 21 条。为正确理解和适用该司法解释，现对其制定背景和主要内容予以说明。

## 一、起草背景、经过和指导思想

保险法自 1995 年颁布实施以来，虽经 2002 年第一次修订，但因受历史条件和背景所限，实践中很多问题沉淀下来，一直未得到很好解决。2009 年，全国人大常委会

---

* 最高人民法院民二庭审判长。

** 最高人民法院民二庭法官，法学博士。

对保险法二次修订，对保险业法及保险合同法部分均作出较大改动，保险合同章部分涉及修改条款达48处之多。然而实施四年来的实践表明，由于保险业内部结构和外部环境都发生了较大变化，出现了许多新情况、新问题，现行保险法仍不能完全适应当前保险业改革发展的需要，在某些方面甚至成为制约保险业快速发展的羁绊。保险法作为一部“年轻”的法律以及还处于成长阶段的“较为年轻”的保险行业，立法的相对滞后，既不利于我国保险业产品的创新，亦严重阻碍保险纠纷的解决。近年来，保险纠纷案件增长速度迅猛，执法标准统一的问题刻不容缓。因此，通过完善保险合同制度，填补法律缺失，妥善解决各方当事人的纠纷，有效防范和化解金融风险，促进保险业健康稳定发展成为必然。保险法司法解释工作正是在这样的背景下开始的。

保险法二次修订的同时，最高人民法院民二庭率先完成了《关于适用〈中华人民共和国保险法〉若干问题的解释（一）》的制定工作，就新旧法衔接的有关问题予以规定。《保险法司法解释（二）》的调研工作，早在2009年底即正式启动。为使司法解释更加贴近现实，反映司法诉求，指导审判实践，民二庭首先向全国各高级法院下发了通知，要求报送保险法实施和保险案件审理中存在的相关问题以及对制定保险法司法解释的意见和建议等。在此基础上，经过归纳整理和研究，将最具代表性且争议较大的相关问题汇总形成了140余条体系较为完整、系统的保险法保险合同章司法解释征求意见稿。该稿包括三个方面的内容，即保险合同一般规定、财产保险合同、人身保险合同三部分。考虑到保险法司法解释内容较多，故经庭、院领导批准，对保险法司法解释采取了分步草拟实施的方案。《保险法司法解释（二）》只是对保险合同一般规定部分的解释，对于人身保险合同、财产保险合同部分的解释，将于今后逐步推出。

司法解释起草小组通过广泛征求社会各界意见，积极听取专家建议、业界意见及下级法院的意见，反复论证修改，十四易其稿，最终在参考法工委、法制办、保监会的意见基础上再次修改，形成《保险法司法解释（二）》。在解释制定过程中，坚持以下指导思想：

一是坚持依法原则。《保险法司法解释（二）》坚持以保险法为依据，以合同法为补充，严格遵循立法原意，始终贯彻立法目的，确保司法解释的合法性。

二是坚持公平原则。保险法的商法属性已经体现在其立法的基本原则当中。因此，在司法解释的起草过程中，我们始终坚持新修订的保险法所倡导的更加注重保护被保险人的立法宗旨，加大对投保人、被保险人的保护力度。与此同时，坚持贯彻商法公平原则，兼顾保险合同当事人之间的利益平衡。从维护稳定金融秩序，促进保险业健康有序发展出发，尊重保险行业发展的客观规律，确保贴近现实，符合国情。

三是坚持审判为市场经济服务的原则。为使解释条文更具针对性、可操作性，起草时坚持司法解释服务审判，充分反映司法诉求，避免脱离实际。通过向全国高级人民法院发函，征集全国保险审判中存在的最为迫切的、突出的、普遍的问题。同时深入保险行业一线，了解实务部门的诉求。在此基础上形成了更具代表性和更具可操作性及实践意义的司法解释。

四是坚持立足现实，着眼于未来。保险法本身过于原则的规定，已使得具体审判部门法官难以应对层出不穷的新情况、新问题。执法标准不统一和执法依据欠缺已构成广大保险审判法官审理案件的羁绊，更影响到人民法院的司法权威。为此，《保险法司法解释（二）》立足行业现状，解决具体问题，同时考虑保险行业未来发展的需要，引导保险市场规范发展。另外，还在立足本国国情，尊重现行立法的同时，兼顾吸收发达国家保险立法的先进理念和做法。

## 二、关于保险利益

### （一）关于财产保险利益的内容

保险利益是保险合同法特有的制度，投保人或被保险人是否具有保险利益涉及保险合同的效力及保险人保险责任的承担。2009年保险法将保险利益界定为“投保人或者被保险人对保险标的具有的法律上承认的利益”。该界定较为原则，实务界有代表建议司法解释对保险利益的内涵和外延作出较为一般性的界定，以提高保险利益原则的可操作性。考虑到保险利益的内涵伴随保险行业的发展不断变化，并非一成不变，且理论界与实务界对保险利益的分类尚未形成共识，《保险法司法解释（二）》没有采纳该建议，仅对实践中争议较大的问题进行规定，以解决人民法院对此类问题的执法依据问题。

保险利益是保险的标的，保险产品的开发必须以保险利益为基础，故从鼓励保险创新和交易的角度来看，实践中应当从宽认定保险利益，其不仅包括法定利益、现有利益，也包括其他经济利益、期待利益；不仅财产所有人具有保险利益，财产经营管理人、保管人、承揽人、承运人、承租人和抵押权人等对财产也具有保险利益。当然，从宽认定保险利益并不是说在实践中一概认定被保险人具有保险利益。保险利益原则具有防范赌博和道德风险的重要功能，这直接关系社会公共利益问题，不允许当事人通过任何形式予以变更。这就要求在审判实践中要处理好鼓励保险交易与防范道德风险之间的关系。一般来说，应从宽认定保险利益，防止保险人以被保险人不具有保险利益为由逃避保险责任，保护被保险人的合法权益，更好地发挥保险制度的功能。当然，如该认定可能存在道德风险或者增加道德风险，则应严格适用保险利益原则，不允许任何当事人通过保险合同获得额外利益。

由于保险利益不限于所有权利益，故同一财产上可能存在不同保险利益。需要注意的是，不同保险利益的内容并不相同，作为保险合同关系人的被保险人只能在各自的保险利益范围内获得赔偿。审判实践中，一定要正确认定不同保险利益的归属主体，并确定不同保险利益的数额。以机动车辆为例，所有权人、抵押权人、质权人等主体基于物权关系享有相应的保险利益，其中所有权人的保险利益相当于机动车的价值，抵押权人、质权人的保险利益则以其担保的债权为限。在机动车辆所有权人将该车租赁给他人或委托他人保管、运输等情况下，承租人、保管人以及承运人等主体基于合同关系享有相应的保险利益，该保险利益属于责任利益，以被保险人因保险事故发生可能需向机动车所有权人承担的赔偿数额为限。该机动车驾驶过程中，可能因发生保险事故造成他人损失，从而基于侵权责任产生相应的保险利益，该保险利益以被保险人对第三人承担的赔偿数额为限。

从理论上看，由于不同主体对于同一保险标的具有不同保险利益，保险公司在设计保险产品时，应当考虑不同性质的保险利益，确定不同险种。但从保险实务看，保险市场上没有包容保险标的所承载之全部保险利益的产品，且不同性质的保险利益之间，可能在保险中相容，也可能在保险中互相冲突。因此，保险人设计的具体险种、险别，都针对某一种或数种性质的保险利益。这就需要审慎研究具体险种、险别的保险责任、责任免除等条款，以确定其包含哪些不同性质的保险利益。以机动车辆损失险为例，这个险种的目的是保障车辆所有人利益，车辆所有人是该险种的终极受益人，无论谁驾车出险，最终获得经济补偿的应当是车辆所有人。但是，任何人驾驶该车辆都可能出险，对第三人承担赔偿责任，故在第三者责任险中，被保险人为“被保险人或其允许的合法驾驶人”。再以家庭财产保险为例，该险种同样为房屋等家庭财产的所有人量身定做，房屋所有人为终极受益人。但房屋所有人与使用人分离的状况经常出现，作为房屋租赁人，在租赁期间处于实际占有人地位，对房屋损毁负有管理责任，应当投保相应的责任保险，但租房期间，租赁人通常搬进大量自有财物，也有投保家庭财产保险的需求。若仅以保险利益的外在结构审视，租赁人要分别投保两种保险，既烦琐又多花保费，显然不利于保险业务发展。于是，考虑到家庭房屋损毁的风险较小，不当得利的道德风险通过承保技术可以防止等种种因素，保险人在设计家庭财产保险时，将所有人、租赁人均视为具有同一性质保险利益的被保险人。其保险责任条款中规定，“被保险人自有、租用或代他人保管或者与他人共有而由被保险人负责保管的房屋建筑及室内财产损失”，保险人都承担保险责任。这在一定程度上表明，不同性质的保险利益，经过保险技术的运用，可能被内在结构视为具有同一性质的保险利益。但是，并不是所有不同保险利益都可能被归属于其他性质保险利益中。例如，在类似的“货物运输保险”中，考虑到运输过程风险太大，承运人的责任保险利益被排除在具有所有权保险利益的被保险人之外，只能投保与责任利益匹配的“承运人责任保险”。

（二）关于被保险人与保险利益不匹配的问题

同一保险标的物上虽存在不同保险利益，但不同保险利益的性质并不相同，每个被保险人只能在自己的保险利益范围内获得赔偿。实践中，保险市场上并不存在与所有保险利益相对应的险种，有些保险利益因不具有相容性无法依据其他保险产品获得保障，故存在没有保险产品保障的保险利益，但拥有该保险利益的主体也存在转移风险的需要，故其只能投保与其保险利益不一致的险种，保险公司基于扩大市场的考虑愿意承保该类保险，这也就出现了投保险种与自己所欲保障的保险利益不对应的情形，即保险合同所保障的利益与合同约定的被保险人的保险利益不一致。此外，有的保险利益虽然有相对应的保险产品，但不同风险的定价机制不同，不同保险产品的费率高低有别，有些投保人为了降低成本，投保与被保险人保险利益不对应的保险产品。例如，在货运险中，货物承运人对于其承运的货物享有的是责任保险利益，而不享有所有权保险利益，因有些保险公司尚未开发相对应的责任险，或者虽提供相对应的责任险，但其费率远高于损失险，故仍有不少货物承运人以自己为被保险人投保了财产损失险。①

从保险运行原理来看，被保险人在他人保险利益范围内投保的，保险利益在合同订立时即不存在，而且在整个保险合同存续期间，除非特别事由发生，合同约定的被保险人都不具有保险利益。既然被保险人对保险标的物不具有保险利益，仅从上述原理分析，保险人无需承担保险合同约定的保险责任。但从司法政策角度来看，保险人承担一定的责任，更为符合诚信原则，也能够更好地保护被保险人的合法权益，促进保险行业的健康发展。

从当前审判实践来看，最为典型的被保险人与保险利益不相匹配的保险合同是以承运人为被保险人的货物损失险。对于这类保险合同，实践中有的法院认为保险公司无需承担保险责任，有的法院认为保险公司应承担责任。至于判决保险公司承担保险责任的理论依据，主要有以下几种：一是认为保险合同有效，保险人应将保险金直接支付给保险合同约定的被保险人，即法院直接判决保险公司向承运人承担保险责任。该做法操作方便，但不符合保险原理。二是认为保险合同有效，保险人应将保险金给予真正遭受损失的人，即保险公司应向托运人或货物实际所有人支付保险金，尽管其不是保险合同约定的被保险人。该做法符合保险原理，但其实际上变更了保险合同的内容，将被保险人由承运人变更为所有权人、托运人，这种身份上的改变将使得承运人仍成为保险代位求偿权的对象，不符合当事人的投保目的。三是认为保险合同无效，保险公司不承担保险责任，但基于缔约过失责任仍应向被保险人进行赔偿，赔偿数额相当于保险金额。该做法能够有效解决被保险人保险利益与保险产品不匹配的问题，但也存在可商榷之处：一方面，承担缔约过失责任通常以合同不成立或无效为前提，但被保险人与保险利益不匹配的情形下，保险合同是否当然无效存在争议；另一方面，缔约过失责任一般仅赔偿信赖利益损失，保险金是否属于信赖利益损失存在探讨余地。理论

---

① 在这些保险合同中，承运货物发生毁损灭失后，承运人向保险公司申请理赔的，保险公司通常会以其并非财产所有权人拒赔；财产所有权托运人向保险公司申请理赔的，保险公司通常会以其并非合同约定的被保险人拒赔。

界还有观点认为，保险公司此时承担的是侵权责任，即因保险公司在订立保险合同时未尽到说明义务，导致被保险人无法依据保险合同获得保险赔偿，保险公司因此应承担损失赔偿责任。至于损害赔偿的范围，则应根据投保人、保险人的过错大小进行认定。该做法合理之处在于，不仅能够完全依照保险原理解决保险合同效力问题，还能将投保人的过错考虑进来，能够更好地实现过错与责任相一致。保险利益原则是保险合同的一项基本原则，在任何情况下都应遵循，否则将导致保险体系的混乱，故前两种做法可能不是很妥当，实践中可考虑根据缔约过失责任或者侵权责任判决保险公司承担保险责任。当然，这是否可能引起其他不利后果还有待实践检验，需要通过审判实践不断总结。

实践中，应当注意区分以承运人作为被保险人的货物损失险与承运人以投保人、托运人或收货人等实际货主为被保险人的货物损失险：前者保险合同约定的被保险人是承运人，投保人通常也是承运人；后者承运人只是投保人，但保险合同约定的被保险人是托运人或其他实际货主。在以实际货主为被保险人的损失险中，实际货主因财产发生毁损灭失将遭受损失，对货物享有财产损失保险利益，故在保险事故发生时可作为被保险人向保险公司申请理赔，这是其与以承运人作为被保险人的损失险的最大不同之处。在承运人根据货物运输合同的约定为托运人订立货物损失险，且承运人对货物发生损失存在过错情况下，保险公司向托运人支付保险金后是否仍可向承运人行使保险代位求偿权，审判实践中存在不同认识，需要进一步研究。

（三）关于保险竞合

由于同一保险标的上可能存在不同的保险利益，不同投保人可能会为同一保险标的基于不同被保险人的保险利益投保多份保险合同，保险事故发生损及同一主体时，源于不同保险利益的多个承保主体可能存在同时理赔的情形，也就是所谓的保险竞合。其中最为典型的是财产损失险与财产责任险的竞合、财产损失险与抵押物信用保险竞合。对于保险竞合，我国当前法律没有规定，审判实践应根据不同险种的性质进行处理。

责任保险与损失保险竞合①时，责任保险的保险人是最终责任承担者。因为财产损失险的保险人在给付保险金后，可依据保险代位权向引起保险事故的第三人求偿，如该第三人与其他保险人订立了责任保险合同，则该第三人可将应承担的责任转嫁给责任保险的保险人，故最终责任保险的保险人承担了全部或大部分损失。理论界有观点认为，在被保险人遭受损害的情况下，由责任保险先予负责最为便捷，符合立法者创设保险代位制度的价值追求，也可减少理赔环节。② 故在审判实践中，如果责任保险与损失保险竞合的，由责任保险人先承担赔偿责任，责任保险人赔偿之后仍不能补偿被保险人损失的再由财产保险人赔偿。③ 该观点固然可以减少理赔环节，但并不完全符合被保险人利益。被保险人基于责任保险与损失保险享有的请求权，均具有独立的请求权基础，可以视为不真正连带债务。如强行要求被保险人只能先主张责任保险，剥夺了被保险人的选择自由。因此，实践中应允许遭受损害的被保险人行使选择权，被保险人可以自己决定先向哪个保险公司主张权利：其选择向承保财产损失险的保险公司申请理赔，该保险公司支付财产损失保险金后可以向承保责任保险的保险公司行使保险代位求偿权；其选择先向承保责任保险的保险公司理赔，如未能获得足额赔偿，可再就剩余部分向承保财产损失险的保险公司理赔。

财产损失险与抵押物信用保险竞合④的，应由财产损失险的保险人承担最后责任。根据物权追及效力，抵押物毁损灭失后，其获得的赔偿数额仍应

---

① 例如，某隧道工程在施工过程中因疏忽造成地面一栋建筑物倒塌，并且隧道工程投保了建筑工程一切险（包括第三者责任），地面建筑物投保了财产保险一切险（包括地陷责任），此时地面建筑物业主既有向隧道工程方索赔的权利（其实质是由工程保险人承担了赔偿责任），也享有向财产保险人要求赔偿的权利，由此产生责任保险与财产损失保险之间的责任竞合。

② 徐民、缪晨：《保险竞合研究——兼论我国保险法的完善》，载《中国商法年刊》(2007)。

③ 罗向明、岑敏华：《基于损失补偿原则的保险竞合研究——兼论保险利益与重复保险》，载《中央财经大学学报》2010 年第 3 期；李文：《从大连“3·4”风暴潮看保险竞合法律问题》，载《中国保险》2008 年第 4 期。

④ 例如，甲企业以其所有的房屋设定抵押，向银行借款，甲企业为该房屋投保了损失险，银行在贷款额度内为该房屋投保信用险，则可能存在财产损失险与信用保险的竞合。

作为抵押的财产，对尚未履行的债权继续提供担保。因此，抵押物丧失后，抵押物所有权人获得的保险金仍应作为抵押物权人的担保物。因抵押物消灭导致债权人权利受损的，抵押权人的保险人对债权人履行债务后，可以在其履行范围内对财产损失险的保险金进行追偿。

实践中，应注意区分保险竞合和重复保险。所谓重复保险，是指投保人对同一保险标的、同一保险利益、同一保险事故分别与两个以上保险人订立保险合同，且保险金额总和超过保险价值的保险。重复保险与保险竞合都是同一保险标的上存在两个以上的保险合同，但二者存在本质区别：重复保险中不同保险合同的保险利益是同一的，而保险竞合中不同保险合同的保险利益是不同的。正因为重复保险中不同保险合同的保险利益是同一的，如果不同保险合同的保险金额总额超过保险利益价值的，则构成超额保险，超过部分不能获得赔偿。保险竞合中不同保险合同的保险利益不同，故可以并存，只要每个保险合同的保险金额没有超过各自的保险利益，则不会存在超额保险的问题。

（四）关于人身保险合同无效的后果

2009年保险法第三十一条第三款规定："订立合同时，投保人对被保险人不具有保险利益的，合同无效。"实践中，对于人身保险合同无效后保险人是否应当返还全部保险费、是否可以扣除手续费存在不同认识。合同法第五十八条规定，合同无效后，因该合同取得的财产，应当予以返还；不能返还或者没有必要返还的，应当折价补偿。有过错的一方应当赔偿对方因此所受到的损失，双方都有过错的，应当各自承担相应的责任。根据该规定，人身保险合同无效后，保险人应当将已经收取的保险费全部退还投保人，保险人支出的手续费应由投保人与保险人根据过错程度进行分担，因此《保险法司法解释（二）》第二条规定，人身保险中，因投保人对被保险人不具有保险利益导致保险合同无效，投保人主张保险人退还扣减相应手续费后的保险费的，人民法院应予支持。对于本条的理解，应注意以下几个方面：

第一，正确认定保险费返还的范围。保险合同无效后，保险人应当返还的保险费是保险公司从投保人处收取的全部保险费，而不是投保人的保单现金价值，这是保险合同无效与保险合同解除的重要区别。① 保单现金价值与保险费并不一致，其是保险公司在扣除退保手续费之后应当退还给投保人的责任准备金，即其已经扣除了手续费。在通常情况下，保单现金价值数额低于保险人实际收取的保险费。由于保单现金价值与保险费存在差距，投保人不希望合同继续履行时，更愿意请求确认合同无效，而不是解除保险合同，因此，实践中应注意审查合同无效的事由，防止个别投保人在合同订立后以其对被保险人不具有保险利益为由请求确认合同无效，获取全额保险费。保险合同无效后，保险人向投保人在退还保险费时是否应同时返还利息？有观点认为，利息是保险人占有保险费产生的孳息，保险人当然应当返回。另种观点认为，保险法规定的返还保险费的条文均未要求支付利息，且要求返还与保险实践不符。还有观点认为，应根据投保人是否善意以及保险人是否存在过错进行区别对待。我们认为，对于利息的返还，应根据合同法关于合同无效的相关规定进行处理。

第二，正确计算应当扣减的手续费。投保人对人身保险合同无效存在过错的，保险人在退还保险费时可以扣除相应的手续费。审判实践中，对于保险人扣减的手续费的计算，应当注意以下两点：一是保险人扣减的手续费应当是合理的。手续费是保险公司因开展保险经营活动所支出的成本，该成本应当是实际支出，且该支出应当是合理的。诉讼中，如果当事人对手续费的具体数额存在争议的，可以要求保险公司对手续费计算的合理性承担举证责任。二是保险人只能扣减与投保人过错相对应的手续费。手续费是保险公司因保险合同无效遭受的损失，该损失的分担应当由保险公司与投保人根据过错程度来分担。一般来说，保险人对保险合同因投保人不具有保险利益无效存在过错，应自行承担部分手续费。保险公司能够扣减手续费的比例，应根据投保人的过错程度进行判断。

第三，正确认定其他法律后果。《保险法司法解释（二）》第二条是关于保险合同无效后，保险公司在返还保险费时是否可以扣减相应手续费的规定，但并不排除保险合同无效之后可能存在的其他法律后果。实践中，有些保险公司业务员在明知投保人不具有保险利益的情况下仍劝说投保人投保，

---

① 根据保险法第四十七条的规定，投保人解除合同的，保险人应当按照合同约定退还保险单的现金价值。

保险公司在核保时也同意承保，但在保险事故发生后却以投保人在订立保险合同时不具有保险利益为由主张保险合同无效，以此来逃避其保险责任，这种行为有违诚信原则，故审判实践中，即使保险合同无效，仍可依据缔约过失责任判决保险公司承担相应的赔偿责任。

## 三、关于保险合同的订立

### （一）关于代签章

在规范保险市场中，投保人订立保险合同时应亲自填写相关保险单证，并签字、盖章，以确保保险单证所填写内容及保险合同的订立是其真实意思表示。但在我国当前保险市场中，出于各方面原因，保险人及其代理人代投保人签字、盖章的行为时有发生，对于这些代签名的行为，如果一律否认其效力将导致大量合同失去效力，不仅破坏正常保险市场秩序，也不利于投保人利益的保护，故《保险法司法解释（二）》第三条第一款规定："投保人或者投保人的代理人订立保险合同时没有亲自签字或者盖章，而由保险人或者保险人的代理人代为签字或者盖章的，对投保人不生效。但投保人已经交纳保险费的，视为其对代签字或者盖章行为的追认。"对于本规定，应从以下几个方面进行理解：

第一，保险人及其代理人代投保人签字、盖章的合同，属效力待定合同。保险合同订立时保险人或其代理人代投保人签章，如果事先没有得到投保人的授权，本质上是个无权代理问题。无权代理合同从效力上属于效力待定合同，故实践中不能将其视为未成立、未生效或者可撤销合同。

第二，保险人及其代理人代投保人签字、盖章的合同，经投保人追认后对投保人产生效力。无权代理合同虽存在瑕疵，但该瑕疵可以治愈，经投保人追认后对投保人产生效力。投保人的追认可以采取明示的形式，也可以采取默示的形式。投保人如在保险人的电话回访中对保险人及其代理人代签章行为表示认可的，则属于明示追认。交纳保险费是投保人负有的主要合同义务，投保人主动交纳保险费应当视为其对保险合同的默示追认。投保人单纯的不作为不产生追认的效力。投保人在收到代签章的保险单或其他保险凭证后，没有采取任何行动，也未提出任何异议的，不能视为投保人的默认，即使保险人签发的保单上记载有"如投保人未在合理期间内提出异议视为追认”等内容。

第三，保险事故发生后，投保人仍可以进行追认。在合同法理论中，无权代理合同履行期间开始后被保险人是否仍可进行追认存在争议。就保险人及其代理人代投保人签字、盖章的情形而言，从保护投保人、被保险人和受益人的合法权益的角度出发，应允许投保人在保险合同履行期开始包括损失发生之后进行追认，只要是在保险期间届满前，这也有利于督促保险公司规范保险展业行为，减少代签章行为的发生。

第四，投保人追认不及于对保险人履行明确说明义务的确认。实践中，投保单需要投保人签章的地方可能会有两处，一是以订约人（要约人）的身份在投保单相应部分签章；二是在“投保人声明栏”处签章。一旦投保单上发生代签名现象，往往是上述两处本应由投保人签章的地方均系代签名。需要指出的是，两处签名的目的和意义不同，在发生代签名现象后认定投保人以缴纳保险费的形式追认的效果亦不同。投保人缴纳保险费的，仅表明其愿意订立该保险合同，是对代签保险合同行为的追认，保险合同对其生效。但不能因此认定保险人已经向其履行了保险免责条款的明确说明义务，因为保险人是否已经向其履行了保险免责条款的明确说明义务是个事实问题，应当实事求是地认定，如果保险人事实上并未向其履行该项义务，不能仅因为投保人缴纳了保险费而推定保险人向其履行了该项义务。

（二）关于代签保险单证

投保人在订立合同时应根据保险人的询问承担如实告知义务，填写风险询问表是投保人履行如实告知义务的主要方式。实践中，有些风险询问表的内容并非由投保人亲自填写，而是由保险人或其代理人代为填写的，这些内容是否可以视为投保人的真实意思表示，对此，《保险法司法解释（二）》第三条第二款规定：“保险人或者保险人的代理人代为填写保险单证后经投保人签字或者盖章确认的，代为填写的内容视为投保人的真实意思表示。但有证据证明保险人或者保险人的代理人存在保险法第一百一十六条、第一百三十一条相关规定情形的除外。”对于本规定，应从以下几个方面理解：

第一，保险人或其代理人代为填写的相关内容只有经投保人签字或盖章确认的，才能视为投保人的真实意思表示。保险人或其代理人代填的相关内容，在未得到投保人确认之前，只能是保险人或其代理人单方的行为，当然不能视为投保人的真实意思表示。值得注意的是，投保人的确认只能发生于保险人或其代理人代填相关内容之后。实践中，有保险展业人员先让投保人签章，后代为补充填写风险询问表相关内容，因投保人的签章形成于保险展业人员代为填写相关内容之前，投保人签章时并未看到代为填写的相关内容，相关内容也不应视为投保人的真实意思表示。

第二，有证据证明保险人或者保险人的代理人存在保险法第一百一十六条、第一百三十一条相关规定情形，投保人的签章不能视为对保险人及其代理人代填写内容的确认。保险法第一百一十六条、第一百三十一条相关规定情形主要指的是保险人或其代理人存在“阻碍投保人履行本法规定的如实告知义务，或者诱导其不履行本法规定的如实告知义务”的情形。投保人已经告知而保险业务员或代理人故意不填的，即应当视为符合了“但书”部分的规定要求，代为填写的内容不应视为投保人的真实意思表示。

第三，因保险人或其代理人代填写内容不符合客观事实，投保人违反告知义务的，不能认为投保人存在故意。在保险人或其代理人代为填写保险单证的情形下，出于对保险人及其代理人这一特殊主体的信赖，投保人会不自觉地疏于对代填内容的审查，如果代填内容存在虚假之处，投保人固然应当承担不利后果，保险人亦难辞其咎，因此应当相应减轻投保人的主观过错程度，将其认定为“因重大过失不履行如实告知义务”，不宜认定其构成“故意违反如实告知义务”。

第四，投保人对代填内容未签章确认的，视为保险人放弃了要求投保人履行如实告知义务的权利。保险人或其代理人代投保人填写保险单证并代投保人签字确认的，实质上放弃了就保险标的或被保险人的真实情况向投保人进行询问的权利，而我国保险法实行的是“询问告知主义”立法例，没有保险人的询问，也就不存在投保人的如实告知义务。按照“弃权与禁反言”的保险法原理，保险人在放弃就保险标的或被保险人的相关情况向投保人询问的权利之后，无权再以投保人未履行如实告知义务为由解除合同、拒绝赔偿或给付保险金。

（三）关于见费出单

所谓见费出单，是指保险公司先收保险费后签发保单，这是保险业界的行规。由于很多保险公司将签发保单作为保险合同成立的条件，故保险公司对签发保单前发生的保险事故通常不承担保险责任。这种行规不符合权利义务对等原则，也不利于督促保险公司尽快承保。为此，《保险法司法解释（二）》第四条规定：“保险人接受了投保人提交的投保单并收取了保险费，尚未作出是否承保的意思表示，发生保险事故，被保险人或者受益人请求保险人按照保险合同承担赔偿或者给付保险金责任，符合承保条件的，人民法院应予支持；不符合承保条件的，保险人不承担保险责任，但应当退还已经收取的保险费。保险人主张不符合承保条件的，应承担举证责任。”对该规定的适用，应注意以下两个方面：一是该规定仅适用于保险人已经收取保险费的情形。根据权利义务对等原理，保险人享有的权利与承担的义务应当对等，故其如收取了保险费，就应承担相应的责任；如其未收取保险费，要求其承担相应的责任则缺乏依据。二是保险人对作出是否同意承保意思表示前发生的保险事故承担保险责任，应以保险标的或被保险人符合承保条件为前提。保险人认为其不应承担保险责任的，应对保险标的或被保险人不符合承保条件承担举证责任。

## 四、关于投保人如实告知义务

### （一）关于投保人告知义务的范围

关于投保人承担告知义务的范围，有观点认为，投保人告知义务的范围，不应仅限于其明知内容，还应当包括其应知的内容。为减轻投保人的负担，防止保险人随意以投保人违反如实告知义务为由解除保险合同，拒绝承担保险责任，更好地落实2009年保险法修订的精神，《保险法司法解释（二）》第五条规定：“保险合同订立时，投保人明知的与保险标的或者被保险人有关的情况，属于保险法第十六条第一款规定的投保人‘应当如实告知’的内容。”该规定将投保人告知范围限于其明知内容。对于本规定的适用，应注意以下几个方面：

第一，应综合考量相关证据材料判断投保人对相关事实是否明知。投保人明知，是指投保人通过某种方法、手段实际了解到了相关情况或事实。当前审判实践中，对投保人是否明知的争议主要集中于人身保险合同纠纷案件中。在该类案件中，投保人投保时，可能在风险询问表对是否曾患相关疾病等问题做否认回答，但在理赔中，保险公司通过调查被保险人的病历本、病程记录、住院病志、入出院记录等相关材料发现，被保险人在保险合同订立前已经患有相关疾病，此时保险公司会以投保人违反如实告知义务为由拒赔，于是双方就会对投保人对被保险人的疾病是否明知以及投保人是否违反如实告知义务产生争议。对于此类案件中投保人是否明知的审查，应区分以下两个层次：一是应审查被保险人客观上是否患有相关疾病，即是否存在应当告知的重要事项；二是应审查投保人对被保险人的疾病是否明知，即投保人主观上是否知道该重要事项。实践中，保险人通常以被保险人相关病历、住院记录等作为证据来证明投保人明知相关疾病，但并不是所有这些证据材料都可以得出投保人明知相关疾病的结论。有些病历虽记载被保险人所患疾病，但其可能仅是推测，或者所记载疾病非常模糊，甚至与其他相关证据材料所记载内容相矛盾，此时不能仅以该病历认为被保险人患有相关疾病。因此，具体案件审理中，应当综合考量所有相关证据，结合案件具体情况，准确认定投保人是否明知。

第二，应注意防范保险欺诈行为。有些被保险人明知自己存在不符合承保条件的疾病，但却故意隐瞒自身的健康状况为虚假陈述，或者在保险公司安排的体检中隐瞒事实、误导体检医生，或者通过他人代为投保，以规避如实告知义务制度，以骗取保险公司的承保，这是一种典型的保险欺诈行为。在具体案件审理中，应结合被保险人的相关病历、治疗状况、投保过程等相关材料，审查投保人的投保动机，注意防范保险欺诈行为。

第三，投保人明知相关重大事项而未如实告知的，并不当然构成故意，也可能是重大过失。关于保险法第十六条规定的故意，一般理解为义务人知悉某重要事实存在，并明知倘隐匿该事实，或就该事实为不实之说明时，将影响保险人为危险之估计，而有意为之的一种心理状态；但不以必须具有以有害于保险人并图自己或他人利益之意思为必要。① 也就是说，故意包括以下几个要件：（1）明知该事实；（2）明知该事实为重要事项；（3）有意不告知。与此相对应，重大过失包括三种情况：一是义务人因重大过失不知道重要事项的存在而未如实告知；二是义务人虽知道该事实存在，但因重大过失不知道该事实的重要性而未如实告知；三是义务人知道事实存在且知道该

---

① 樊启荣：《保险契约告知义务制度论》，中国政法大学出版社2004年版，第226～227页。

事实具有重要性，但因重大过失未如实告知。[1] 从以上可以看出，即使是投保人明知相关重要事项，但仍可能基于不知道该事实具有重要性而未告知，或者虽知道该事实的重要性但因重大过失而未告知，这也是我国台湾地区“保险法”第64条规定“过失遗漏”的内容。可见，将投保人告知范围限于“明知”，并不排除保险法第十六条规定中的“重大过失”违反如实告知义务的情形。

实践中，投保人在明知相关重要事项，但却因重大过失未如实告知的，主要有以下两种情形：一是因重大过失不知道该事实的重要性。根据保险法第十六条第一款的规定，我国对于投保人的如实告知义务采纳的是询问告知主义，只有保险人询问的内容，投保人才需告知，即只有保险人询问的内容才是投保人应当告知的重要事项。实践中，即使保险人已经询问，但如投保人因重大过失未能清楚理解保险人询问内容的确切含义，或者基于自身疏忽未能认识到所询问内容包括其知道的事实等方面原因，未能将其知道的重要事项告知保险人，则构成因重大过失未如实告知。二是因重大过失未告知。投保人虽然知道相关事实且知道其为重要事项，但在回答过程中可能因各方面原因未向保险人准确告知，则构成因重大过失未如实告知。

（二）关于投保人与被保险人不一致时的告知

保险法第十六条第一款仅规定投保人需要承担如实告知义务。在投保人与被保险人为不同主体的情况下，被保险人是否也需承担如实告知义务，存在较大争议。有观点认为，既然保险法第十六条仅规定投保人在保险人询问的情况下应当如实告知，被保险人当然无需承担如实告知义务，且被保险人不是保险合同当事人，让其承担告知义务不符合合同相对性原则。山东高院2011年颁布的《关于审理保险合同纠纷案件若干问题的意见（试行）》即采该观点。该意见第五条规定：“投保人与被保险人非同一人时，保险人主张被保险人未履行如实告知义务而拒绝承担责任的，人民法院不予支持。”这种观点虽然符合保险法第十六条的字面含义，但如仅将告知义务主体限于被保险人，在理论上不符合告知义务的立法目的，在实践中可能带来道德风险。一般而言，被保险人比投保人更为了解保险标的的风险状况，让被保险

---

① 曹兴权：《保险缔约信息义务制度研究》，中国检察出版社2004年版，第196页。

人承担如实告知义务，能更便于保险人评估风险。实践中，被保险人如无需承担如实告知义务，可能导致已经存在的不符合承保条件的被保险人，通过他人代为投保的方式规避如实告知义务，引发道德风险。有鉴于此，理论界与实务界越来越多的人建议，司法解释应对保险法第十六条作扩充解释，将被保险人作为如实告知义务主体。但《保险法司法解释（二）》对此未作规定。

实践中，对于投保人与被保险人并不一致情况下告知义务的履行，应注意以下几个方面：一是要防止被保险人通过他人代为投保规避如实告知义务。因法律未将被保险人作为告知义务主体，被保险人在明知自己不符合承保条件的情况下，可能通过委托不知情的投保人代为投保，来规避自己作为投保人时应尽的告知义务，这种行为有违诚信，不应鼓励。当然，如果投保人基于自身原因为被保险人投保，且确实不知被保险人存在不符合承保条件的风险的，则应予保护。二是保险人不能以对被保险人的询问代替对投保人的询问。投保人是告知义务主体，保险人的询问应向投保人作出。投保人与被保险人不一致的，保险人对被保险人的询问不能视为对投保人的询问，保险人不能要求投保人告知其向被保险人询问的内容。三是保险人如就相关事项同时向投保人和被保险人进行询问，投保人或被保险人只要有一人如实告知的，则应视为投保人就该事项的告知义务已经履行。投保人与被保险人对同一事项告知不一致，只要有一人的告知符合客观状况，保险人也不能以投保人违反告知义务为抗辩。

（三）关于询问告知主义

依据保险法第十六条第一款，投保人在保险人询问时应当如实告知，可以认为我国保险法对投保人如实告知义务采用的是询问告知主义原则。尽管如此，理论界仍有观点认为，第十六条的字面含义不能必然推导出询问告知主义。[①] 鉴于此，《保险法司法解释（二）》第六条第一款规定："投保人的告知义务限于保险人询问的范围和内容。当事人对询问范围及内容有争议的，保险人负举证责任。"对于本规定的理解，应注意以下几个方面：

---

① 温世扬主编：《保险法》，法律出版社2003年版，第40页。其理由是：询问告知主义没有彻底贯彻最大诚实信用原则。允许告知义务人对足以影响保险的有关事项在保险人未询问的情况下不负告知义务，违反了"最大诚信"的要求。

第一，投保人仅在保险人询问的情况下承担告知义务，且告知范围以保险人询问的范围和内容为限。保险人没有询问的内容，投保人无需主动告知，即使该相关事实对保险人决定是否同意承保或者确定保险费率有重要影响。实践中，保险人通常是采用提前印制的风险询问表进行询问，但并不排除保险人以口头方式进行询问。

第二，保险人需对询问的范围和内容承担举证责任。实践中，保险人通常提交经投保人签字确认的风险询问表来证明其已经进行询问以及询问的具体内容，并以风险询问表上投保人回答的内容作为投保人告知的情况。一般来说，只要投保人在风险询问表上签字确认，不管相关内容是其自己填写还是由他人代为填写，都应视为保险人已经进行询问、相关回答内容是其真实意思表示。当然，投保人可以提交其他证据来推翻该认定。从目前一些案例来看，以上认定被推翻主要存在以下两种情况：一是有保险业务人员证明，其在办理该业务时并未进行询问，投保人只是在其劝说下签字确认，而并未实际阅读风险询问表相关内容。二是保险业务人员代为填写风险询问表的情形。根据《保险法司法解释（二)》第三条的内容，保险业务人员代为填写的内容经投保人签字确认的，应视为投保人的真实意思表示。但如有证据可以证明，保险业务人员在办理保险业务时，并未告知投保人需要回答风险询问表上的内容，就直接让投保人在风险询问表的尾部签字，其收回风险询问表代为补填相关内容的，此时，因投保人的签字形成于保险业务员代为填写相关内容之前，不能认为保险人已经进行询问，相关内容也不能认为是投保人真实意思表示。

第三，保险人的询问应明确、清晰。因投保人仅在保险人询问时才承担告知义务，有些保险人为防止询问不够周延，会采用一些概括性方式进行询问，这实质上仍是要求投保人承担主动、无限告知义务，违反了询问告知主义的立法目的。故《保险法司法解释（二)》第六条第二款规定：“保险人以投保人违反了对投保单询问表中所列概括性条款的如实告知义务为由请求解除合同的，人民法院不予支持。但该概括性条款有具体内容的除外。”所谓概括性条款，是指缺乏具体内涵、外延难以界定的条款。实践中，概括性条款一般是以“其他”“除此以外”等兜底条款的方式出现，保险人采用“其他”“除此以外”等兜底条款进行的询问视为没有询问，例如，近三年内是否患有其他疾病、除前述四项外是否做过其他检查等。值得注意的是，并不是所有的包含有“其他”“除此以外”等表述的条款都属于概括性条款，尤其是“其他”所限定的内容较为明确的情况，例如，是否向其他保险公司投保、是否患有其他肿瘤疾病等。

（四）关于弃权制度

关于保险告知义务中是否需要规定弃权制度，有观点认为，保险法第十六条已经确立了禁反言制度，对保险人的误导行为进行规范，没有必要再引入弃权制度。为体现保险法的最大诚信原则，保护投保人、被保险人和受益人的合理信赖利益，减少保险人的逆向选择行为，《保险法司法解释（二）》第七条规定：“保险人在保险合同成立后知道或者应当知道投保人未履行如实告知义务，仍收取保险费，又依照保险法第十六条第二款的规定主张解除合同的，人民法院不予支持。”

根据弃权的基本原理，适用弃权应当具备两个要件：一是权利人知道自己享有特定的权利，二是权利人放弃该权利。具体到本规定的适用上，应当严格依据本条的解释界定其适用条件：一是保险人知道或者应当知道投保人未如实告知。此处的“应当知道”应当以理性保险人为判断标准，即如果一个理性的保险人在同等事实状态下能够知道投保人未如实告知的，即应认为“应当知道”。二是保险人的知道或者应当知道是在保险合同成立后，而不包括保险合同成立前或成立时知道或应当知道。保险人在保险合同成立前或成立时知道投保人未如实告知仍然向投保人签发保单的，应适用保险法第十六条第六款的规定。三是保险人表示放弃权利。此处的放弃权利，可以是明示的，也可以是默示的。明示放弃权利应适用意思表示的相关规定，默示放弃权利则应严格限于本条所规定的情形，即收取保险费。收取保险费不仅包括收取首期保险费，还包括收取后续保险费。

从法律后果来看，保险人弃权的直接后果是权利本身自放弃之时消灭，即保险人如存在本条规定的情形，则不得继续行使解除权，这实际上是在保险法第十六条第三款、第六款之外对保险人因投保人违反如实告知义务享有的解除权的又一限制。根据《保险法司法解释（二）》第八条的规定，既然保险人已经丧失合同解除权，不能解除保险合同，则不能再根据保险法第十六条第四款和第五款拒绝理赔。

实践中，关于保险人是否享有解除权的纠纷，通常是在保险事故发生后被保险人或受益人申请理赔时产生的。从诉讼角度来看，被保险人或受益人通常作为原告提出诉讼请求，要求保险人承担保险责任；保险人则以投保人违反如实告知义务为由要求解除合同，并拒绝承担保险责任；被保险人或受益人则进一步提出抗辩，认为保险人因存在本规定情形解除权已经丧失。可见，保险人弃权属于投保人应当主张的抗辩，投保人如欲以保险人存在弃权进行抗辩的，应当在诉讼中提出该主张，并提供相应证据证明存在本规定的情形。

（五）关于保险合同解除与拒绝赔偿的关系

关于投保人违反如实告知义务的法律后果，保险法第十六条第二款和第四款、第五款分别赋予保险人解除合同和拒绝赔偿两种权利。实践中，对保险人在投保人违反如实告知义务情况下能否不解除保险合同直接拒赔存在较大争议，故《保险法司法解释（二）》第八条规定："保险人未行使合同解除权，直接以存在保险法第十六条第四款、第五款规定的情形为由拒绝赔偿的，人民法院不予支持；但当事人就拒绝赔偿事宜及保险合同存续另行达成一致的情况除外。"对于本规定的适用，应注意以下几个方面：

第一，保险人没有合同解除权或者丧失合同解除权的，不得依据保险法第十六条第四款、第五款拒绝赔偿。保险人不承担保险责任是保险人解除保险合同的法律后果，保险人不具有合同解除权，无法解除保险合同的，当然不得以投保人违反如实告知义务为由拒赔。因此，保险合同的解除是保险人拒绝承担保险责任的前提，保险人只有享有保险合同解除权，才可拒绝承担保险责任。实践中，在判断保险人是否可以拒赔时，应首先判断其是否具有保险合同解除权。

根据保险法第十六条和《保险法司法解释（二）》第七条的规定，保险人行使保险合同解除权应当具备以下条件：一是投保人未如实告知存在故意或重大过失。根据保险法第十六条第二款的规定，投保人只有在故意或者重大过失的情况下，保险人才有权解除保险合同。所谓故意，是指投保人明知与保险标的或者被保险人有关的情况，且知道该情况为重要事实，而有意不告知。所谓重大过失，是指投保人虽明知与保险标的或者被保险人有关的情况，但因疏忽未能认识到该情况为重要事实，或虽知道该情况为重要事实，但因重大过失未告知。二是投保人未如实告知具有决定性影响。根据保险法

第十六条第二款的规定，投保人未如实告知内容需足以影响保险人决定是否同意承保或者提高保险费率的，保险人才可以解除保险合同。三是保险人应当在不可抗辩期间内解除合同。根据保险法第十六条第三款的规定，保险人解除保险合同应受不可抗辩期间的限制：一是在知道解除权之日起 30 日内，二是合同成立之日起 2 年之内，超过任何一个期间解除权即丧失。四是不存在违反禁反言的情形。根据保险法第十六条第六款的规定，保险人在合同订立时已经知道投保人未如实告知的情况的，保险人不得解除合同。五是不存在弃权情形。根据《保险法司法解释（二）》第七条的规定，保险人在保险合同成立后知道或者应当知道投保人未履行如实告知义务，仍然收取保险费，不得解除保险合同。因此，投保人虽未如实告知，但如并不存在故意或重大过失，或者不具备保险法第十六条第二款规定的“足以影响保险人决定是否同意承保或者提高保险费率”的条件，或者合同解除权超过保险法第十六条第三款规定的行使期间，或者存在保险法第十六条第六款规定的禁止反言情形或《保险法司法解释（二）》第七条规定的弃权情形的，保险人均不得解除保险合同，也不得拒绝赔偿。

在此需要强调的是，要注意防止个别被保险人或受益人不当利用保险法第十六条第三款所规定的不可抗辩期间规避告知义务。保险人通常是在保险事故发生后才会对投保人是否违反如实告知义务进行审查，并决定是否解除合同。实践中，有些保险事故虽发生在保险合同成立后 2 年期间之内，但被保险人或者受益人有意拖延到保险合同成立 2 年后才申请理赔。在此情况下，保险人如发现存在解除保险合同事由的，是否仍可解除保险合同？我们认为，根据保险法第十六条第三款关于“自合同成立之日起超过二年的，保险人不得解除合同；发生保险事故的，保险人应当承担赔偿或者给付保险金的责任”的规定，“自合同成立之日起二年后发生保险事故”是不可抗辩制度适用的前提，故只要保险事故发生于保险合同成立日 2 年内，则保险人即可解除合同。

第二，保险人虽享有合同解除权，但未行使该权利的，仍不得直接依据保险法第十六条第四款、第五款拒绝赔偿。保险人享有的拒绝赔偿的权利以保险合同的解除为条件，故保险人即使享有合同解除权，也不能不主张解除合同而直接拒赔。也就是说，保险人只有实际行使合同解除权，解除保险合同后，才可以拒绝赔偿。当然，当事人可以就拒绝赔偿事宜及保险合同存续另行约定。因合同解除不一定符合当事人的利益，故司法解释允许当事人可以在保险事故发生后就赔偿事宜另行协商，以维持保险合同的效力。值得注意的是，这种协商只能发生于保险事故发生之后，当事人不能事先作出相关约定。保险格式条款中存在的保险人可以不解除保险合同直接拒绝赔偿的内容，可根据保险法第十九条的规定认定无效。

第三，保险人解除保险合同后并不当然无需承担保险责任。保险人解除保险合同是其可以拒绝承担责任的条件，但并不是充分条件。根据保险法第十六条第四款和第五款的规定，投保人故意违反如实告知义务的，保险人对于保险合同解除前发生的保险事故可以直接拒赔，不管未告知内容与保险事故发生有无关系；投保人因重大过失未如实告知的，保险人只有在未如实告知的内容对保险事故的发生有重大影响的情况下才能拒赔。因此，在具体案件审理中，应注意审查投保人违反如实告知义务的主观状态，根据故意与重大过失的不同确定不同的法律后果。一般来说，保险人应该对投保人违反如实告知义务存在故意以及重大过失、未如实告知内容对保险事故的发生有严重影响承担举证责任。

对于本规定的适用，应注意其可能带来的程序问题。实践中，保险人在保险事故发生前很少会发现投保人违反如实告知义务，故不可能主动要求解除保险合同；即使在保险事故发生前发现投保人违反如实告知义务，出于收取保险费的考虑，通常也不会主动要求解除保险合同，故一般只有在保险事故发生后，保险人才会主张投保人违反如实告知义务。在诉讼中，投保人违反如实告知义务通常是作为应对被保险人或受益人要求承担保险责任的抗辩出现。具体来说，被保险人或受益人向法院提起诉讼，主张保险事故已经发生，保险人应承担保险责任，此时保险人会以投保人违反如实告知义务为由抗辩。根据本规定，保险人拒绝赔偿必须以解除合同为条件，故从程序来看，保险人仅主张拒绝赔偿而没有要求解除合同的，法院似乎可以直接驳回，或者法院必须向保险人进行释明，要求保险人增加解除合同的主张。如保险人根据法院释明提出解除合同的主张，对于该主张在程序上如何看待？是将其作为抗辩还是应作为反诉处理？对于一方当事人要求对方继续履行合同，对方以解除合同作为抗辩的情况下，应将解除作为抗辩还是反诉，合同法和民事诉讼法并未明确规定。《最高人民法院关于审理买卖合同纠纷案件适用法律问题的解释》第四十四条对买卖合同中的特殊情形作了规定：“出卖人履行交付义务后诉请买受人支付价款，买受人以出卖人违约在先为由提出异议的，人民法院应当按照下列情况分别处理：（一）买受人拒绝支付违约金、拒绝赔偿损失或者主张出卖人应当采取减少价款等补救措施的，属于提出抗辩；（二）买受人主张出卖人应支付违约金、赔偿损失或者要求解除合同的，应当提起反诉。”根据该规定，出卖人要求买受人继续支付价款，买受人以出卖人违约在先为由要求解除合同的，应当提出反诉。如参照适用该规定，在被保险人或受益人要求保险人承担保险责任，保险人以投保人违反如实告知义务为由要求解除合同的，则必须提出反诉。这样一种处理方式固然符合法理，但是否会给案件审理带来不必要的麻烦，需要进一步观察。故对于程序上如何处理该问题，需要进一步探索和总结。从实践中来看，有的法院并没有将保险人解除合同作为反诉处理，而是在被保险人起诉保险人承担保险责任的案件中直接审理，并在判项中对合同是否解除、解除后保险费是否退还等直接作出认定。

## 五、关于保险人的说明义务

### （一）关于明确说明的范围

2009年保险法将保险人明确说明的对象由原来的“保险人责任免除条款”变更为“免除保险人责任的条款”，在解释上包括：一是修订前保险法所指的保险人责任免除条款，即保险合同中载明的保险人不负赔偿或者给付保险金责任的范围的条款；二是散见在保险单其他条款中的涉及部分免除保险人责任的条款。① 实践中对“免除保险人责任的条款”如何界定存在较大争议。为此，《保险法司法解释（二）》第九条规定：“保险人提供的格式合同文本中的责任免除条款、免赔额、免赔率、比例赔付或者给付等免除或者减轻保险人责任的条款，可以认定为保险法第十七条第二款规定的‘免除保险人责任的条款’。保险人因投保人、被保险人违反法定或者约定义务，享有解除合同权利的条款，不属于保险法第十七条第二款规定的‘免除保险人责任的条款’。”对于本规定，应从以下几个方面进行理解：

第一，并不是所有与保险责任相关的条款均是免除保险人责任的条款。

---

① 安建主编：《中华人民共和国保险法（修订）释义》，法律出版社2009年版，第47页。

所谓免责，应以当事人应承担责任为前提，如保险人无需承担保险责任，则不存在免除一说，故保险人提供的格式条款中用于确定保险责任范围的条款不属于免除保险人责任的条款。实践中，被保险人或者受益人以相关免责条款不产生效力为由要求保险人赔偿或者给付保险金的，人民法院应当审查保险条款关于保险责任范围的具体规定，以确定事故是否属于保险责任范围：事故不属于保险责任范围的，无需审查事故是否属于免责范围以及相关免责条款的效力；事故属于保险责任范围的，应进一步审查事故是否属于免责条款规定的情形，以及免责条款是否有效。

第二，本规定并未穷尽所有免除保险人责任的条款。本规定虽对免除保险人责任条款进行列举，但并非封闭性的，除了本规定列举的以上条款外，仍可能存在其他免除保险人责任的条款，故对格式条款中的其他条款是否必须经保险人明确说明才能产生效力，需要结合保险条款的相关内容判断其是否实质上减轻或免除保险人责任。例如，保险合同中的释义条款，其虽是针对保险合同中所含有的专业词汇或者其他需要解释和说明的事项所约定的条款，但因释义条款所解释的专业术语或事项可能与保险责任密切相关，释义条款也将直接影响保险责任的承担与范围。因此，如果释义条款可能涉及限制或免除保险人应当承担的责任的，也应经过明确说明才产生效力。

第三，解除权条款不属于免除保险人责任条款。保险人因投保人、被保险人违反法定或者约定义务，享有解除合同权利的条款，虽也可能导致保险人不承担保险责任，但这是保险人解除保险合同的法律后果，而不是直接免除保险人的保险责任，故该条款不属于“免除保险人责任的条款”。值得注意的是，保险合同中关于保险合同解除的条款应当符合保险法的规定，否则可根据保险法第十九条规定认定无效。

实践中，应注意区分保险法第十七条所指免除保险人责任的条款与第十九条所规定的无效格式条款。保险法第十七条和第十九条都是对保险格式条款的规制，但二者属于不同层次：前者是对格式条款订入的规制，保险人提供格式条款必须向投保人说明，对免除保险人责任条款，则必须提示和明确说明，相关条款才能订入合同，作为合同的组成部分，否则不产生效力；后者是对格式条款效力的规制，保险人提供的格式条款即使符合第十七条的订入规范，成为保险合同组成部分，但其如存在第十九条规定情形，则该条款是无效的。可见，免除保险人责任的条款不同于无效的免责条款，前者范围更广。例如，保险条款中的除外责任条款和免赔条款，属于第十七条规定的“免除保险人责任的条款”，保险人在订立合同时需对这些条款进行明确说明，但这些条款并不当然是第十九条规定的无效免责条款，甚至通常都不是能认定为无效的免责条款。从合同角度来看，第十七条涉及格式条款是否产生效力，第十九条则涉及格式条款是否有效。实践中，应先判断相关格式条款是否属于第十七条的免除保险人责任条款。如果相关格式条款属于免除保险人责任条款，则需判断保险人是否进行提示和明确说明：如保险人未提示或明确说明，则该条款未生效，不存在依据第十九条判断是否有效的问题；保险人进行提示和明确说明，该条款已经生效的，才存在是否需要依据第十九条对其效力进行判断的问题。

（二）关于提示义务的履行

2009年保险法在原保险法规定的基础上，增加规定了保险人的提示义务，要求保险人对保险合同中免除保险人责任的条款，在订立合同时在投保单、保险单或者其他保险凭证上作出足以引起投保人注意的提示。审判实践中对于提示义务是否具有独立法律地位、提示义务如何履行等存在不同认识，故《保险法司法解释（二）》第十一条第一款规定：“保险合同订立时，保险人在投保单或者保险单等其他保险凭证上，对保险合同中免除保险人责任的条款，以足以引起投保人注意的文字、字体、符号或者其他明显标志作出提示的，人民法院应当认定其履行了保险法第十七条第二款规定的提示义务。”实践中，对于提示义务应注意以下几个方面：

一是提示义务的法律地位。提示义务虽然是明确说明义务的前置义务，但具有独立地位。实践中，保险人通常提交具有投保人签字确认的声明书或其他相关凭证，证明其已履行提示和明确说明义务，但如从相关证据来看，保险人显然并未在投保单和相关保险凭证上对免除保险人责任的条款作出足以引起投保人注意的特别标识，则不能认为保险人提示义务已经履行。

二是提示的载体。提示的载体包括投保单、保险单等所有保险凭证，只要该保险凭证上存在需要提示的内容。也就是说，任何保险凭证只要包含免除保险人责任的格式条款，就应当在该凭证上进行提示。实践中，有些保险公司在展业时，并没有按照保险法第十七条第一款的规定附上保险格式条款，既然格式条款都没有提供，保险人显然无法对格式条款上的免责条款进行提示。

三是提示的方法。提示的方法包括文字、字体、符号或其他明显标识，例如采取较大字号、特殊字体、黑体加粗、加框印制、特殊颜色等办法，使得被保险人能够轻松识别应当注意的条款。如保险公司将免除保险人责任条款集中单独印刷，也应认为其履行提示义务。从理论上看，提示可以口头形式提示，亦可以采书面形式提示，以口头形式提示注意保险条款中之免责条款虽简便易行，但事后容易产生纠纷，故本规定只认可以书面形式的提示。

四是提示的程度。提示必须达到足以使投保人注意的程度，此处的投保人应理解为理性投保人，即处于同一条件下的投保人如果能够注意到的，就应认为其已经尽到提示义务。值得注意的是，并不是保险人只要按照司法解释的要求，对免除保险人责任的条款以文字、字体、符号等方式作出特别标识即认为保险人已经履行提示义务。保险人的提示义务是主动义务，而不是应投保人要求才产生的被动义务。保险人对免除保险人责任的条款采取特殊标识后，还应主动向投保人出示该条款，提醒投保人注意该条款的存在，否则投保人难以知悉该条款的存在。因此，保险人在投保单或相关保险凭证上通过特别标识对免除保险人责任的条款进行特定化的同时，应向投保人出示该条款，并提醒其注意这些免责条款，唯有如此，本规定“足以引起投保人注意”的要求才不会流于形式。

（三）关于明确说明的履行

关于保险人对免除保险人责任的条款的明确说明义务如何履行，最高人民法院曾以批复形式进行明确，一些地方法院也通过指导意见的形式进行规范，但实践中仍存在不同认识。为防止明确说明义务流于形式化，《保险法司法解释（二）》第十一条第二款规定：“保险人对保险合同中有关免除保险人责任条款的概念、内容及其法律后果以书面或者口头形式向投保人作出常人能够理解的解释说明的，人民法院应当认定保险人履行了保险法第十七条第二款规定的明确说明义务。”对于本规定，应从以下几个方面加以理解：

一是说明的内容。保险人不仅应就免除保险人责任的条款的概念、内容进行明确说明，还应对其法律后果进行明确说明。

二是说明的形式。保险人的说明，可采取书面形式和口头形式。采取书面形式的，若投保人对说明内容存有疑问，保险人仍应采取口头形式予以解答，直至其理解合同条款内容。除传统之书面或口头形式外，保险人还可以借助电子信箱、在线交谈、在线传输等网络形式进行说明。当然，无论口头说明、书面说明，还是其他方式之说明，保险人都必须对其履行了说明义务承担举证责任。

三是说明的程度。保险人的明确说明，应达到通常人所能理解的程度。此处的通常人应理解为普通外行人，是指具有一般知识与智力水平的一般保险外行人。如保险人说明、解释能够达到使普通外行人了解合同条款真实含义的程度，即可认为保险人已履行了明确说明义务。

四是说明的判断。对于保险人明确说明的判断，一要结合明确说明的内容。如说明内容简单明晰、通俗易懂，普通外行人能够轻易理解的，保险人无需过于复杂的说明；如说明内容术语众多、概念晦涩、句式复杂，普通外行人难以理解的，保险人需深入说明。二要结合说明的对象。如说明对象属普通投保主体，则保险人只需作出达到一般理性外行人所能理解的说明；如保险人在订立保险合同时知道投保人的认识能力、智力水平等方面不同于普通人的，则应进行特别的说明；如保险人有证据证明投保人的认知能力、专业素养高于普通外行人，则保险人明确说明的举证责任可适当放宽。

对于通过网络、电话等方式订立的保险合同，《保险法司法解释（二）》第十二条允许保险人以网页、音频、视频等形式对免除保险人责任条款进行提示和明确说明。需要注意的是，以网页、音频、视频等进行的提示和明确说明也必须达到《保险法司法解释（二）》第十一条规定的标准，否则相关免除保险人责任条款不生效。

以网络方式订立的保险合同中，保险人通常是通过电脑网页的操作程序来完成其提示和明确说明义务，投保人拟通过网络投保的，必须按照保险人的指示，按顺序阅读网页，并点击“同意”予以确认。实践中，有些保险公司所设计的投保程序，在投保人如实填写相关信息，履行如实告知义务，点击下一步后，并不是主动弹出保险条款的页面，而是直接出现载有“1. 本人认可并接受网上投保方式，愿以此种方式与保险公司签订保险合同；2. 本人已详细阅读投保须知和保险条款，对各项保险责任和除外责任均已了解并同意”内容的投保人声明页，引导投保人直接点击同意进入下一步。投保人如要阅读保险条款，需要点击该页面所链接的保险条款。以这种方式来履行提示和明确说明义务并不符合要求。保险人的提示和说明义务是保险人应主动履行的义务，而不是基于投保人请求才被动产生的。投保人只有主动点击才会出现保险格式条款，实际上类似于保险人根据投保人的请求提供格式条款，不符合保险法第十七条的规定。此外，还有些保险公司所设计的网页虽会主动弹出保险格式条款，供投保人阅读，只有投保人点击网页底部的投保声明页的“同意”时，才进入下一步，但其网页所载的格式条款的所有内容在形式上完全一致，并未采用特殊字体、颜色或者符号等特别标识对免除保险人责任条款进行提示，这种情况下应认为保险人未尽到提示义务，相关免除保险人责任条款不产生效力。

网络销售有网络页面作为格式条款的载体，故其提示和明确说明义务的履行可依据保险法第十七条的规定进行判断。电话销售与网络销售不同，其保险合同是通过电话方式订立，保险人通过电话沟通之后才向投保人送保险单，此时如何判断保险人提示与明确说明义务的履行？如果认为保险人在投保人收到投保单后仍需再次与投保人沟通，对保险单中免除保险人责任条款进行说明，似乎不能体现电话销售的特点，不能实现交易的便捷。如果认为保险人只要在电话沟通时进行提示和明确说明即可，无需在投保人收到保险单后再次说明，则因通过电话沟通并不如面对面方便，且投保人并未看到保险条款，仅凭保险人的电话介绍难以真正了解保险条款的内容，这种情况下如何保护投保人不为销售误导所影响？这是需要在实践中进一步探索的。

（四）关于明确说明的证明

《保险法司法解释（二）》第十一条第二款要求，保险人对免除保险人责任的条款的明确说明，应达到通常人能够理解的程度。保险人如认为其已经明确说明，必须承担举证责任。实践中，对保险人提交的具有投保人签章的投保声明书是否足以证明其已经履行明确说明义务存在不同认识，故《保险法司法解释（二）》第十三条第二款规定：“投保人对保险人履行了符合本解释第十一条第二款要求的明确说明义务在相关文书上签字、盖章或者以其他形式予以确认的，应当认定保险人履行了该项义务。但另有证据证明保险人未履行明确说明义务的除外。”对于本规定的适用，应注意以下几个方面：

第一，投保人确认保险人已经履行明确说明义务的，则应认为保险人已经尽到举证责任。投保人的确认通常是以书面形式，即在保险人提供的投保声明书签字或盖章，该投保声明书一般载有“投保人兹声明保险人已对免除保险人责任的条款的概念、内容和法律效果进行明确说明，投保人已理解保险合同条款及责任免除条款内容，并同意以本投保单作为订立保险合同的依据等”。投保人的签字或盖章必须亲自为之，保险人或其代理人代为签字或盖章的，不能视为投保人对保险人履行明确说明义务的确认。值得注意的是，如果投保人签字确认的内容仅为“保险人已经向投保人履行了对免责条款的明确说明义务”，则尚不足以认定保险人履行了明确说明义务。投保人在“投保人声明书”或“投保人声明栏”等相关文书上签章确认的内容，应当包括其表示“对本司法解释第十一条第二款所称的免责条款的概念、内容及其法律后果，均因保险人的明确说明而已经明了”。

第二，投保人的确认可以被推翻。保险人在诉讼中虽提交了具有投保人亲自签字或盖章的投保声明书，或包含投保声明栏的相关文书，但如投保人能够提供其他证据证明保险人确实未履行明确说明义务的，则相关免除保险人责任的条款仍不生效。例如，如有保险业务人员证明，其在办理该业务时并未就相关条款进行说明，投保人只是在其劝说甚至是诱导之下在投保声明栏后面签字或盖章的，则不能认为保险人已经履行明确说明义务。

第三，不能以投保人未在规定时限内提出异议为由认定保险人履行了明确说明义务。保险法第十七条规定，保险人在订立保险合同时应附格式条款，并对所有格式条款承担一般说明义务，对免除保险人责任条款承担提示和明确说明义务。保险人的说明义务是主动义务，保险人在订立保险合同时应主动向投保人进行说明。实践中，保险人以其采用在保险单中印制“投保人有核对保险条款义务，超过规定时限未通知则视为投保人无异议”等限时要求投保人阅读的方式，主张已履行对相关免责条款的明确说明义务的，不应支持。

在审判实务中，对于如投保人是保险行业从业人员，则保险人的明确说明义务是否可以减轻或免除，存在不同认识。我们认为，对此不能一概而论。保险行业内部存在精细的分工，保险行业从业人员一般从事其职责范围内的一些工作，不可能接触到所有保险产品，有的从业人员所从事的工作甚至与保险产品没有任何关系，因此，不能认为保险行业从业人员对所有保险条款的内容都是知道或者应当知道的，保险人的明确说明义务不能免除。当然，如保险人确有证据证明投保人对所订立保险条款的认识水平高于普通人员，保险人对该部分内容明确说明义务的举证责任可适当放宽，具体应根据投保人所从事的相关工作以及对保险条款可能认知的程度等情况综合判断。

在司法解释起草过程中，曾有观点建议规定："同一投保人与同一保险人连续二次以上订立同种类保险合同，免除保险人责任条款内容一致且保险人有证据证明曾就相同的免责条款向投保人履行过明确说明义务，投保人或被保险人主张保险合同免除保险人责任条款不生效的，人民法院不予支持。"经过广泛征求意见与论证，我们未作此规定。主要考虑如下：一是该规定不利于倡导保险人履行提示和明确说明义务。保险人的提示和明确说明义务不仅是法定义务，也是诚信原则对保险人的要求。不管任何情形下，保险人对于免除责任条款都应进行提示和明确说明。二是投保人与保险人就同一保险条款第二次订立保险合同时，保险人在第一次订立保险合同时就相关免除保险人责任的条款已经提示并且明确说明的，并不当然能够推定投保人已经知道或者应当知道该免责条款的具体含义和法律后果。保险人是否履行明确说明义务在实践中将转化为证据问题，保险人通常是以具有投保人签字确认的文件来证明其已经履行提示和明确说明义务，但证据本身并不等于客观事实，投保人签字确认的文件虽能证明保险人已经履行提示和明确说明义务，但并不意味着投保人真正知悉相关免责条款的内容和法律效果。即使投保人在签订第一份保险合同时已经理解相关条款，但投保人与保险人订立两份保险合同的时间间隔可能比较长，投保人第二次签订保险合同时对之前保险人的说明内容也可能已经完全忘记。三是保险产品类型多样，免除保险人责任条款的表述存在较大差别，对于哪些情况下保险人的说明义务可以减轻或免除难以统一规范。实践中对于此种情形下保险人的说明义务是否可以减轻或免除需要根据具体案件事实进行判断，如有证据证明投保人确实已经知道相关免除保险人责任条款的，可以适当减轻保险人对其履行明确说明义务的举证责任。

（五）关于以禁止性规定情形作为免责事由的免责条款的提示和说明

针对审判实践中对于以禁止性规定情形作为免责事由的免责条款是否仍需进行提示和明确说明，《保险法司法解释（二）》第十条规定："保险人将法律、行政法规中的禁止性规定情形作为保险合同免责条款的免责事由，保险人对该条款作出提示后，投保人、被保险人或者受益人以保险人未履行明确说明义务为由主张该条款不生效的，人民法院不予支持。"对于本规定，应从以下几个方面进行理解：

第一，以禁止性规定作为免责事由的免责条款不同于法定免责条款。法定免责条款是法律、行政法规明确规定的不承担责任的情形，法定免责条款中，行为人违反法律规定的法律后果是保险人不承担保险责任。禁止性规定是禁止当事人为一定行为的法律规定，行为人违反禁止性规定，应根据该规定的立法目的受到相应的行政处罚或者刑事处罚，如保险合同未将禁止性规定作为免责事由，并不会直接产生保险人免除保险责任的法律效果。保险人如未将禁止性规定作为免责事由向投保人进行提示和说明，投保人即使知道禁止性规定的内容，也无从知悉违反禁止性规定将导致保险人免责。因此，保险人如将禁止性规定作为免责条款的免责事由的，仍应向投保人进行提示和说明。

第二，应正确认定法律、行政法规的禁止性规定的范围。此处的法律、行政法规应做严格理解，仅限于全国人大及其常委会制定的法律、国务院制定的行政法规。因此，保险监管机构制定或者批准的免责条款不适用本规定。保险监管机构审批或者制定的保险条款，在效力上并不属于法律、行政法规，甚至不属于部门规章，不能因此认为其公布之后即产生效力，也不应认为人人皆应知悉。而且，保险监管机构对保险条款的监管是从行业规范的角度出发，其中不乏内容涉及社会公共利益，但并不是所有相关条款都与社会公共利益有关。因此，对于这类条款，不能认为属于投保人知道或者应当知道的内容，保险人的明确说明义务不能减轻或免除。

第三，保险人对以禁止性规定情形作为免责事由的免责条款进行提示后，投保人、被保险人或者受益人不得再以保险人未履行明确说明义务为由主张该条款不生效。禁止性规定属于法律强制性规范，投保人对禁止性规定的概念和内容应当是知道的，只是不知道被保险人违反禁止性规定将导致保险人免责的后果，故如果保险人就上述后果通过充分的提示使得投保人知道违反禁止性规定与保险人免责之间的直接关联性，则保险人的上述行为就已经符合《保险法司法解释（二）》第十一条的要求，保险法第十七条第二款的立法目的即可实现，此时投保人、被保险人或者受益人不得再以保险人对该条款的概念、内容等未进行明确说明为由主张该条款不生效。实践中，应注意审查保险人对禁止性规定作为免责事由的免责条款的提示是否符合《保险法司法解释（二）》第十一条的要求。保险人不仅要通过字体、符号等特别标识对免除保险人责任的条款作出标识，还应主动向投保人出示该条款，并提醒投保人注意到，保险条款中存在着行为人违反禁止性规定将导致保险人责任免除的条款，即提示投保人“违反禁止性规定”与“保险人免责”之间存在关联性。

## 六、关于保险合同的内容

### （一）关于保险合同内容的认定规则

保险合同的内容可能涉及不同载体，不同载体上所记载的内容可能不完全一致，此时如何认定保险合同的内容容易产生争议，故《保险法司法解释（二）》第十四条规定：“保险合同中记载的内容不一致的，按照下列规则认定：（一）投保单与保险单或者其他保险凭证不一致的，以投保单为准。但不一致的情形经保险人说明并经投保人同意的，以投保人签收的保险单或者其他保险凭证载明的内容为准；（二）非格式条款与格式条款不一致的，以非格式条款为准；（三）保险凭证记载的时间不同的，以形成时间在后的为准；（四）保险凭证存在手写和打印两种方式的，以双方签字、盖章的手写部分的内容为准。”对于该规定，应从以下几个方面进行理解：

第一，投保单与保险单或者其他保险凭证不一致的，以投保单为准，除非保险人对不一致情形向投保人进行说明并经投保人同意。保险人拟签发与投保单不一致的保险凭证，应主动进行说明，使得投保人明了保险单或其他保险凭证中哪些内容与投保单相比有了变化，并只有在投保人同意的情况下，不一致的内容才能作为合同的组成部分。投保人的同意可以是明示的，也可以是默示的，但投保人单纯的不作为不能视为同意。实践中，有的保险人在保险单中印制“投保人有核对保险条款义务，超过规定时限（如规定48小时）未通知则视为投保人无异议”等内容。因缺乏保险人的主动说明和提醒，投保人往往注意不到上述印制的内容；即便注意到了上述印制的内容，在保险人不就不一致之处特别提醒的情况下，投保人也难以发现保险单与投保单的不一致之处，尤其是在投保单往往由保险人保管、投保人手中并无投保单的情况下更是如此。鉴于此种限时要求投保人阅读的方式起不到让投保人明了保险单与投保单不一致之处的效果，保险单中与投保单不一致的内容不能视为纳入了保险合同之中，也就不能约束投保人方，保险人若以上述印制内容为由主张其已履行了说明义务并经投保人同意的，不应支持。

第二，应正确适用非格式条款优于格式条款、形成时间在后优于时间在前、手写内容优于打印内容规则。格式条款以及打印的保险凭证一般都是由保险人单方事先提供，而非格式条款以及手写的部分则是由当事人事先通过协商确定的，更能体现当事人的真实意思，故非格式条款优于格式条款，手写内容优于打印内容。形成时间在后的内容是对形成时间在前内容的变更，故二者不一致时应以形成时间在后的内容为准。值得注意的是，适用以上规则应具备以下两个条件：一是非格式条款、手写内容以及形成时间在后的凭证是经双方当事人意思表示一致成立的。保险实务中，一些保险人向投保人出具的保险单或其他保险凭证以“特别约定”的方式对保险格式条款的相关内容单方作出变更，以限制被保险人权利、限缩保险人义务，这些特别约定如果未经投保人同意不能作为保险合同的内容。保险人主张特别约定是合同组成部分的，应举证证明“特别约定”征得了投保人的同意。二是非格式条款与格式条款、手写内容与打印内容、成立时间在后的凭证与成立时间在前的凭证存在冲突。非格式条款与格式条款、手写内容与打印内容、成立时间在后的凭证与成立时间在前的凭证虽存在不一致，但若不存在冲突或者相互抵触的，则非格式条款、手写内容以及形成时间在后的凭证可以作为格式条款、打印内容和形成时间在前凭证的补充，共同作为合同组成部分，不适用本规则。

第三，应注意区分本规则与不利解释原则的适用。不利解释原则的适用前提是保险纠纷当事人就同一保险格式条款的含义产生了分歧且存在两种以上的合理解释。对于保险合同记载的内容不一致，即不同保险条款之间产生冲突如何选择适用问题，超出了不利解释原则的调整范围，应当按照《保险法司法解释（二）》第十四条关于保险合同内容的认定规则处理。

### （二）关于不利解释原则的适用

对于实践中争议较大的非保险术语的解释是否适用不利解释原则，《保险法司法解释（二）》第十七条规定：“保险人在其提供的保险合同格式条款中对非保险术语所作的解释符合专业意义，或者虽不符合专业意义，但有利于投保人、被保险人或者受益人的，人民法院应予认可。”对于本规定的适用，应注意以下几个方面：

第一，保险人提供的格式条款中对非保险术语未作出解释的，适用不利解释原则。根据《保险法司法解释（二）》第十七条的规定，保险人在其提供的保险合同格式条款中对非保险术语所作的解释符合专业意义的，人民法院应当予以认可。如果保险合同对非保险术语未作出解释，则不应当直接认可该术语的专业意义，故此时如保险人与投保人、被保险人或者受益人对非保险术语存在不同理解的，应当适用不利解释原则。例如，对于“暴风”“暴雨”等术语，气象学有专门的界定，该界定与普通公众所理解的“特别大的风”“降水量非常大的雨”并不完全一致。在保险合同存续期间，保险标的物因“特别大的风”或“降水量非常大的雨”造成损失的，保险人将给予赔偿。

第二，保险人提供的格式条款中对非保险术语作出解释，且该解释符合专业意义的，应认可其专业意义。当然，如果格式条款对非保险专业术语的解释仍存在不确定性，按通常理解仍具有两种以上不同解释的，则仍应适用不利解释原则，作出有利于投保人、被保险人和受益人的解释。

第三，保险人提供的格式条款对非保险术语作出解释，但该解释不符合专业意义的，则可认定该解释条款无效，除非该解释有利于投保人、被保险人或者受益人。以重大疾病保险为例，一些重大疾病保险合同中规定的某些疾病的释义违背了基本医学原则，有关重大疾病的范畴、诊断方法、治疗手段等方面的规定与现实临床医学的诊断标准相背离，这些界定方式违反医学规律，且不利于投保人、被保险人或者受益人，可认定该解释条款无效。保险格式条款对非保险术语所作的解释，有利于投保人、被保险人或者受益人的，如仍存在两种以上理解的，则不利解释原则仍存在适用空间。

第四，保险术语、法律术语不适用本规定。由于本规定仅适用于非保险术语，故在解释保险术语时应将其等同于普通词语，无论保险人是否在保险格式条款中就保险术语的含义作出了解释，均适用不利解释原则。法律术语的解释有其特殊性，一般应依相关法律的界定为准进行解释。当然，如果法律术语在理论或实践中存在合理争议时，且保险格式条款未就该法律术语作确定性解释，则应适用不利解释原则。

## 七、关于保险理赔

### （一）关于保险核定期间的计算

为解决保险人拖延理赔的问题，2009 年保险法对保险人理赔的时限作了规定，要求保险人及时核定，情形复杂的，应当在30日内作出核定。实践中对于保险人核定期间如何计算存在较大争议，故《保险法司法解释（二）》第十五条规定：“保险法第二十三条规定的三十日核定期间，应自保险人初次收到索赔请求及投保人、被保险人或者受益人提供的有关证明和资料之日起算。保险人主张扣除投保人、被保险人或者受益人补充提供有关证明和资料期间的，人民法院应予支持。扣除期间自保险人根据保险法第二十二条规定作出的通知到达投保人、被保险人或者受益人之日起，至投保人、被保险人或者受益人按照通知要求补充提供的有关证明和资料到达保险人之日止。”对于本规定的理解，应注意以下几个方面：

第一，保险人核定期间的起算应具备双重要件：提交索赔请求并提供有关证明和资料。提交相应理赔材料是保险人控制危险及损失的方法之一，也是保险人防范欺诈，维护保险共同体利益的有效措施。被保险人或者受益人提出索赔请求，但未提交保险法第二十二条规定的有关证明和资料，保险人无法进行核定，故司法解释规定，保险人30日核定期间的起算点应自保险人初次收到被保险人或者受益人索赔请求及有关证明或者资料之日起算。

实践中，应注意看待索赔请求和出险通知的区别。所谓出险通知，是指被保险人一方知道保险事故发生后，应当将事故发生的情况告知保险人。法律之所以规定出险通知义务，主要原因在于保险事故的发生是保险人依据合同约定所承担的保险责任从抽象的承诺转化为具体保险金给付责任的前提条件。索赔请求，是指被保险人（法定继承人）或受益人于主观上认为自己基于保险合同或法律规定对保险人享有保险金给付请求权，因而要求保险人履行保险金给付义务。法律之所以规定索赔请求，其目的在于通知债务人（保险人）立即履行债务，并同时使得请求权的诉讼时效中断。从性质上看，出险通知是被保险人一方的法定义务，索赔请求则是被保险人一方的权利。就内容而言，出险通知侧重于保险事故发生的事实报告，包括时间、地点和已知的事故具体情况、客户姓名等；索赔请求则是要求保险人尽快按约履行保险给付。有观点认为，由于出险通知与索赔请求存在以上区别，应注意区分出险通知和索赔请求，不能将被保险人一方出险后第一次通知保险人的行为认定为赔付请求。我们认为，以上观点具有一定合理性，但也不能过于绝对。如果被保险人在首次通知保险人时，即明确告知自己大概的损失金额，并明确要求保险人给付的，应将该行为视为被保险人在履行出险通知义务的同时也提出了具体的索赔请求。

第二，投保人、被保险人或者受益人补充提供证明和资料的时间应从核定期间中扣除。被保险人或者受益人初次提交的有关证明和资料如不够完整，依据保险法第二十二条第二款的规定，保险人“应当及时一次性通知投保人、被保险人或者受益人补充提供”。在补充提供的有关证明和资料到达保险人之前，保险人仍无法完成核定，故该补充提交有关证明和资料的期间应予扣除。补充提供有关证明和资料期间的计算应采到达主义，即从保险人补充提供相关证明和资料的通知到达被保险人或者受益人开始计算，从相关证明和资料到达保险人时终止。

第三，应正确分配期限起算和扣除的举证责任。当事人对起算时间和扣除期限的事实认定发生争执的，法院应根据举证责任分配原理正确分配举证责任，在当事人举证不能时，将依法判令负担证明责任的一方当事人承担不利的法律后果。由于核定期限起算的要件是提出赔付请求和提交任何相关资料；而保险人提出发出一次性补齐通知的，核定期间将暂停计算；被保险人一方（被保险人及其受益人）补齐资料的，则核定期间将恢复计算，故根据举证责任分配规则，可以推导出以下结论：（1）被保险人一方主张保险人应当承担逾期核定的违约责任的，应当对自己于何时向保险人提出赔付请求和提交资料的事实负担证明责任；（2）保险人主张在核定期间因补齐资料而需要暂停计算的，由保险人对自己于何时向被保险人一方发出一次性补齐通知的事实负担证明责任；（3）被保险人一方主张核定期限暂停后应恢复计算的，由被保险人一方对自己于何时将补齐资料送达保险人处的事实负担证明责任。

（二）关于保险代位求偿权的行使

保险代位求偿权是财产保险法上的一项重要制度。鉴于保险审判工作中保险代位求偿权问题较为突出，《保险法司法解释（二）》第十六条规定：“保险人应以自己的名义行使保险代位求偿权。根据保险法第六十条第一款的规定，保险人代位求偿权的诉讼时效期间应自其取得代位求偿权之日起算。”对于本规定，应从以下几个方面进行理解：

第一，保险代位求偿权是法定债权让与。根据保险法第六十条第一款的规定，因第三者对保险标的的损害而造成保险事故的，保险人自向被保险人赔偿保险金之日起，在赔偿金额范围内代位行使被保险人对第三者请求赔偿的权利。保险人之所以能在赔偿金额范围内代位行使被保险人对第三者索赔的权利，原因在于其基于法律的规定取得被保险人对第三者要求赔偿的权利，即被保险人对第三者的债权因保险法第六十条第一款规定的条件成就转移给保险人。保险代位求偿权的法定债权让与性质决定保险人对第三者的权利应以被保险人对第三者的权利为基础，且不得在行使范围、效力上大于被保险人对第三者的权利。

第二，保险人应以自己名义行使保险代位求偿权。保险代位求偿权是一种法定债权让与。在保险人向被保险人赔偿保险金之日后，被保险人对第三者的损害赔偿请求权在保险人给付赔偿金额范围内转移给保险人。既然被保险人对第三者的权利已经转移给保险人，保险人当然应该以自己的名义行使该权利，要求第三者向自己承担责任。

第三，保险人代位求偿权的诉讼时效期间应自其取得代位求偿权之日起算。由于保险人自向被保险人赔偿保险金之日起就取得被保险人对第三者赔偿的权利，故此处的“取得代位求偿权之日”可以理解为保险人向被保险人赔偿保险金之日。根据债权让与的理论，权利受让人取得权利不能大于原权利，故权利受让人受让债权后，该债权的诉讼时效应根据原权利人的债权进行判断。保险代位求偿权作为法定债权让与，其诉讼时效也应根据被保险人对第三者请求赔偿的权利来确定，即应自被保险人知道或者应当知道其权利受到侵害之日开始起算。考虑到我国民法通则所规定的诉讼时效期间较短，即普通时效期间 2 年，特殊的诉讼时效期限甚至为 1 年，故从保护权利人的角度，保险代位求偿权的诉讼时效突破法定债权让与的一般理论，诉讼时效期间从其取得代位求偿权之日起算。司法解释如此规定，并未改变保险代位求偿权是法定债权让与的基本观点，除了诉讼时效期间的起算点外，保险代位求偿权仍应受被保险人对第三者权利的限制，必须在被保险人对第三人的权利范围内行使。

### （三）关于被保险人、受益人的选择权

第三人造成保险事故时，被保险人对第三人享有损害赔偿请求权，在此情况下，被保险人或者受益人是否需向第三人主张权利后才可向保险人申请理赔，对此存在不同认识。鉴于此，《保险法司法解释（二）》第十九条规定：“保险事故发生后，被保险人或者受益人起诉保险人，保险人以被保险

人或者受益人未要求第三者承担责任为由抗辩不承担保险责任的，人民法院不予支持。财产保险事故发生后，被保险人就其所受损失从第三者取得赔偿后的不足部分提起诉讼，请求保险人赔偿的，人民法院应予依法受理。”对于本规定，应从以下几个方面进行理解：

第一，财产保险的保险人不能以被保险人或者受益人未要求第三者承担责任为由拒赔。在财产保险中，第三人造成保险事故的，被保险人可以基于违约或者侵权要求第三人承担损害赔偿责任，同时可以依据保险合同要求保险公司承担保险责任。被保险人对第三人的损害赔偿请求权与对保险公司的请求权在性质上属于不真正连带之债，被保险人可以自由选择行使。保险格式条款中如约定，被保险人应先向第三人请求赔偿后才可以向保险人请求赔偿的，该约定无效。被保险人选择向第三人主张权利的，则保险人可以在被保险人从第三人处获得赔偿的范围内扣除保险金；被保险人选择向保险人主张权利的，保险人在给付保险金范围内取得被保险人对第三人请求赔偿的权利。

第二，人身保险的保险人不能以受益人未要求第三者承担责任作为不承担保险责任的抗辩。一般来说，人身保险是定额给付保险。保险事故由第三人造成的，受益人对第三人具有损害赔偿请求权，同时对保险人也享有请求支付保险金的权利。受益人对第三人的损害赔偿请求权与对保险公司请求理赔的权利并不冲突，可以并存，受益人可以同时请求第三人和保险公司承担责任。

第三，财产保险中，被保险人就其所受损失从第三者取得赔偿后的不足部分仍可要求保险人赔偿。在财产保险中，被保险人先向第三者请求赔偿的，其获取的赔偿可能不足以弥补其损失，其就不足部分可依据保险合同向保险人请求赔偿。但被保险人能否获取赔偿及能获取多少，应通过审理确定，其起诉并不是当然能够全部得到支持。故司法解释仅写明被保险人享有诉权，法院应予受理，而不是支持被保险人的诉讼请求。根据保险法第四十六条的规定，人身保险被保险人、受益人对保险人的请求权与其对第三人的请求权互不影响，故本条第二款不适用于人身保险合同纠纷。

# 公权力介入私人关系的理由与界限

姚 辉[*] 雷震文[**]

## 案情概要

**案例一**①

2005 年 4 月 2 日 19 时 30 分许，被告王某驾驶车牌号为苏 AQ0128 的三轮运输车，沿双望线从北向南行驶至 4KM 路段时，将一名 60 至 70 岁无名男子撞倒在东侧机动车道内，恰遇被告吕某驾驶车牌号为苏 AAV822 的小轿车由南向北驶经该路段，从该男子身体上碾轧而过，致该男子当场死亡。2005 年 4 月 20 日，高淳县公安局交巡警大队作出第 2005023 号交通事故认定书，认定王某、吕某对此次交通事故负同等责任，被害无名男子不负事故责任。事故发生后，高淳县公安局交巡警大队于 2005 年 4 月 4 日在《南京日报》上刊登认尸启事，因无人认领，遂于同年 4 月 21 日将该无名男子尸体火化，骨灰暂由高淳县殡仪馆保管。王某的苏 AQ0128 号三轮车及吕某的苏 AAV822 号小轿车均在被告天安保险江苏分公司投保了第三者责任险，责任限额分别为 5 万元和 20 万元。

原告高淳县民政局以其“作为负责救助社会流浪乞讨人员的专门机构，承担了对社会流浪乞讨人员的救助工作，工作职责中也应包括支持社会流浪

---

* 中国人民大学法学院教授、博士生导师，中国人民大学民商事法律科学研究中心研究员、副主任。本文系教育部人文社科项目规划项目“民法学方法论研究”（项目编号：2008993014）的阶段性成果。

** 中国人民大学法学院民商法学博士研究生。

① 《最高人民法院公报》2007 年第 6 期，第 32～34 页。

乞讨人员主张权利的内容”为由，向高淳县人民法院提起诉讼，请求判令天安保险江苏分公司在第三者责任强制保险限额内赔偿原告166331元。高淳县人民检察院作为法律监督机构，作出了宁高检民行建［2006］12号检察建议书，支持原告依法提起损害赔偿诉讼。

**案例二**①

2010年1月27日，被告蒋某驾驶荣昌海燕公司的渝CD0666号重型厢式货车行驶至水麻高速公路K13+650M段（昭通水富方向）超越行车道另一货车时，车头左侧与行人无名氏（女）相撞后，左侧车轮从无名氏右脚胸部碾压过，造成无名氏当场死亡。2010年2月12日，昭通市公安局交通警察支队以昭通公认字（2010）第03号文做出《道路交通事故认定书》认定：无名氏承担该起交通事故的主要责任，蒋某承担次要责任。渝CD066号货车为胡某和周某共同出资购买，挂靠于具有经营权的荣昌海燕公司，将国君系该车驾驶员。2009年6月28日，荣昌海燕公司为渝CD0666号货车向天安保险股份有限公司荣昌支公司投保机动车交通事故责任强制保险，死亡伤残限额为11万元和营业用汽车保险，第三人责任保险限额为50万元。由于该起交通事故发生在高速公路上，受害人处于行走状态，身上无任何钱物，也无任何足以证明其身份的证明，经交警部门的同志在周边地区走访也查无此人，张贴“寻尸公示”，并登报仍无人认领，后经水富县公安局技术室以公（水）鉴（尸体）字（2010）01号文作出《鉴定分析意见书》，该身份不明的受害人应为38周岁至53周岁之间的流浪乞讨人员。

原告水富县民政局认为，“虽然受害人的身份不明，而且其亲属也查无音讯，但她的生命健康权应当受到保护。而原告对受害人无名氏死亡后的救助属于原告的职责。”遂向水富县人民法院起诉，请求：一、对无名氏死亡损失301976元，由被告天安保险股份有限公司荣昌支公司在交强险范围内赔偿11万元支付给原告代为保管；二、其余部分由被告将国君、胡某、周某、重庆市荣昌县海燕汽车贸易有限公司在交强险赔偿限额外共同承担40%的责任即76790元。

---

① 云南省水富县人民法院（2010）水民初字第177号判决书。

## 裁判要旨

**案例一**

高淳县人民法院一审认为：原告高淳县民政局作为政府负责救助社会流浪乞讨人员的专门机构，与本案被害无名男子之间仅存在行政法律关系，不存在民事法律关系，故不是本案适格的民事诉讼原告，无权就该无名男子的死亡向被告王某、吕某、天安保险江苏分公司主张交通事故人身损害赔偿。据此，裁定驳回原告高淳县民政局的起诉。

原告不服，提出上诉。南京市中级人民法院二审裁定：驳回上诉，维持原裁定。

**案例二**

水富县人民法院经审理认为：根据国务院颁布的《城市生活无着的流浪乞讨人员救助管理办法》第一条规定："为了对在城市生活无着的流浪乞讨人员实施救助，保障其基本生活权益，完善社会救助制度，制定本办法。"由此可以看出，其立法宗旨具有完善社会救助制度的功能。民政部救助职责本身就包含对无着流浪乞讨人员人身遭受损害后可以主张赔偿的权利。民政部门作为法定的救助机构代替未知名流浪乞讨人员起诉，履行的是对社会弱势群体法律方面的援助和救助职能，并不违背民事诉讼当事人地位平等原则的立法本意。因此，民政部门应是本案适格主体。原告民政局的诉讼请求符合法律规定，应予以支持。遂判令被告天安保险有限公司荣昌支公司在机动车交通事故强制险范围内赔偿无名氏死亡赔偿金67380元，丧葬费13496元，共计80876元，由原告水富县民政局代为保管。

## 评析

无名氏遭遇不测后，由民政局代为诉求死亡赔偿，前例堪为先河，而后判则似乎代表了此后的主流。面对几近相同的事实与主张，两案法官却作出了截然不同的裁判，其中立场与理由耐人寻味。而愈加发人深省的是，在前者已跻身公报案例，最高审判机关的态度已近明确的情势下，作为反对者，诸如后判之情形却屡见不鲜，且还在数量的比较中，占尽了优势。[①] 悖逆如斯，究竟应该归咎前者的保守，还是检讨后来者的冒进，甚值讨论。

以判旨为观察，对民政局原告资格的认同与否，成为了以上两例的最大分歧所在，也是引致二者裁判结果迥异的主要原因。而倘以寻常为论，当事人适格与否，循诉讼法上之条文与原理即不难得解。[②] 只是，在如上情形中，有鉴于民政局的“公家”身份以及涉诉纠纷的“私人”属性，裁判立场的选择或许还需关涉另一颇具宏大意义的命题，即，在私人关系中，公权力的介入，如何方为妥当？对此，先哲尝以公、私法的划分作为回应，试图借由法律性质的区分勾勒出政治国家与市民社会的彼此边界，以防止公权力对私人生活的过分侵扰。然而，以实际来看，公、私法的界分却自始也未能禁绝国家对私人领域的渗透，而且，随着“福利国家”、“社会本位”等理念的勃兴，当今私法对于公权力的抗拒更是日显羸弱。[③] 而当“风雨能进，国王除外”的说辞不复绝对，私人若欲保持其生活的相对独立，不甘臣服于国家强权，则对权力介入的合理性评判，便不得不引入更多因素加以考量。

## 一、依法行政与解释之维

与私权利的随性散漫不同，公权力不但聚拢了社会公共资源而且带有强烈的扩张属性，由于权力妄动在造成公共财富浪费的同时，还极有可能引致权利侵害的后果，所以必须予以严格的限制。“国家权力只限于法律明确赋

---

① 据学者统计，在“高淳”案入选最高人民法院“公报案例”发布之后的三年内，仅见诸报端的此类案例便已有不下12件，其中“裁定驳回起诉”者仅为1件，而其余11件则皆以肇事者赔偿为结局（其中有4件为调解结案）。参见李友根：《指导性案例为何没有约束力：以无名民因交通肇事致死案件中的原告资格为研究对象》，载《法制与社会发展》2010年第4期。

② 检视已有研究，以诉讼上之原告资格为视角对此类情形展开讨论者不乏其见，亦提出了不少独到的见解与主张，为裁判实践和理论研究提供了颇具价值的参考。参见肖建国：《民政局的诉讼主体资格与当事人适格问题》，载《人民法院报》2007年5月29日第5版；吉萌、庞云龙：《民政局原告资格之法理分析》，载《司法改革论评》第8辑等。

③ 如学者所言，现代民法以所有权、契约自由、过错原则受限制为基本模式突破了以契约自由和公权力不干涉的私法中心，突出反映了国家对私法领域形形色色的管制。参见陈丹：《民法社会本位：一个否定性的质疑》，载《光华法学》2009年第1期。

予的范围，法律无明确规定的权力，国家机关不得行使。”① 在私人领域更加如此，“法定职权之外的事务由私人通过自治方式解决，行政权可以站在权利的边界上站岗放哨，但没有法定依据不得擅自踏进权利领地。”② 是故公权力对于私人关系的介入，须以法律的授权为其理由和前提。

（一）法律授权的意义

在私法的视域中，法律授权主要与责任的免除（或抗辩）相关联。从比较法的角度观察，无论其民法或侵权行为法是否直接作出规定，各国一般都承认，有法律强制规定的义务或者法定的授权，原则上都得作为一种阻却违法的事由而免除行为人的侵权责任。③ 究其理由，既有维护公共利益和公民合法权益的考虑；④ 亦不乏对社会生活基本之赏罚（reward and punishment）[或报应（retribution）] 原则的坚守，即“将符合既定秩序和违反秩序的行为，分别同所约许的利益与所威胁的不利，即认可与制裁联系起来。”⑤ 而作为法律调整中的基础逻辑，后者不仅适用于市民社会中私人互犯的场合，也应普及至政治国家内权力相侵之情境。毕竟，无论私人抑或政府，若非言明在先，缘法而为却仍要遭受责难的际遇，无疑都将令其陷入无所适从的困窘。⑥ 更有甚者，如果连起码的预期都无法保障，则所谓“法治”，亦极可能最终难逃镜花水月，不值一哂。

实践中，公权力依法介入私人领域的例子俯拾可见，例如关涉合同效力

---

① 蔡定剑：《国家权力界限论》，载《中国法学》1991年第2期。

② 章剑生：《现代行政法基本原则之重构》，载《中国法学》2003年第3期。

③ 张新宝：《侵权责任构成要件》，法律出版社2009年版，第66页。

④ 参见杨立新：《侵权法论》，人民法院出版社2011年版，第284页。

⑤ 参见［奥］凯尔森：《法与国家的一般理论》，沈宗灵译，中国大百科全书出版社1996年版，第15页。依规范语意，授权本身即意味着对特定主体相应行为的积极肯认，而既获认可，则有权主体依授权而作之行为，且不说可得“约许利益”，但至少也应与“所威胁的不利”保持距离。

⑥ 如侵权责任法第六十五条规定“因污染环境造成损害的，污染者应当承担侵权责任”，较之此前民法通则第一百二十四条的规定，明显否定了“适法免责”的立场。

的审批，[1] 又如“侵夺”财产权益之征收、征用，[2] 甚至对私人营业的直接接管等，[3] 不一而足。其中，规范授权的存在，不仅为行政机关的介入行为提供了形式上的理由与依据，同时亦表明，关于权力介入的必要与合理性（即实质上的理由），其实已经立法者历由民主程序加诸考量、肯认。是以，即便由于权力的“入侵”引发了相关利益减损的后果，有权机关亦得以凭由授权的事实免除责任的承担。[4] “适法免责”的态度并非纯粹法条形式主义的复兴，更不是对“恶法亦法”思想的颂扬；其不仅有保障公众基本行为预期的考虑，同时还包含对立法利益衡量过程与结果的基本尊重。

言至本案，与论者可能会提出，所谓需以法律授权为前提并以之作为免责理由，乃主要是针对“侵益性”的行政行为而言的，民政局的“代诉”行为意在保护与帮助，性质上属于“授益”，自可不受此限制。此说或有其道理，只是在如案情形中，因民政局胜诉后有将赔偿金充作“公有”之可能，[5] 恐难将其与寻常（纯粹）之“授益”行为相提并论。而即便“授益”属性可得证成，“授益行政”是否便可以游离于法律之外自在而为，亦仍待商榷。回溯行政法学理论的发展，“法律保留”的提出最初以保护相对人之权利与自由为主旨，故确曾有将其范围限制于“侵益行政”之情形。传统行政法学迄今仍坚持，只有在行政机关作出“侵害”相对人权利或者课予相对

---

① 如中外合资经营企业法第三条规定，合营各方签订的合营协议、合同、章程，应报国家对外经济贸易主管部门审查批准。

② 如物权法第四十二条第一款规定，“为了公共利益的需要，依照法律规定的权限和程序可以征收集体所有的土地和单位、个人的房屋及其他不动产。”同时第四十四条前段规定，“因抢险、救灾等紧急需要，依照法律规定的权限和程序可以征用单位、个人的不动产或者动产。”

③ 如商业银行法第六十四条规定，“商业银行已经或者可能发生信用危机，严重影响存款人的利益时，国务院银行业监督管理机构可以对该银行实行接管。”

④ 当然，若希望切实达到责任免除的效果，仅有授权的事实尚未臻圆满，其仍需授权规范中关于条件、方式、范围以及程度等方面要求的满足。

⑤ 如《重庆市道路交通事故社会救助基金管理暂行办法》第13条规定，“道路交通事故未知名死者或者明确无损害赔偿权利人的道路交通事故死者丧葬费和死亡赔偿金，基金管理中心代管二年后，依法上交市财政，纳入基金，按交通事故处理专项进行管理。”另还可参见沈峥嵘等：《死亡无名流浪汉“生命健康权”该不该讨要》，载《新华日报》2006年4月12日第B03版。

人义务等不利行政行为或称“负担行政”的情形下，才必须有法律的根据，而对相对人的“给付行政”则不需要有法律的根据，属于行政自由裁量的范畴。① 晚近以来，随着议会民主的发展以及给付行政意义的扩大，法律保留限于侵害行政的思想已经被突破。② 当下的主流理论更倾向于认为，不仅不益于公民的损益行政行为要基于法律，有益于公民的授益行政行为更应源于法律、受制于法，只有通过法治化的正当途径作出的授益行政行为，才有可能达到预期目标。③ 尤其是在现代社会中，每一种资源都具有有限性，因而决定了依申请行政行为具有双重性，即对该行为的直接相对人是授益性的，而对于其他人来说，则往往表现为侵益性。④ 从纳税者的角度考虑则更是如此，“在给付行政领域，国家一切动支财源的行为，均具有间接的侵益性质”。⑤ 因此，无论是从保护相对人的合法权益的角度，还是从保护相关各方利益的角度看，授益性行政行为也都应该有法律依据。就在关于本案情形的讨论中，便已有学者提出如下的担忧：“因为没有相应的授权，其获得赔偿后的赔偿金管理、使用都缺乏相应的管理办法和监管程序，很容易导致权力滥用或随意处置侵吞赔偿金。”⑥ 在缺乏明确授权的情况下，行政机关对私人领域的介入，即便满含善念与关怀，但其结果却未必即如言称（设想）的那般美好。

另需指出的是，基于规范语境与角色地位的差异，虽同是法律授权，但对于私人与对于政府，意义却并不相同。在私法中，权利即意味着主体的利益，可享有、可抛弃。而在公法的语境内，权力授予却往往内含双重寓意，一方面给予权力行使者一定的权力，另一方面也为权力取得者设定了一种责

① 参见黄学贤：《行政法中的法律保留原则研究》，载《中国法学》2005年第4期。

② 参见［德］哈特穆特·毛雷尔：《行政法学总论》，高家伟译，法律出版社2000年版，第109页。

③ 孙丽岩：《授益行政行为研究》，法律出版社2007年版，第136页。

④ 姜明安：《行政法与行政诉讼法》，北京大学出版社2005年版，第255页。

⑤ 参见蔡茂寅：《地方自治立法权之界限》，载《月旦法学》1997年第30期。

⑥ 智敏：《法无授权不可为：全国首例民政部门替流浪者维权案终审败诉发人深思》，载《学习月刊》2007年第5期。

任或义务。[①] 行政职权不仅表现为法律上的支配力量，而且还包含着法律上的职责，是权力与职责的统一体。作为法定职责的要求就是行政主体不得自由处分行政职权。[②] “权利主体处分的是‘自己的’东西，而权力主体处分的却不是自己的东西；权力运行的目的不在于权力主体的利益，而在于公共利益。由于这两点，权力不可以放弃，放弃即违背共利益，放弃即违法。”[③] 因此，在私人关系中，若公权力机关的介入已有法律授权，则实质意味着其介入不仅是可行的，同时也是必须的。行政机关负有积极作为的义务。

（二）法律解释的限度

对于法律，人们总不免希望其尽可能地详尽具体，最好可以为每一个案件的裁判都提供现成的答案。但遗憾的是，无论立法者多么高明，规章条文也不能网罗一切行为准则，不能覆盖一切具体案件。[④] “无论一部法令在起草时经过了多么慎重周密的考虑（实际上很多法令的起草是极为粗略的），各项条款在运用到具体案件时，案件的具体情况常常引发争议——疑问似乎是不可避免的。”[⑤] 于是便有了“徒法不足以自行”、“法无解释，不得适用”的箴言。而在长期的实践中，法律解释学也的确体现出某种独到的智慧和策略：借助于法律解释，司法可以巧妙地回应一些深刻的社会麻烦，并有助于缓解司法传统的意识形态给疑难案件判决所施加的压力。[⑥] 此种智慧或策略在诸如民政局“代诉”案件的审理中，亦有所见：在苦寻授权规范无果的情

---

① 姚晓茹、刘建华：《从延安“黄碟案”看公权力与私权利的行使界限》，载《辽宁师范大学学报》（社会科学版）2007 年第 9 期。

② 周佑勇：《行政法基本原则研究》，武汉大学出版社 2005 年版，第 171 页。

③ 参见周永坤：《规范权力：权力的法理研究》，法律出版社 2006 年版，第 148 页。

④ 季卫东：《法律解释的真谛（上）：探索实用法学的第三条道路》，载《中外法学》1998 年第 6 期。

⑤ ［英］布莱恩·辛普森：《法学的邀请》，范双飞译，北京大学出版社 2008 年版，第 128 页。

⑥ 桑本谦：《法律解释的困境》，载《法学研究》2004 年第 5 期。

况下,[①] 法官只得通过对《城市生活无着的流浪乞讨人员救助管理办法》第1条（立法目的）的解释，将“对无着流浪乞讨人员人身遭受损害后可以主张赔偿的权利”囊括于民政局“实施救助，保障其基本生活权益，完善社会救助制度”的职责之中，从而完成对民政局“有权”起诉的论证，并做出了支持性的判决。

然而，“理解与误解并存于解释活动中。”[②] 尤其是在如上基于立法目的而作的解释中，由于“目的”本身强烈的主观色彩，解释存有较大的不确定性，极容易成为滋长裁判恣意的原因和理由。[③] 而“法官如果对制定法目的或各种实体价值采取任意的态度，无限制地依靠司法直觉和司法能动主义，就会在法律解释适用中陷入对目的评价解释论点的误用，这也必然严重破坏法治。”[④] 因此，在宣扬法律解释之价值的同时，如何勾勒边界，合理限制解释权的滥用，成为当下裁判理论研究中的重要议题。而从已有研究来看，可堪“边界”重任者，首非“文义”莫属。一如德国学者所言，“无论如何，人们会在这一点上同意古典解释理论，即所有的解释努力都应当从法律的可能词义出发。”[⑤] 文义解释既是法律解释的起点，亦是其终点，即使是目的解释方法，也应作为文义解释的辅助方法，并最终服务于确定法律的含义，或者帮助裁判者就某个法律用语的含义达成共识。[⑥]“目的解释法并没有解除法官遵守法律文本的义务。目的解释法的确赋予法官相当大的自由裁量权，但这并不意味着法官可以为所欲为。法官仍然要以法律文本为出发点，最后还

---

① 其中最为贴近的规范当属《城市生活无着的流浪乞讨人员救助管理办法》第7条，只是根据该条的规定，民政局（救助站）对城市生活无着的流浪乞讨人员的救助仅限于：(1) 提供符合食品卫生要求的食物；(2) 提供符合基本条件的住处；,(3) 对在站内突发急病的，及时送医院救治；(4) 帮助与其亲属或者所在单位联系；(5) 对没有交通费返回其住所地或者所在单位的，提供乘车凭证。并无代其诉求死亡赔偿的规定。

② 陈金钊：《法律解释的“正确性”何在?》，载《山东大学学报》（哲学社会科学版）2009年第5期。

③ 参见武兴伟：《目的解释的适用及其限制》，载《法律方法》第12卷。

④ 张志铭：《法律解释的操作分析》，中国政法大学出版社1998年版，第196页。

⑤ ［德］齐佩利乌斯：《法学方法论》，法律出版社2009年版，第63页。

⑥ 王利明：《法律解释学导论：以民法为视角》，法律出版社2009年版，第153页。

要回到法律文本上来。"① 回顾案例，援引法条所述，不论"救助"抑或"保障其基本生活权益"，皆须以"保障生存"为蕴意和底线，无论是从社会通用语境来看，还是依法律固有逻辑解读，恐怕都难以将对流浪者"死后"之"代为求偿"囊括其中。②

相较于域外（特别是英美）法官解释法律时的"天马行空"，与论者可能会指责"以文义为界"的态度未免太过严苛，限制了司法创造力的发挥。但诚如学者所言，"我国当前的法治建设更需要的不是自由解释，而是严格解释。"③ 身处国家法治建设初期，且已逾"无法可依"的时代，法官与其苦诣"创造"，莫若安分于"服从"。解释的限度应由"自由"转向"严格"。尤其是在公法领域中，出于对权力"妄动"的警惕，法律解释更应坚守严格主义立场。在如何判断法律是否明确授权给行政机关以及具体内容与范围的问题上，"一种方法就是当发生疑问的时候作出不利于行政机关的解释，除非有更明确的依据，否则认为行政机关没有获得授权。"④

（三）关于漏洞与填补

有学者认为，立法者或司法解释制定者未规定"死者没有近亲属或者无法得知死者的近亲属"时如何处理侵权赔偿问题，并非属于有意识地保持沉

---

① 惠岭目：《释法的理论及适用（下）》，载《法律适用》2002 年第 8 期。

② 其实，"文义"以外，法律解释还需以体系、目的等多重界限为遵守。法律解释的诸种方法在为解释操作提供指引的同时，也各在一定程度上起到了限制法律解释权滥用的功能。而方法中所蕴含的评价因素（如体系解释中的法律体系、目的解释中的立法目的或意图等）在解释活动中亦实际发挥着标准和界限的作用。然而，在以上的界限中，"文义"的地位与功能无疑则是更具基础性的。其首先从根本上划定了"解释"与"创造"的边界：以文义为坚守，方能秉持"解释"的品质；若超出语义射程，即便仍冠以"解释"之名，却其实已"出释入造"，不能为解释所包容。而亦只有跻身于语义射程之内（譬如，就规范"文义"产生多种不同理解时），"解释"方生以体系、目的等其他标准加以衡量、抉择的必要；若已超脱在"文义"以外，如案中情形，则因其实已不为"解释"所容，自毋庸再以体系、目的等为考量。

③ 魏胜强：《法律解释的限度》，载《河南财经政法大学学报》2012 年第 5 期。

④ 王旭：《行政法解释学研究：基本原理、实践技术与中国问题》，中国法制出版社 2010 年版，第 153 页。

默，而是一种认识上的疏漏，应属于法律漏洞。① 现实中也确实已有不少省、市纷纷开展“地方立法”，明确赋予相关公共部门（主要是道路交通事故社会救助基金）“代诉”、“追偿”的权力，试图借此以弥补法律与司法解释的缺憾。② 而依此为推论，以上裁判中关于《城市生活无着的流浪乞讨人员救助管理办法》相关条文的阐释亦可被视为借由“解释”之名所做的“法律续造”，得有突破“语义射程”束缚的“特权”。

表面上看，裁判当时的法律、司法解释中确无关于近亲属缺位时死亡赔偿处置之直接规定，称其为“漏洞”似无不可。然而成文法终究只是对社会生活的抽象。法律规范无意、也不可能就其适用场景逐一陈列；法律主要依靠涵摄而非列举实现其对社会的调整，“只要解释足以回答的问题，那么法律就远离漏洞。”③ 且就本案情形，已有学者指出，我国民事诉讼法第一百零八条（现第一百一十九条）第（一）项将具有起诉资格的原告限定为“与本案有直接利害关系的公民、法人和其他组织”，其实业已将无名氏死亡赔偿的原告资格问题涵盖其中，至为清晰，如立法者对原告资格无意作出其他扩展，则民事诉讼的原告资格只能按照该明文规定进行衡量，不存在违反计划的不圆满性。④

而关于民政局之代诉赔偿，虽历数条文、几尽解释，却也难有可堪为据者，规范上的阙如或已成事实。但作为“法律体系上违反计划之不圆满状态”,⑤ 法律漏洞的构成至少尚需以对“立法计划”的违背作为前提。一如学者所言，“并非所有的法律漏洞都应被视为漏洞。立法对大量的事实有意识地不予规定……如果法院认为这些地方存在漏洞并对其进行补充，那么就

① 李友根：《指导性案例为何没有约束力：以无名氏因交通肇事致死案件中的原告资格为研究对象》，载《法制与社会发展》2010年第4期。

② 检索如有《惠州市道路交通事故社会救助基金管理暂行办法》（2006年1月）第4条第2项，《重庆市道路交通事故社会救助基金管理暂行办法》（2010年9月）第51条，《宁波市道路交通事故社会救助基金管理试行办法》（2011年2月）第18条，《山东省道路交通事故社会救助基金管理暂行办法》（2012年7月）第6条第9项等。

③ ［德］卡尔·恩吉施：《法律思维导论》，郑永流译，法律出版社2004年版，第171页。

④ 孔祥俊：《法律方法论》，人民法院出版社2006年版，第1418页。

⑤ 黄茂荣：《法学方法与现代民法》，法律出版社2007年版，第377页。

违反了法律。”[1] 法律漏洞须出于立法者无意的疏忽、未预见或情况变更所造成，苟立法者有意不为规定或有意不适用于类似情况者，则并不造成漏洞，不生补充的问题。[2] 至于“漏洞”究属疏忽所致，还是有意为之，则需结合立法目的（或意图）具体加以判断。毕竟，“只有当法律在特定领域中追求某种多少圆满的规整时，才有提及‘漏洞’的可能。”[3] 而在本案情形中，首先，关于《城市生活无着的流浪乞讨人员救助管理办法》的立法目的上文已有论及，其中确无授权“代诉死亡赔偿”之意；其次，在该《办法》第7条就民政局权力范围的“封闭式”列举中，亦未有“代诉赔偿”之表达。与其称其为立法者认识上的疏忽，不若辨之以造范者意味深长的沉默。“有时立法者已通过沉默表达了自己的意思，如法律条文采穷尽的列举，而只赋予列举的事实以某特定法律效果，因而允许反面解释而排斥类推适用。”[4]

此外，一个不可忽视的事实是，如案情形出现以后，伴随着理论争议（还包括公众舆论的探讨）与裁判分歧，我国已经历了民事诉讼法的两次修改与侵权责任法的颁行，其中虽不乏关于诉讼当事人以及死亡赔偿问题的讨论与规定，却迄今未见有就无名氏死亡（或近亲属缺位时）后的诉讼问题提出立法上的回应。而《关于审理道路交通事故损害赔偿案件适用法律若干问题的解释》第二十六条第一款关于“被侵权人因道路交通事故死亡，无近亲属或者近亲属不明，未经法律授权的机关或者有关组织向人民法院起诉主张死亡赔偿金的，人民法院不予受理”的规定，则已经将司法机关的态度表露无遗。

其实，面对法律漏洞，或许学者的告诫更值重视与思考：“过分的热心、对创制法律规则的迷恋可能会蒙蔽法官的慧眼，而将自己带人一个危险的领域之内。不受任何规则约束的漏洞填补极有可能完全背离其初始目的，从而‘将案件当事人置于司法擅断和不负责任的危险之中’。”[5] 尤其是对溢出行政而言，其法律规范的“合理意义”应该留待立者修改法律，在法律被修改

① ［德］伯恩·魏德士：《法理学》，丁小春、吴越译，法律出版社2003年版，第364页。
② 杨仁寿：《法学方法论》，中国政法大学出版社2013年版，第191页。
③ ［德］卡尔·拉伦茨：《法学方法论》，陈爱娥译，商务印书馆2003年版，第251页。
④ 梁慧星：《民法解释学》，中国政法大学出版1995年版，第256页。
⑤ 袁明圣：《法律漏洞填补的边界》，载《江西财经大学学报》2002年第4期。

之前，解释者不应越俎代庖，这是法治进程的代价，因为中国正在建设现代化法治，法治的最低要义就是有可预测的全民平等遵守的规则。①

## 二、维护公益与范围界限

通论认为，权力干预的基础一般包括两个方面：法律授权和公共利益。行政公权力机关只有在有法律授权或者基于公共利益的目标才能实施行政行为。②“公共利益是所有行政行为的理由和界限所在。”③“个人以个体利益为行为目标，追求收益和成功；行政以公共利益为目标，为普遍利益而行动。”④ 对于私人之间的关系，只要不涉及国家利益、社会公共利益，国家原则上不进行干预。⑤ 国家利益和社会公共利益明确了民事主体自由的边界，这个边界同时也是国家可以发动公权力干预私人生活的界限。⑥

### （一）再论公共利益的界定

作为权利与权力的界碑，公共利益在法律的概念体系中无疑具有举足轻重的地位。长期以来，关于究竟何为“公共”，什么是“利益”，自规范至学理始终众说纷纭，莫衷一是。概念内涵与外延的模糊不清，使公共利益成为了“没有标明英寸与英尺的长度不定的码尺”，⑦ 独具远超一般法律概念的不确定性特点。而正是由于公共利益的虚幻无边，形成了公权和私权之间巨大的灰色地带，使强势的公权力恣意侵犯私权成为可能。⑧ 特别自晚近以来，公权机关借口“公益”以侵害私人的例子时而有见，其中固有主观不善、滥

---

① 朱新力：《论行政法律解释》，载《浙江大学学报》（人文社会科学版）1999年第4期。

② 江必新、梁凤云：《物权法中的若干行政法问题》，载《中国法学》2007年第3期。

③ ［德］汉斯·J·沃尔夫等：《行政法》（第一卷），高家伟译，商务印书馆2002年版，第323～324页。

④ ［法］古斯塔夫·佩泽尔：《法国行政法》（第19版），廖坤明、周洁译，国家行政学院出版社2002年版，第2页。

⑤ 王利明：《民法总则研究》，中国人民大学出版社2012年版，第15页。

⑥ 参见王轶：《民法原理与民法学方法论》，法律出版社2009年版，第54页。

⑦ Friedrich Carl J. Constitutional Government and Democracy, Jinn and Company, 1950, P. 462.

⑧ 张冬云：《论公共利益的界定：兼评〈物权法（草案）〉第49条》，载《社会科学研究》2007年第2期。

用职权等原因，但却也和公共利益本身的模糊抽象不无相关。“以公共利益为由强行限制公民权利，这是政府在行使公共权力过程中的政治思维方式，而非法律思维方式，要建设有限政府、法治政府，就应当明确公共利益的边界。”①

环顾中外立法，抽象和列举尽用；② 回溯东西学说，标准与方法迭出；莫不在公共利益的界定上煞费苦心。而虽不同立法、学说对公共利益的内涵各有偏重，但对利益主体（或称“受益对象”）之“多数”“不确定”要求却几乎成为其共同的取向与坚守。以“不确定多数人的利益”为基本内涵，公共利益最主要、最复杂的特征就是其受益对象的不确定性。③ 换言之，要构成公共利益上所谓之“公共”，其主体必是超越个体与群体、以不确定多数人为特征的集合体。④ 任何公共利益的受益人是所有的人而不是某单一或特定的利益共同体，倘若所谓的公共利益只是某些或某个特定利益主体受益，仅满足特定人的利益需求或愿望，这种“公共利益”就不可以成为社会的普遍利益，因而也就不是真正的公共利益。⑤ 而在无名氏遭遇不测的案件中，虽说或由于死亡结果的严重性，或因为无名氏（流浪汉）的特殊身份，案件总不免引发公众关切；然究其损害本身以及赔偿目的，却仍在死者（或其近亲属）。利益主体的特定、单一，足以令其远离“公共”范畴。

有学者曾指出，现行法律对公共利益的界定存在泛化的倾向，各种地方利益、部门利益，甚至私人商业利益都来扯上公共利益的大旗为其鸣锣开

---

① 王景斌：《论公共利益之界定：一个公法学基石性范畴的法理学分析》，载《法制与社会发展》2005 年第 1 期。

② 抽象概括者如 1804 年法国民法典第 545 条，而具体列举者如日本土地征用法第 3 条，“列举 + 概括”者则有我国信托法第六十条、我国台湾地区“土地征收条例”第 3 条等。

③ 参见胡鸿高：《论公共利益的法律界定：从要素解释的路径》，载《中国法学》2008 年第 4 期。

④ 肖顺武：《公共利益研究：一种范式分析及其在土地征收中的运用》，法律出版社 2010 年版，第 9 页。

⑤ 范进学：《定义“公共利益”的方法论及概念诠释》，载《法学论坛》2005 年第 1 期。

道，公共利益仿佛成了百物杂陈的大口袋，其涵盖范围被无限扩张。① 而就在如案情形的讨论中，也有不少与论者认为，“侵犯死者权益”的行为在减损死者及其近亲属私人权益的同时，还可能因其侵权行为违背公序良俗原则而减损社会公共利益，如果不存在死者近亲属行使私益性诉讼实施权反射性保护社会公共利益的正当期待，公益代表人便有以自己名义行使公益性诉讼实施权的必要。② 笔者无意将后者与前述公共利益滥用的情形混为一谈，亦不否认人格权（特别是生命权）中的公共利益内容，而在国内现行的民事立法中，公共利益概念也确实常常与“公序良俗”的表达不分彼此；但诚如学者所言，除却一般性的标准外，公共利益的判断还应强调直接相关性的要求，“即特定的利益关系的安排，只有直接涉及到公共利益，这个时候才有公共利益的问题。不能把与公共利益间接相关的事项也都归为公共利益。”③ 特别是在法无明文规定，公权力尚需借倚公共利益才可介入私人关系的情形，出于合理规范权力的考虑，对利益“公共性”的判定则尤须以直接相关为前提。否则，任一利益或秩序皆有可能披上“公共”的外衣，成为权力滥用的庇护伞。且就本案情形而言，不可否认，生命权的侵害确会伴生公共利益损害的结果，但此种损害更多地表现为对公众情感的伤害（如对加害行为的愤慨、对受害者的怜悯以及作为人类共同体而具有的其他特殊感情）以及相应社会秩序（如交通秩序、公共安全等）的违反，前者显然难与公共利益构成直接关联；而后者在行为未触及刑事、行政法律的情势下，则仍是间接的，不足以构成公权力介入的理由。

（二）手段与程度上的限制

公权力和国家利益并不是绝对优先的，它只是在公私利益的具体权衡中才展现其相对优先性。④ 为实现公共利益而对私人利益所作的干预与限制必

① 周林彬、何朝丹：《公共利益的法律界定探析：一种法律经济学的分析进路》，载《甘肃社会科学》2006年第1期。

② 参见黄忠顺：《死者权益诉讼中的当事人适格问题研究》，载《安徽大学学报》（哲学社会科学版）2013年第4期。

③ 王轶：《论物权法中的“公共利益”》，载《北京规划建设》2008年第1期

④ 叶传星：《在私权利、公权力和社会权力的错落处》，载《法学家》2003年第3期。

须慎之又慎，毕竟，普遍的利益不能构成蹂躏权利的有力依据。① “一项法规，如果只想为公共利益服务，却拒绝为个人利益作任何辩护，那它也就根本不可能要求获得法之名分。”② 机械地把公共利益绝对凌驾于个体利益或者其他利益之上，不仅是对其他合法利益的侵犯，而且也是违背公共利益正当性精神的。③ “只有在公共收益明显大于个人因正常期望受挫而蒙受的损害的情形中，才能允许对私域予以必要的干预。”④ 诸上道理不仅适用于为维护公共利益而做的“侵益”（限制）性行为中，同时也适用于兼予私益的“授益”公共行政上。因为，行政行为之“授益”与“侵益”其实并无绝对界限。若仅以“无害”为由，便应允行政机关借由公共利益之名进行利益输送，则无论所输送的是公共资源还是私人利益，亦不管输送的方向为私人抑或国家，其实都将有悖于制度的初衷。⑤

公共利益绝不是政府放任施为的理由。以公共利益为由对私人自治所施予的干预，无论侵益与否，皆应以手段与程度上之必要限度为坚守。自干预手段而论，由经验所提供的范式不外乎两种：行政机关直接介入（如征收、征用）以及提起公益诉讼。而其中，前者权力的行使主要凭政府单方之观念以决断，缺乏充分的协商、监督机制，极易出现利益误判或者权力滥用等问题，甚而引发社会矛盾，故须予以严格的限制。通常需以法律的明确授权为前提，并遵循其他规范上的限定（如程序上的要求）。至于究竟应该信任谁来代表和界定“公共利益”，美国经验告诉我们，这个问题不应该由法官决定，更不应该由行政官来决定，而应该由人民代表来决定，因为他们是“公

---

① 李伟：《驱逐了德性，自我走向何方?》，载《北京市政法管理干部学院学报》2000年第3期。

② ［德］G·拉德布鲁赫：《法律智慧警句集》，舒国滢译，中国法制出版社2001年版，第6页。

③ 张武扬：《公共利益界定的实践性思考》，载《法学》2004年第10期。

④ ［英］哈耶克：《自由秩序原理》，邓正来译，三联书店1997年版，第276页。

⑤ 在如案情形中，其实利益的输送轨迹可能两种：一是将公共资源输送至公民个人，即运用公共行政为无名氏（若有，其实应该是其近亲属）谋求民事赔偿；二是将私人利益输送至政府（国家），即在寻觅无名氏无果时，将加害人所支付赔偿金充归公有。而无论是其中何种输送，若不加恰当限制，则实际皆难得与公共利益的内涵相符。

共利益”的最可靠的保障者。① 拉德布鲁赫也曾说过，“不，不是必须声称，所有对人民有利的，都是法；毋宁相反：仅仅是法的东西，才是对人民有利的。”② 公益诉讼的方式虽因在利益的判断中引入了司法审查的机制而颇受各国立法所推崇，③ 但法官终非民意的直接代表，由其对“公共利益”进行解读和界定，多少存有某种僭越的嫌疑。④ 公共利益应主要由民意代表机关借由立法的形式加诸确定，只有在规范未及而社会急需时，方才允许司法通过续造的方式予以补充。而作为一种“权宜”的制度安排，裁判在面对因“公益”而起的诉讼时，自应抱以严谨、谦抑的态度，虽不至固守公益法定的立场，但仍须忠于立法的基本精神，择取更为全面的标准，谨慎以决之。而诸如本案之情形，既不属民事诉讼法第五十五条所明确列举之侵害类型（即环境污染、侵害众多消费者合法权益），亦不符公共利益受益者“多数”、“不确定”的基本精神，故不属于民事公益诉讼的范畴，不能以公益诉讼中适格当事人范围的扩大为由认可民政局为正当当事人。⑤

手段恰当的同时，政府对公共利益的追逐还需保持对程度的必要恪守。“公权力机关为了维护社会秩序和公共利益，对私权利可以进行一定范围和一定程度的干预。但是，这种干预只能以维护社会秩序和公共利益的必要为限，且不能侵犯公民最低限度的权利。”⑥ 维护公共利益的必要以及不侵犯公民最低限度的权利实际构成了权力为求“公益”而对私人可做干预的两大程度限制。其中，后者主要作用于为了维护公共利益而直接限制、削减个人权益的情形，强调个体对于社会的最后保留，以及“多数议决”原则下对于“少数”的起码保障与尊重。而“维护公共利益的必要”则是所有“公益”

---

① 张千帆：《“公共利益”的困境与出路：美国公用征收条款的宪法解释及其对中国的启示》，载《中国法学》2005年第5期。

② [德] G·拉德布鲁赫：《法哲学》，法律出版社2006年版，第225页。

③ 如法国民事诉讼法第423条规定，“在公共秩序受到损害时，检察长可以为维护公共秩序而提起诉讼”；德国和日本也确定了公共利益代表人制度，检察官对于无效婚姻、禁治产案件、收养案件和亲子案件有权提起诉讼；对于判决不服可以提出上诉。

④ 参见唐忠民、温泽彬：《关于“公共利益”的界定模式》，载《现代法学》2006年第5期。

⑤ 肖建国：《民政局的诉讼主体资格与当事人适格问题》，载《人民法院报》2007年5月29日第5版。

⑥ 姜明安：《公权与私权需要平衡》，载《人民论坛》2006年第16期。

行政（不论“侵益”与否）皆应坚守的程度界限，此乃“手段与目的”“成本与收益”原理在公共行政中的具体运用。它要求公权力机关为维护公共利益而对私人所作之干预在范围和程度上须与其所维护的利益相当应称。当公共利益独具重要性并波及较广时，行政机关自可在较大范围及较深程度上加以干预；而若情势与公共利益关系不大（如仅是间接关联）且影响范围有限，如案中情形，便不必兴师动众以行政直接介入或公益诉讼的方式予以干涉。公共资源的投入以及对私人利益的克减都应以实现和维护公共利益的基本需要为限度。

另外，对公共利益的维护还应与法律体系中的部门分工相匹配。如在无名氏遭遇事故死亡的情形中，对于维护公共交通安全的诉求，以及“撞了白撞”所可能引发之恶性延续（如滋生驾驶者在相似情形下之轻率甚至侵害故意）的忧虑，有可能正是公众支持民政局等公权力机关代为诉偿的主要原因。应该说，此类担心和诉求的确需要正视，但却未构成代诉死亡赔偿的充分理由。不可否认，民事责任的追究确可在一定程度上起到维护公共利益的效果，但这毕竟是其副业，填补损害才是包括死亡赔偿在内的民事赔偿的主要功能；维护“公益”则更多为行政、刑事法律的职责所在，若后二者足以完成其使命，自无额外动以民事手段的必要。具体到本案情形，在刑法上，肇事者之行为，涉嫌过失会构成交通肇事罪，涉嫌故意或放任更可构成故意杀人罪；即使是行政法上的处罚，亦为重大之责任。故而即使民事责任的落实有所延宕，也断不会让司机掉以轻心，更不会去“撞着玩儿”。[①] 诚如学者所言，私法不是不救济生命权，而是私法不可能单独完成对生命权的救济，私法应该认识到自身能力的有限性，构建公私法共同保护的法律模式。[②] 对于生命权中公共利益的维护则尤是如此。

---

① 戚珊珊、高岩：《公权不得非法侵越私权：再论民政局等不能代为提起民事诉讼》，载《人民司法》2006 年第 6 期。

② 陈屹立、张帆：《侵权死亡赔偿的理论学说与制度设计：基于个人福利角度的分析》，载《时代法学》2010 年第 6 期。

## 三、救助贫弱与私法自治

"真正的契约自由要求缔约双方在实质上是平等的。"① 现代民法的立法者意识到，自治是以平等为前提的，只有双方当事人地位平等，自治才能产生正当的结果，这里所谓的平等主要是事实上的平等，而不仅仅是规定意义上的平等。如果国家发现在某一民事生活领域中明显不存在这样的实然平等，就可以考虑以某种方式介入当事人之间的关系，对不均衡的关系结构予以矫正。② 在黑格尔所提出的国家干预市民社会的正当性条件中，除公共利益外，即是追求实质的平等，"当市民社会中出现非正义或不平等现象（例如，一个阶层对另一个或另几个阶层的支配，等等）时，国家就可以透过干预予以救济。" ③为了确保人们实质上的平等自由，国家采取积极而相当限度地介入，以帮助并保护社会的弱者。④

以促进自治为目的，私法对实质平等的追求亦应以尊重和维护意思自治为其基本界限。自治乃私法的基本原则与精神所在。"在自治与管制两极中作出偏爱自治的抉择具有恒久的合理性"。⑤ 在市民社会中，每个人都需要私法自治制度，只有这样他才能在自己的切身事物方面自由地作出决定，并以自己的责任处理这些事情。一个人只有具备了这种能力，他才能充分发展自己的人格，维护自己的尊严。⑥ 国家以公权力为弱者所提供的救助，若发生在纯粹私人的关系中，自应以保障当事人间意思自治的顺利实现为其目的与坚守；倘过分热情，突破底限，则非但不能昭显其关怀与慷慨，反而逾越了边界，构成对私人自由的侵害和威胁。

---

① [美] 本杰明·N·卡多佐：《法律的成长：法律科学的悖论》，董炯、彭冰译，中国法制出版社2002年版，第171页。

② 杨代雄：《民法总论专题》，清华大学出版社2012年版，第31页。

③ 参阅J. Keane: Despotism and Democracy，转引至邓正来：《国家与社会：中国市民社会研究》，北京大学出版社2008年版，第9页。

④ 高伟：《私法公法化研究》，社会科学文献出版社2012年版，第48页。

⑤ 易军：《私人自治的政治哲学之维》，载《政法论坛》2012年第3期。

⑥ [德] 卡尔·拉伦茨：《德国民法通论》（上册），王晓晔等译，法律出版社2003年版，第54页。

（一）救助的前提

国家对私人的救助欲求得正当，首先需以必要的救助前提（条件）为基础。而以制度目的出发，论及前提，则救助对象的“适格”必不可少：既以救助为名，其所助者须为“羸弱”；倘罔顾身份，随意施助，则枉费公共资源不说，还极有可能在原本公平的环境（关系）中，人为地酿生出另一种不平等。关于弱者，学说上多有述议，或有低收入群体论者，或有贫困群体论者，乃至民政对象论、竞争弱者论、综合特征论等等，终难一是。① 不过虽然观点、标准纷纭，但作为救助对象、法律关系中的主体，所谓“弱者”，其最基本的要求应该是“仍然存活着的人”。“一个被杀死的人不会遭受任何损害，这种说法似乎有些嘲讽的味道，然而这却是为欧洲各国法律所认可的事实。”② 法律只能涉及那些构成这个现实世界每一个自然人的属性问题，所以法律只能规定现世的生活。正因为此，在理性法的观念中人只能是介于出生和死亡之间的、依靠其肉体生活的自然人。③ 生命权的丧失意味着自然人本人已不可能享有救济性权利，以由受害人主张损害赔偿请求权为主要救济手段的侵权法对生命权之救济力度明显捉襟见肘。④ 民政局以“对无名氏的救助”为由代其诉求赔偿的行为，明显有悖法理常识。在死亡赔偿金问题上，世界各国法律存在共识，即死亡赔偿金绝非对死者的财产赔偿损害的赔偿，而是对于受害者有关亲属的赔偿。⑤ 而即便无名氏流浪者因“生活无着”而可兹列入民政局社会救助的对象范围，但其身份未明的近亲属（即实际的赔偿权利人）究竟是否应以公权力给予特殊救济的“弱者”（乃至是否存有近亲属）却尚属未知，此时便贸然施予救助，虽不乏“热情”，却未免有失严谨。

在对象适格的基础上，“贫弱”者的请求则是政府部门实施救助行为的

---

① 参见陈成文：《社会学视野中的社会弱者》，载《湖南师范大学社会科学学报》1999年第2期。

② ［德］克雷斯蒂安·冯·巴尔：《欧洲比较侵权行为法》（下卷），焦美华译，张新宝审校，法律出版社2004年版，第70页。

③ ［德］汉斯·哈腾鲍尔：《民法上的人》，载《环球法律评论》2001年第4期。

④ 张平华：《认真对待生命权的价值》，载《法学杂志》2008年第1期。

⑤ 杨立新：《侵权法论》，人民法院出版社2011年版，第817页。

另一重要前提。国家干预有一个致命的缺陷，那就是决策者与直接利益相关者分离，决策者以自己的判断替代当事人的判断。没有自身利益的参与，很难保证制定出的决策不犯错误。① 而“无论一个人多么无知，但有一件事他比任何人都更有发言权，这就是自己的鞋子在什么地方夹脚。”② 传统观点认为，权利主体乃自己利益的最佳判断者，其究竟是否受到损害、需否寻求公权力救助以及需要何种方式和程度的救助，除情况危急无法询问外，自应首先交诸需助者自己判断。“授益行政行为的产生源于当事人的申请，是否授益并不是由行为主体强加于行政相对人，获取授益的主动权完全掌握在行政相对人手中。”③ 而根据私法的自治原则，国家不介入私人间的法律关系，只在私人向国家求助的情况下，才有国家公权力的发动。④ 若未经申请，如案中情形，由于缺乏对救助对象客观处境和主观需要的准确认识，行政救助便无异于一种盲目的“父爱”，既辛苦了自己，也未必能尽如救助对象之意，博得后者的好评。⑤ 也许，正是基于这一认识，且鉴于当时特殊的立法背景，《城市生活无着的流浪乞讨人员救助管理办法》才将其立法主旨由收容强制变为了救助自愿。⑥

（二）救助的限度

“因必要而要求之善事，如超过其必要限度，即不复为善事。”⑦ 对弱势当事人的保护是一个重要的法律问题，但由行政机关为其包办私人事务并不

---

① 方立新、姚利红：《公私法的分野与趋同》，载何勤华主编：《公法与私法的互动》，法律出版社2012年版，第167页。

② ［美］约翰·杜威：《人的问题》，傅统先、邱椿译，上海人民出版社1985年版，第26页。

③ 孙丽岩：《授益行政行为研究》，法律出版社2007年版，第33页。

④ 肖厚国：《民法法典化的价值、模式与学理》，载《现代法学》2001年第2期。

⑤ 若情况紧急来不及或无法期待被救助对象的申请（或同意）时，法律确实可以授权施助主体例外地不经同意而单方决定采取介入行为，以为维护救助对象的基本权利；但在无名逝后之死亡赔偿的追讨，明显不属此种情形。

⑥ 参见刘武俊：《解读〈城市生活无着的流浪乞讨人员救助管理办法〉》，载《人大研究》2003年第11期。

⑦ 郑玉波：《法谚（二）》，法律出版社2007年版，第14页。

是正确的做法。[1] 公权力对弱者的救助及实质公平的追求必须以相应限度为界守。

救助者，以增进对象之利益为主旨，而作为一般性的规则，在个体可能害及自身的所有场合，都应该给其留下最大限度的选择余地，因为他们自己才是自身利益的最好判断者。[2] 是以，救助行为首先应以不得违背被助者之主观意愿及侵害其客观利益为必要。然诸如本案例之情形，民政局未经同意便以救助对象的名义提起诉讼，代其行使诉权、决定求偿范围，甚至直接与加害者自行协商赔偿事宜，其实已构成对救助对象实体与程序上之处分权利的侵害，存在悖逆其主观意愿的极大可能。而个别地方（如重庆市）之《道路交通事故社会救助基金管理办法》规定，道路交通事故中，就代未知名死者诉得之死亡赔偿由基金管理中心代管若干年后（通常是3或5年），即上交财政，纳入基金，则无疑是以保护之名为实际权利人的求偿权苛以更为严格的限制，甚至是剥夺了受偿主体的赔偿利益，[3] 丧失了社会救助制度的实质意义，难符救助之名，实际上，民政局若属意救助，与其代为诉讼，莫如积极寻找“诉主”（即适格的求偿主体），再以民事诉讼法所规定之“支持起诉”的方式为其提供帮助，既彰显了政府的关怀，亦尊重了私人的权利，可谓两全其美。

此外，对弱者的救助既以促进自治为目的，则公权力因救助而对私人关系的干预，仍还须以实现实质上的平等，维护法律关系双方充分之自治权利为限度。学者认为，公权力介入个人私生活领域必须基于正当的立法理由，那就是为私生活保留尽可能大限度的自由自主空间。如果仅仅出于对个人的控制，即使是善意的控制也未必是好事。[4] 正如哈耶克所言，“如果人们在过

---

① 张国华：《行政权力干预民事关系的界限：兼论行政机关责令承担民事责任的法律制度》，载《杭州师范学院学报》（社会科学版）2003年第4期。

② Jeremy Bentham, Theory of Legislation, Trübner& Co. , 1876, p. 63.

③ 此时，即使行政机关自始未予介入，权利人的赔偿请求权适用诉讼时效的规定，其也享有最长20年的保护，且即便时效届满，也仅是令之沦为自然债权而已，权利本身并未消灭；而按照《提存公证规则》第21条规定，赔偿之财产，若加害人缴之以提存，也需从提存之日起超过20年无人受领，才可视为无主财产，在公证处扣除必要费用后，将余额上缴国库。

④ 叶传星：《在私权利、公权力和社会权力的错落处》，载《法学家》2003年第3期。

于绝对的意义上理解保障的话，普遍追求保障，不但不能增加自由的机会，反而构成了对自由的最严重的威胁。”① 若仅因为民事法律关系一方当事人处于相对弱势，即允许其不加限制地施与帮助，则无疑将使原本位处弱势者取得了强制的地位，不但侵害了另一方当事人的平等权利，更违背制度的主旨，侵蚀了私法的自治精神。

## 四、结语

在民政局代诉死亡赔偿的案件中，我们不难感受到行政机关的“侠义”“慷慨”以及在维护公共利益问题的诚挚与担当。但是，如前所述，强制地将国家力量注入私人生活，很可能会造成私人关系间的不平等，无异于敲起自由之丧钟。② 公权力的介入固然有其必然性和正当性的基础，但是公权力的干预必须有足够的、正当的理由，而且应当遵循法律的程序才能进行。否则，其侵害的不仅仅是个人自由与私法自治，而且也可能侵害到整个法律的基础和根基。③

（本文仅代表作者个人观点）

① [英] F. A. 哈耶克：《通往奴役之路》，王明毅等译，中国社会科学出版社1997年版，第116页。

② 陈新民：《德国公法学基础理论》（上册），山东人民出版社2001年版，第321页。

③ 参见韩伟：《私法自治研究：基于社会变迁的视角》，山东人民出版社2012年版，第143页。

# “错误出生之诉”与侵权损害赔偿

马 强*

## 一、据以研究的审判案例

［当事人情况］

原告李明丽，女。

原告张伟，男。

原告张兰兰，女，系李明丽、张伟夫妇之女。

被告市医院。

［案由］

医疗损害责任纠纷

［当事人诉辩情况］

原告诉称，李明丽怀孕后在被告处进行产前检查和保健。每次检查后被告方医生均告知原告胎儿一切正常。2012 年 4 月 8 日，李明丽产下一女即原告张兰兰，孩子出生即缺少左手。被告对胎儿体表左手残疾情况在几次彩超检查和筛查中未切实履行注意义务和告知义务，侵犯了原告的知情权，从而

* 北京市第三中级人民法院副院长，研究员，法学博士，管理学博士后，中国人民大学民商事法律科学研究中心兼职研究人员。

剥夺了原告夫妻的生育选择权。残疾孩子的出生给原告带来了巨大的精神痛苦，也增加了家庭的经济负担，故起诉，要求被告赔偿张兰兰残疾赔偿金、18周岁前的辅助器具费及维修费和18至60周岁的辅助器具费及修理费合计28万余元，精神损害抚慰金20万元。返还孕期检查费1500元。

被告辩称，原告的起诉包含两个法律关系，即李明丽、张伟与被告的知情权和优生优育选择权侵权关系，张兰兰与被告的身体健康权侵权关系，两个法律关系不应在一个案件中审理。张兰兰无权因自己的出生而获得赔偿，故法院应驳回张兰兰的起诉。优生优育选择权以及知情权都不是侵权责任法或者民法通则所列举的民事权利，原告李明丽、张伟的诉讼请求没有法律依据，应驳回原告的诉讼请求。

### [审理查明的事实]

经审理查明：原告李明丽与张伟系夫妻，张兰兰系李明丽、张伟之女。2011年10月9日，李明丽到被告处进行孕期检查，被告对胎儿进行了B超检查，并出具了超声诊断报告，报告内容显示宫内单活胎，报告单空白处盖有红章，内容显示“14~20周唐氏筛查（手写“3周后周一上午”）；22~24周B超筛查胎儿畸形；20~24周胎儿超声心动；24~28周糖筛”。2011年10月14日，李明丽第二次到市医院进行产前检查，医院出具的产前检查表显示，此次检查未进行B超检查，对血型、尿常规、肝功、甲功、凝血等进行检查并记录了检查结果，该表空白处有盖章，内容与上述B超检查报告单上盖章内容相同。此后，李明丽又先后九次到市医院进行产前检查。其中，2012年1月21日（孕29+5周）进行了B超检查，诊断报告内容显示宫内单胎，头位，羊水指数、后壁胎盘，成熟度I级，胎心（+），超声提示“宫内单活胎头位”。2012年4月1日B超诊断报告显示内容项目与前一次基本相同，增加了“胎儿颈背部可见U压迹，压迹处可见彩色血流信号”，超声提示“宫内单活胎头位，脐带绕颈一周”。2012年4月7日最后一次B超诊断报告内容项与前一次相同。2012年4月7日，李明丽入市医院分娩，产科住院病例显示：“孕期未定期产检，孕期唐氏儿筛查低危，未行彩超筛查胎儿畸形”。4月8日李明丽产下张兰兰，产程记录与分娩记录显示新生儿左手缺如。

审理过程中，司法鉴定机构出具鉴定意见如下：（1）患儿的发育异常

（左手缺如）是先天畸形，属自身疾病的范畴，与诊疗行为之间无直接因果关系。（2）医方医疗行为过程中存在医疗过错，医疗过错与导致残疾儿出生的损害后果之间存在一定的因果关系，医疗过错参与度为 C 级，参与度系数为 20% ~40%。原因如下：①4 次超声检查均没有描述手的检查情况。特别是在孕妇没有进行 18 ~24 周系统筛查胎儿畸形的前提下，医方在 29 周（2011 -01 -21）的 B 超检查时应主动进行补漏检查，系统查看胎儿情况并加以描述，即便是有些结构显示欠清也应加以说明，若无说明则医方不能证明是否检查了该查的部位。送检病历材料中均无相关资料记载，医方存在未能及时完善相关检查的医疗过错。②关于超声报告单的系统描述问题：中晚孕时胎儿检查有时因为胎位、羊水、母体因素的影响，超声检查不能很好的显示某些结构时，超声报告要说明哪些结构显示欠清晰。随着医疗技术的发展进步及对优生优育的高度重视，目前对产前诊断的要求越来越高。本例超声检查报告单过于简单，只体现了数字测量结果而缺乏诸如面部、脊柱、心脏四腔心、心率，腹部的胃泡、双肾、膀胱、长骨的尺、桡骨和胫、腓骨及超声孕周等系统描述的重要信息。本案因超声报告过于简单而无法说明是否每一个阶段的超声检查都是系统、认真而规范的，并且没有缺项、漏项。如果检查了而因各种原因没有看到是可以理解的，但根本就没注意检查则是另一个概念，由此全靠医疗文书来证明，医疗文书欠规范导致的后果是不良的。因此，医方存在未尽充分注意义务的医疗过错。综上，医方存在未能及时完善相关检查及未尽充分注意义务的医疗过错；患方存在就医不及时，在 22 ~24 周时错过了 B 超筛查胎儿畸形期，导致残疾儿出生的损害后果，遂得出上述结论。（3）张兰兰出生后左手缺失，构成五级残疾。（4）假肢安装费用：未成年阶段假肢配置仿真手掌：4500 元，临床上更换周期一般为 2 年，主要考虑因生长发育造成的假肢不适合。成年阶段假肢配置仿真腕离断机电手：26500 元（中等偏上价格）。更换周期通常为 6 年。总维修费用不应超过假肢价格的 10%。

鉴定意见向双方送达后，双方均提出异议。患方认为被告的行为是违反产前筛查技术管理办法和违反筛查诊疗常规的严重问题，而非未能及时完善相关检查和未尽充分注意义务的医疗过错，所以，鉴定意见确定的医方过错参与度过低。医方认为，鉴定意见中医院应在 29 周时对胎儿畸形进行补漏检查在相关的诊疗规范中没有规定；认定医疗行为存在过错应看是否违反法律、法规、诊疗规范，不应当以出现不良后果来认定；请鉴定机构明确张兰兰的五级残疾与医疗过错之间是否存在因果关系；左手缺如并不在诊疗规范规定的应当检查出的致命性胎儿畸形范围之内，诊断率更低，过错参与度应为10%～20%。鉴定机构对此回复为：(1) 对医院应主动补漏检查：医方明知孕妇没有进行18～24周系统筛查胎儿畸形的前提下，在2012-01-21B超检查时没有进行补漏检查，存在放纵不良后果发生的情形，过错明显。此情形是靠医学理论来规范的，不是法律、诊疗规范来规范的范畴。(2) 患儿的五级残疾与医疗过错之间没有因果关系。(3) 鉴定意见书对过错参与度的论述是充分的，建议是恰当的。医方可做争取低限的陈述。被告方对此回复仍有异议，并申请鉴定人员出庭接受质询。庭审中，鉴定人员出庭，并就相关问题接受当事人质询。鉴定人员认为，产前诊疗规范规定的18～24周进行B超筛查胎儿畸形是最佳时期，而非唯一时期，错过这一时期并非不能筛查畸形，如果进行补漏检查，有可能查出胎儿畸形。同时明确答复，胎儿左手缺如虽不在产前诊疗规范规定的应当检查出的致命畸形范围内，但并非不能检查出来，除了国家法律规定的必须检查出的畸形之外，其他畸形只要医方尽职尽责，也有检查出来的可能。原告对鉴定意见以及鉴定人员的质询意见予以认可，被告对此均不认可。

庭审中，原告认为被告为李明丽做B超检查的部分医师不具备相应资质，违反相关规范。被告方提供了为李明丽检查的三位医师的证件，经查，三位医师中，市医院提供了两位医师的产前筛查超声技术培训考核合格证书及大型医用设备上岗合格证书。

### [审判结果]

受诉法院认为，被告作为专门的医疗机构，应为来院进行产前检查的孕妇提供全面的诊疗服务。原告到被告处进行产前检查时，被告应履行充分的告知义务，特别是原告在排畸期未进行排畸检查的情况下，被告应就此对患者进行提醒与告知，并对胎儿健康状况进行全面的检查，包括是否存在畸形或畸形的可能。被告认为产前诊疗规范规定的排畸期是孕18～24周，但法律法规对超过此期间进行排畸检查并未做出禁止性规定，鉴定机构所述此期间为排畸的最佳时期而非唯一时期的意见合理合法，同时，超过此期间进行排畸检查体现的是对患者的负责、对优生优育的重视和对生命健康的尊重。而从被告的B超检查报告单来看，不能表明被告对胎儿进行了全面检查，本案的实质是被告是否对患方进行了必要的检查，而非能否检查出来的问题。故此，被告在对原告李明丽的诊疗行为中未尽到充分的注意义务，存在过错。其行为使原告张伟夫妇丧失了对胎儿健康状况的知情权和选择权，已侵犯张伟夫妇的民事权益。同时，被告为原告李明丽进行产前检查的部分医师不具备相应的资质，亦存在过错。原告张伟夫妇作为胎儿的父母，未按期进行排畸检查，以致在最佳时期未行排畸检查，其二人对残疾儿的出生也负有责任，故应减轻被告的赔偿责任。

原告张兰兰左手缺如系先天性缺陷，其残疾的形成与医院的诊疗行为不存在因果关系，因此，不能认为被告侵害了原告张兰兰作为自然人所享有的身体权、健康权等权益，故其要求医院赔偿损失的主张不予支持。但原告张伟夫妇认为，作为残疾儿的父母，抚养张兰兰需比抚养正常儿童付出更多的费用和精力，因而要求医院赔偿相关费用，该项请求虽非法定赔偿事项，但该项费用是护理残疾儿童的必要支出，故应予以支持。关于残疾辅助器具费，因张伟夫妇在张兰兰成年以前对其负有法定抚养义务，而更换假肢的费用属必要支出，故张伟夫妇主张该阶段的假肢费用本院予以支持。张兰兰成年后，张伟夫妇不再负有法定抚养义务，故该项诉讼请求费用计算的年限，应暂以18周岁为限，本院参照鉴定意见及原告出示的相关证明，确定张兰兰的假肢费用。因医院的产前诊疗行为存在过错，导致残疾儿的出生，给原告张伟夫妇造成的精神损害是显而易见的，故原告张伟夫妇主张的精神损害抚慰金符合法律规定，本院予以支持，并根据医疗过错程度等具体情况对数额予以酌定。综上所述，依据《中华人民共和国侵权责任法》第六条第一款、第五十四条，《最高人民法院关于审理人身损害赔偿案件适用法律若干问题的解释》第二十六条，《最高人民法院关于确定民事侵权精神损害赔偿责任若干问题的解释》第八条第二款之规定，判决如下：

1. 被告市医院于本判决生效后7日内返还原告李明丽、张伟孕期检查费1500元。

2. 被告市医院于本判决生效后7日内，赔偿原告李明丽、张伟因抚养张兰兰需额外支付的抚养费17万元（包括增加的护理费、安装残疾辅助器具费）。

3. 被告市医院于本判决生效后7日内赔偿原告李明丽、张伟精神损害抚慰金人民币 6 万元。

4. 驳回原告张兰兰的诉讼请求。

5. 驳回原告李明丽、张伟其他诉讼请求。

## 二、问题的提出

本案是“错误出生之诉”案件中的一例，其判决结果，汇集了此类案件处理的所有难点问题，颇具典型意义。

其一，法院判决认定被告的过错行为构成侵权，但裁判依据却是侵权责任法第六条的一般条款，按照侵权法理论，在法律没有作出特别规定的情况下，都要依据一般条款来判断侵权责任的构成，如果法律对过错责任的侵权有特别规定的，从而可以适用这些特别规定。① 足见于错误出生纠纷情形，被告究竟侵犯了原告的何种民事权利，法律上尚未明定；同时，该案将《最高人民法院关于确定民事侵权精神损害赔偿责任若干问题的解释》第八条第二款作为精神损害赔偿的依据，但该条该款所规定的因侵权致人精神损害的赔偿客体范围，严格限定于该解释第一条至第四条所列举的各种具体民事权利之内，② 并不包括侵权责任法一般条款所规定的民事权益。一方面，法律没有对“错误出生之诉”侵犯的具体的民事权利作出明确的规定，法官只能依照侵权责任法的一般条款宽泛地认为构成侵权；另一方面，法官又不得不比照一个不适用于一般条款的司法解释确定精神损害赔偿数额。该案判决所面临的上述问题，证明了法律对“错误出生之诉”案件所侵犯民事权利予以特别规定的必要。

其二，本案判决认为：原告张兰兰左手缺如系先天性缺陷，其残疾的形成与医院的诊疗行为不存在因果关系，因此，不能认为被告侵害了原告张兰兰作为自然人所享有的身体权、健康权等权益，故其要求医院赔偿损失的主

---

① 王利明、周友军、高圣平：《中国侵权责任法教程》，人民法院出版社 2010 年版，第 94 页。

② 按照该司法解释起草者的观点，《解释》根据民法通则等有关民事立法的原则规定，从维护人身权利和人格尊严的基本价值目标出发，也将精神损害赔偿的客体范围限制在以自然人的人格权益为核心的相关民事权益受到侵害的情形，《解释》第一条至第四条对此予以规定。参见《民事法官必备法律司法解释解读》（中册），人民法院出版社 2012 年版，第 2330 页。

张不予支持。仅以此为理由驳回残疾婴儿张兰兰的诉讼请求，是否妥适？此又涉及“错误出生之诉”与“错误生命之诉”的区别。

其三，本案判决返还原告孕期检查费、赔偿因抚养残疾婴儿额外支付的抚养费（包括增加的护理费、安装残疾辅助器具费）以及精神损害慰抚金，此类案件的赔偿范围如何确定？也是审判实践中极具争议的一个问题。

“错误出生之诉”案件如何处理，不仅在我国存有争议，世界各国也有违约说和侵权说的见解，至今意见未达一致，正如王泽鉴先生所说：此已成为比较法的热门研究课题。①本文结合已经生效的判决，对“错误出生之诉”案件的处理，发表些浅见。

## 三、对错误出生之诉所侵犯民事权利性质的研讨

“错误出生”是 Wrongful Birth 的汉译，又称“不当出生”，是指因医生的过失未能发现胎儿存在畸形或其他残疾，致使有缺陷的婴儿出生。由此产生的损害赔偿诉讼，在英美等国家称为“错误出生之诉”。在我国审判实践中，更多地将此类纠纷称为“残障婴儿出生之诉”。纵观我国已经判决的案件，有如下处理结果：

1. 按照医疗事故损害赔偿处理

如云南省昆明市中级人民法院审结的云南平安中西医结合医院与陈武凤、刘勇医疗损害赔偿上诉案，② 终审法院认为：由于上诉人平安医院在为被上诉人陈武凤行 B 超检查时存在未对胎儿上肢进行检查的过失，该医疗过失行为直接导致了作为生育机构的上诉人平安医院未能及时探察和发现胎儿的有关肢体发育状况并将该情况及时告知被上诉人陈武凤、刘勇，进而导致被上诉人陈武凤、刘勇亦未能及时根据胎儿的肢体发育状况对是否继续生育进行适时、理性的决定和选择，最终导致被上诉人陈武凤、刘勇不得不接受残疾婴儿的出生。上诉人平安医院在医疗服务过程中的过错行为侵犯了被上

---

① 王泽鉴：《侵权行为法》（第一册），中国政法大学出版社 2001 年版，第 140 页。

② 本案的基本案情是：原告陈武凤于 2004 年 4 月到被告平安中西医结合医院产科就诊，被告的超声检查未发现胎儿上肢畸形。同年 12 月，陈武凤产下胎儿，左前臂及左手缺失。原告陈武凤、刘勇以被告在 B 超检查过程中的过失行为侵害了其生育权为由，向法院提起本案诉讼，请求法院判令被告赔偿其孩子抚养费、假肢费、精神损失费等。

诉人陈武凤、刘勇的生育知情权和优生优育选择权。

2. 按照违约之诉处理

如倪某、涂某诉高邮市妇幼保健所生育残疾儿童赔偿案。① 原告认为被告未尽检查义务，违反合同约定，致使有缺陷的孩子出生，向法院起诉。法院确认被告未正确履行合同，应承当违约责任。此一见解，也为最高法院民一庭所主张，该庭认为，如果医疗机构在进行产前医学检查过程中因未尽勤勉和忠诚义务导致检查结论失实，使信赖该项检查结果的相对人生育缺陷婴儿，蒙受纯粹财产上的损害，构成加害给付，则医院违反了合同约定，应承担违约损害赔偿责任。②

3. 不构成侵权，驳回诉讼请求

如原告张志斌、赵跃辉诉被告漳州市医院案，案情与云南平安中西医结合医院与陈武凤、刘勇医疗损害赔偿案基本相同。一审法院认为：漳州市医院对张志斌的产前检查未明确诊断出胎儿左上肢肢体残缺，服务质量存在瑕疵，但张志斌、赵跃辉主张漳州市医院B超产前检查未明确诊断胎儿左上肢残缺，构成对其健康生育选择权的侵害，向漳州市医院主张返还全部医疗费用、赔偿精神损失费10万元、女婴残疾生活补助费及残疾生活自助费的请求于法无据。医生对产妇提出终止妊娠的医学建议，必须是在产前诊断明确的前提下，张志斌也只有在产前对胎儿已明确诊断情况下才享有健康生育选择权，张志斌产前诊断未明确胎儿肢体残疾，因此，也不存在健康生育选择权被侵犯的前提。据此，依照母婴保健法第十八条的规定，判决驳回张志斌、赵跃辉的诉讼请求。③

由于在此类案件中一般事先存在医患合同，因此理论上原告可以选择违

---

① 高绍安：《中国最新医疗纠纷典型判例评析》，中国法制出版社2001年版，第271页。

② 最高人民法院民一庭：《因产前检查疏失导致缺陷儿出生相关医疗机构应否承担侵权责任》，载《民事审判指导与参考》（总第35集），法律出版社2009年版，第153页。

③ 此案二审法院予以改判，支持了张志斌的诉讼请求，二审判决发生法律效力后，漳州市医院申请再审。

约之诉或侵权之诉。[①] 在美国，对此类案件，可提起错误出生损害赔偿之诉，[②] 德国则认为这是违反医患合同的必然损害后果，按照违约之诉予以处理。但就我国判决观之，主张按照侵权处理者为众，究其原因，按照违约处理，分别在程序法和实体法上存有障碍：一是残障婴儿的父亲无法取得原告的身份。实践中，到医院进行孕检与医院建立合同关系的，是孕妇，孕妇之丈夫不可能成为该产前检查合同的当事人，一旦残障婴儿出生，基于合同的相对性原理，婴儿的父亲无法基于合同向医院起诉，医院因过失行为导致残障婴儿出生给父亲造成的损害在合同之诉中无法解决，；二是精神损害赔偿的诉讼请求无法得到支持。在保证健康婴儿出生已经成为我国一项基本公共政策、医学水平已经能够探明胎儿健康状况的情形下，任何一对夫妻都不希望生育残障婴儿。残障婴儿的出生违背了夫妻的意愿，所造成的痛苦，并非身体侵害，[③] 并且这种违背意愿的侵害是医院的过失造成的，这种精神上的痛苦理应得到慰藉，但基于合同法，精神损害赔偿无法成为违约之诉的赔偿范围。

既然按照侵权处理已经达成共识，那么，于错误出生纠纷情形，究竟何种权利受到了侵害？就现有判决观之，有主张侵犯民事权益的，[④] 有主张侵犯知情权和优生优育选择权的，[⑤] 也有的判决认为侵权成立，但侵害了何种民事权利，则不加阐释。[⑥] 我们认为，在“错误之诉”案件中，医院基于过

---

① 张红：《错误出生的损害赔偿责任》，载《法学家》2011 年第 6 期。

② 金福海、邵冰雪：《错误出生损害赔偿问题探讨》，载《法学论坛》2006 年第 6 期。

③ 当然，如果因婴儿残疾出生时必须采取复杂手术，则构成对孕妇身体的伤害。

④ 参见本文前引案例的判决。

⑤ 在云南省昆明市中级人民法院审结的云南平安中西医结合医院与陈武凤、刘勇医疗损害赔偿上诉案中，一、二审法院的判决均认为：本案的损害事实并非是残疾婴儿的出生，因为生命的无价不能因身体的残疾而低估其价值，故本案产生的损害应当是被告平安医院对原告优生优育选择权的侵犯而给原告身体、感情、精神上造成的损害。

⑥ 在原告张志斌、赵跃辉诉被告漳州市医院案中，二审法院认为：作为具有胎儿保健专业知识的漳州市医院，其应当知道胎儿出现异常不作进一步产前诊断，可能导致出生的婴儿肢体残缺，其却没有预见到，或者其已经预见到这个结果，但轻信能够避免。因此，漳州市医院的行为符合侵权责任构成四要件，应承担民事侵权赔偿责任。

失导致残障婴儿出生，该过错行为所侵犯权利的性质是生育权。

生育权的含义与对生育一词的理解有不可割舍的关系。生育是一个古老的概念，从不同的角度，对生育可以做不同的定义。在医学上，是指自然人以自然规律或人工授精的方法受孕、怀胎、分娩，以及通过无性生殖的方法繁衍抚育后代。① 在法学上，它是指受孕、足月怀胎和分娩的全过程。② 既然生育是一个过程，那么，对受孕、怀胎和分娩进行控制和支配的权利就称为生育权。

生育为人之本能，与人类的起源、发展结伴而行，有人类以来，就产生了生育制度。研究结果表明：人类生育制度经历了自然生育、生育义务和生育权利三个阶段。③

1. 自然生育阶段。这一时期的人们并不了解性与生育的关系，不可能有意识地通过避孕来节制生育，生育处于无规范、无控制的状态，既非权利，也非义务，是基于人的本能，不加节制的性活动的结果。

2. 生育义务阶段。这一阶段，由于生产力发展水平比较低，个体必须依靠群体才能更好地生存，并且人口越多，抵抗自然灾害、猛兽或来自其他部落的侵袭能力就越强，因此，人口越多越好，而当时的医疗条件差，婴儿的死亡率很高，因此人口增长缓慢，统治者经常采取各种措施来鼓励生育。在此阶段，生育是一种义务。④

3. 生育权利阶段。人类由农耕文明进入工业文明后，随着科学技术的进步，社会生产率大幅度提高，社会化大生产对人口的依赖度大大减少，相反，大量存在的人口成为社会的沉重负担，有的国家不得不采取措施控制人口的增长。与此同时，随着社会保障体系的建立和完善，养儿防老等观念逐渐被摒弃，人们生育的迫切性大为降低，加之医疗技术的进步，生育成为一个人们可以选择的问题，人们在生育与否、生育的数量和生育的时间等方面

---

① 陈玉玲：《论生育权的权利属性及其侵权责任》，载《上海政法管理干部学院学报》2009年第6期。

② 戴维·M·沃克：《牛津法律大辞典》，李双元等译，法律出版社2003年版，第194页。

③ 樊林：《生育权探析》，载《法学》2000年第9期。

④ 康柏明、胡建新：《生育权之法律思考》，载《广西政法管理干部学院学报》2005年第5期。

都享有自由，在这种条件下，生育逐步由义务演变成了权利。当人类生育制度发展到生育权利阶段时，作为一项权利的生育权产生了。

生育权的形成较生育制度为晚，作为一项权利，它具有以下三个特点：

首先，历史性。生育作为一项权利，是人类社会发展到一定历史阶段的产物。在自然生育和生育义务阶段，生育不是权利，而是责任、是义务①。只有当生育制度发展到生育权利阶段，人们充分享有了生育自由，生育权才得以产生。因此，研究生育权，不能脱离它的历史性。

其次，冲突性。源于法律和道德的因素，多数情况下，生育权是通过男女缔结婚姻实施性行为实现的，男女双方是生育权的共同权利主体。由于二元主体的存在，同一权利可能会在不同的权利主体之间产生两项完全相反的权利内容，一方的权利实现必须以对方义务的履行为基础，这种权利的相互性，使得生育权成为一项极易发生冲突的权利，当夫妻双方不能就生育问题达成一致意见时，冲突不可避免地发生。

最后，发展性。这主要表现为在不同时期、不同国家或地区，生育权的内容并不相同。例如，上个世纪七、八十年代，我国为控制人口的增长，实行一对夫妻一个孩的人口政策，体现在生育权上，就要限制生育的数量；而同一时期的苏联，仍在为减少无子及只有一个孩子家庭而努力，进而鼓励生育。一个国家人口的再生产应当与社会各方面的发展相协调，不同国家、不同时期对生育权的内容作出限制，正是人口与社会协调、可持续发展的具体体现。

（一）生育权的性质

生育权是什么性质的权利，理论界众说纷纭。概括起来，有宪法权利

① 甚至在今天，仍有的国家和部族将生育作为夫妻（主要是妻子）的义务。

说、人权说、配偶权说、身份权说和人格权说。① 我们认为，从性质上讲，生育权是一种人格权。

首先，人格权是指以主体依法固有的人格利益为客体的，以维护和实现人格平等、人格尊严、人身自由为目标的权利。② 人格权所体现的基本价值就在于对上述价值的维护和实现。③ 生育行为既是人作为高等动物生物机能的表现，又是个人生命延续和家族存续的象征，因此，生育权是自然人体现人之为人本性的基本权利，④ 与生俱来。生育权的核心，是生育自由，即权利主体自主决定生育与否、子女人数和子女间隔，这种自由，表现为权利主体按照自己的意志为生育行为而不受他人约束的状态，这显然是一种人格利益——权利主体对生育行为自我决定的人格利益。尽管自然人生育权的行使要受到一国人口政策等的限制，但自然人都享有生育自由，即使是国家，也不能以立法的形式禁止或者强制生育。并且这种自由，人人平等享有，权利以外的人和组织都负有不得侵害权利人生育权的义务。生育权的这种支配性和对世性表明：生育权是自然人对其生育或不生育的自由这一“生育利益”予以支配而享有的权利。尽管生育权的行使要受到国家人口政策等的限制，多数情况下权利的行使与婚姻关系有关，但这不能改变生育权属于人格权范畴的性质。

其次，我国宪法第四十九条规定：夫妻双方有实行计划生育的义务。根

---

① 关于生育权的性质，许多学者均有详细阐述，有关内容请参见：康柏明、胡建新：《生育权之法律思考》，载《广西政法管理干部学院学报》2004年第2期；杨立新主编：《中国人格权法立法报告》，知识产权出版社2005年版，第474页；陈玉玲：《论生育权的权利属性及其侵权责任》，载《上海政法管理干部学院学报》2009年第6期；付翠英、李建红：《生育权本质论点疏理与分析》，载《法学杂志》2008年第2期。就权利性质言之，我国宪法宣示：国家保护公民享有的人权，因此，人权属于宪法性权利；按照民法理论，配偶权是基于合法婚姻关系而在夫妻间产生的基本身份权，基于此，生育权人权说和配偶权说分别能够被宪法权利说和身份权说所涵盖，故笔者认为，关于生育权性质的争论，应以宪法权利说、身份权说和人格权说为要。

② 王利明：《人格权法研究》，中国人民大学出版社2012年版，第12页。

③ 杨立新：《人身权法论》，人民法院出版社2002年版，第89页。

④ 陈玉玲：《论生育权的权利属性及其侵权责任》，载《上海政法管理干部学院学报》2009年第6期。

据权利义务统一性理论，负担义务必然享有权利，据此，生育权是宪法规定的公民基本权利之一，但这不能排斥其成为一项民事权利。（1）不可否认，宪法是所有民事权利的最高法律渊源，从这个意义上说，生育权是一项宪法性权利。但应看到，宪法作为国家根本大法，其所规定的权利均为基本权利，义务主体主要是国家，调整国家与公民以及国家机关之间的关系，并不调整公民之间的关系，所以，宪法上的权利，实质上是为国家设定某种职责。正如有的学者所言："宪法基本权利规范，旨在保障人民免受国家权力滥用的侵害，其富有针对国家的性质而非针对人民的性质。宪法基本权利规范，只是关乎国家权力的行使，对私人之间，无任何效力而言。"① 而现实生活中发生的生育权之侵权，恰恰发生在公民之间或公民与法人之间，很显然，按照宪法的规定，无法对生育权予以保护。（2）退一步说，如果认为生育权是宪法性权利而否认其民事权利属性，那么，有权利必有救济，而宪法条文抽象性、原则性的特点，决定了不可能对生育权遭受侵害的情况设定各种救济手段，也不可能对各种侵害生育权的具体行为作出详细列举。"宪法虽然规定人权保障或具体人格权保障，但何谓人格或人格权，仍须加以明确化，不规定在民法，将人格权的内容巨细靡遗地规定在宪法中并不适宜。"②（3）就我国而言，解释宪法的权力属于全国人大常委会，法院没有解释和适用宪法的权力，故而宪法规范不构成裁判规范，不能在民事诉讼中直接适用，在我国目前宪法诉讼机制缺失的情况下，将生育权作为一项宪法性权利予以保护是不够的，必须充分把握生育权私权的本质属性，通过民法将生育权转化为一种独立的民事权利，建立生育权的民法保护体系，才能使权利保护落实到司法层面。总之，宪法关于生育权的规定具有宣示性质，具体内容应当由民法规定。

最后，生育权不是身份权。"民法上身份云者，谓基于亲属法上之相对关系之身份，有一定身份后得享有之权利也。"③ 人格权与身份权的本质区别在于身份权是由一定的身份关系所派生出的权利，身份是权利产生的前提，

---

① 沈岿：《宪法第一案司法理论及质疑》，载《判解研究》2002 年第 1 辑，人民法院出版社 2002 年版。

② 谢哲胜等：《中国民法典立法研究》，北京大学出版社 2004 年版，第 81 页。

③ 史尚宽：《民法总论》，正大印书馆 1980 年版，第 16 页。

没有某种身份地位，不可能取得身份权利。① 生育权是自然人与生俱来的权利，与身份地位并无关涉。不可否认，依照国际上普遍通行的法则，生育权主要是以组成家庭夫妻共同生育的形式来实现，但这并不意味着生育权的取得取决于夫妻关系，就民法层面而言，生育权的实现与生育权的取得是性质不同的两回事。当今社会，各国法律均承认非婚生育、认同自然人享有依法通过人工授精受孕、怀胎、分娩，以及无性生殖的方法繁衍后代的权利，这些事实也充分证明：生育权是与自然人身份特别是夫妻关系无关的一项人格权。

（二）生育权的主体特征

生育权的主体是指能够对生育过程进行控制和支配的人，包括男性和女性。有的学者认为，生育权为女性所独有，男性不享有生育权。其依据是妇女权益保障法第四十七条和母婴保健法第十九条的规定。② 我们认为，在对生育过程进行控制和支配方面，妇女起着决定性的作用，但这并不能成为男性不享有生育权的理由。男性有生育的功能，在现今医学条件下，离开男性生殖细胞的介入，女性单方不可能实现生育，同理，男性生育后代的愿望也只有通过女性的配合和协助才能实现。因此，男性与女性一样，平等地享有生育权。此点也得到了相关法律的肯认。人口与计划生育法第十七条规定“公民有生育的权利，也有依法实行计划生育的义务”，公民既包括女性，也包括男性，既包括成年人，也包括未成年人，既包括夫妻，也包括非婚男女。妇女权益保障法和母婴保健法是专门针对妇女权利的保护制定的，法律适用的主体是妇女，保护的对象是妇女的权利，不可能对男性的权利作出规定，因为妇女权益保障法和母婴保健法没有对男性生育权作出规定就否认男性的生育权，难谓公允。

当然，我们主张男女均享有生育权，并不否认男女生育权的差别。妇女在生育过程中的天然作用，决定了女性是生育活动的主要承担者，其在怀孕、生育、哺乳过程中独自承担着比男性更多的义务。根据权利义务相一致

---

① 例如，基于合法的夫妻关系而在夫妻之间产生配偶权。

② 妇女权益保障法第四十七条规定：“妇女有按照国家有关规定生育子女的权利，也有不生育的自由”；母婴保健法第十九条规定：“依照本法规定实行终止妊娠或者结扎手术，应当经本人同意，并签署意见。”

的原则，女性应当在生育方面享有大于男性的权利，正如此，妇女权益保障法第五十一条规定："妇女有按照有关规定生育子女的权利，也有不生育的自由。"基于该规定，女性自主堕胎是对自己身体的一种处分，是对不生育的一种自由选择，如果夫妻之间未达成"要孩子"的合意，那么妻子无论是自主避孕还是堕胎，都不构成对丈夫的侵权。另一方面，若不顾及女方意志强行满足男方的生育意愿，就有可能构成婚内强奸或家庭暴力。在婚姻内部，无论是依据法律或者道德要求，生育后代应当通过夫妻双方的合作来实现，不允许夫妻一方在他方不愿意生育的情形下通过其他途径怀孕生育。①这充分证明：生育权是一项极易发生冲突的权利，夫妻双方如果无法就生育问题达成一致，产生纠纷诉至法院，一方不能对对方请求侵权法上的救济，法院也不能判决强制一方满足对方的生育要求。于此情形，只能提起离婚诉讼，通过离婚，双方解除婚姻关系，重新寻求生育利益的平衡。

与其他人格权的权利主体不同，生育权的权利主体具有二元性——男女双方均是生育权的主体，权利主体二元性的特征决定了生育权的行使必然涉及内外双重法律关系：（1）权利主体之间的权利义务关系。即男女之间因生育子女所产生的权利义务关系，一方的权利构成对方的义务，但此种义务在多数情况下不具有强制执行性，一方不履行义务，不构成侵权，对方不能诉请法院判令强制执行。例如，生育请求权和生育决定权即属此类。（2）权利主体作为一个整体与其他义务主体之间的权利义务关系。生育权作为一项对世权，权利主体以外的任何人都是义务主体，都负有不得侵害权利主体生育权的义务，违反此项义务，构成生育权侵权，应当依法承担侵权的民事责任。

### （三）生育权的客体特征

生育权的客体是自然人享有的生育利益，即生育自主的利益。此种利益，不是财产利益，而是一种无法以金钱的价值尺度衡量的精神利益，不仅是一种法益，也体现了社会道德的要求，侵害它，会产生精神损害的赔偿后果。生育利益作为一项独立的人格利益与其他人格利益相区别，虽与身体权和健康权有联系，但不应当包含在身体权和健康权之内。侵害自然人的生殖

---

① 陈玉玲：《论生育权的权利属性及其侵权责任》，载《上海政法管理干部学院学报》2009年第6期。

器官但未导致生育能力的丧失，损害的是个人的身心健康或身体的完整利益，造成对健康权或身体权的侵害。如果侵害了自然人的生殖器官，导致丧失生育能力，则构成生育权侵权。

## 四、生育权的内容

生育权的内容也就是权利主体所享有的权利和应当履行的义务。生育权从本质上讲是权利，以权利为中心，但在现代社会，生育权的享有和行使不仅涉及到自身家庭，而且还要涉及到国家和民族的人口利益，因此，生育权强化了权利主体的"责任"因素，包括对孕育生命的母体负责、对未来生命的身心健康负责、对社会其他生命的生存负责，[①] 是合权利义务为一体，融合了法律意义、生物性质以及家庭伦理道德的综合性人格权。它包括以下内容：

1. 生育请求权

是指权利主体有请求对方帮助自己生育的权利。根据生育的自然属性，完成生育的过程必然要求有男女自然的结合。选择自然生殖方式生育子女的，有权向对方提出通过性交受孕生育的意思表示；选择人工生殖方式的，有权向对方请求同意借助人工生殖方式生育子女。男女双方有权共同向精子（或卵子）的生产者或所有者、有关医疗机构、代孕者、法律规定的审批机构提出意思表示。[②]

2. 生育决定权

是指权利主体有权决定是否生育。生育决定权由男女（主要是夫妻）共同享有，以合意行使为前提，一方不行使，不构成违约或侵权。但在不生育问题上，女性具有最终的决定权，包括决定不要孩子以及为实现此目的而采取避孕及流产措施，女方的不生育决定，系法律赋予女性的专有权利，[③] 不构成侵权诉因，男方不能以此为由提起侵权之诉。

明确女性的生育最终决定权，有助于审判实践中因女性堕胎导致的纠纷

---

① 付翠英、李建红：《生育权本质论点疏理与分析》，载《法学杂志》2008年第2期。

② 王旭霞：《夫妻生育权的实现与救济》，载《甘肃政法学院学报》2009年第2期。

③ 例如，我国妇女权益保障法第四十一条规定：妇女有按照国家规定生育子女的权利，也有不生育的自由。

的处理。所谓堕胎，就是人工流产，[1] 系防止婴儿出生的办法。现实生活中，堕胎的理由包括三种：一是优生学上的理由，如胎儿患有疾病、先天缺陷等；二是道德上的理由，如乱伦、女性被强奸等；三是个人方面的理由，如经济上的原因、婴儿出生时机不成熟、女性不愿意生育等。在早期鼓励生育的政策下，堕胎被视为违法行为，但在节制生育的政策下，随着性道德标准的改变，立法趋势及学说均主张合法化。例如，我国台湾地区“优生保健法”第9条规定：怀孕妇女经诊断或证明有左列情事之一者，得依其自愿，施行人工流产：（1）本人或其配偶患有碍优生之遗传性、传染性疾病或精神疾病者。（2）本人或其配偶之四亲等以内之血亲患有碍优生之遗传性疾病者。（3）有医学上理由，足以认定怀孕或分娩有招致生命危险或危害身体或精神健康者。（4）有医学上理由，足以认定胎儿有畸形发育之虞者。（5）因被强制性交、诱奸或与依法不得结婚者相奸而受孕者。（6）因怀孕或生产将影响其心理健康或家庭生活者。既然堕胎属于女性生育决定权的内容，女性决定堕胎，不论理由是否正当，都是行使生育权的具体表现，男方不得以未经自己同意为由，提起侵权之诉。对此，《最高人民法院关于适用〈中华人民共和国婚姻法〉若干问题的解释（三）》也持这一主张，该《解释》第9条规定：夫以妻擅自中止妊娠侵犯其生育权为由请求损害赔偿的，人民法院不予支持。

3. 生育选择权

包括生育数量选择权、生育质量选择权和生育方式选择权。

生育数量选择权是指决定子女数量的权利。包括生育的时间、子女的间隔等。

生育质量选择权即优生优育，确保健康婴儿的出生。当前，保证健康婴儿的出生已经成为各国一项应予维护的基本公共政策，优生优育选择权的赋予是法律提供给公民用于落实国家提高国民素质公共政策的手段。我国母婴保健法第九、十、十八、二十条对有可能产下残障婴儿的情形规定了预防措施，可视为对这一公共政策在法技术上的进一步落实。

生育方式选择权是指男女双方依法享有选择自然生育方式或人工生殖技术方式生育子女的权利。

---

① 《现代汉语词典》，商务印书馆2005年版，第352页。

生育选择权的行使，应当接受国家对个体生育权的合理干预，要受到法律规定的限制。(1) 数量限制。人口过快增长是当今世界面临的一个十分严重的问题，联合国人口基金会曾指出，如不立即采取坚决行动控制人口，保持消费与发展的平衡，人类在本世纪中叶时将无法得到持续发展。大多数国家对此都采取了控制人口数量的政策，有的国家还上升为法律，我国宪法和人口与计划生育法均将计划生育规定为夫妻的共同义务，通过计划生育，控制人口数量。(2) 质量限制。人口再生产不仅要有数量的限制，而且还要有质的要求，优良素质婴儿的出生无论对家庭还是社会均有正面的意义。① 男女双方有权采取医疗措施禁止患有遗传性疾病或者有严重缺陷的胎儿出生，以提高人口素质。(3) 生育方式的限制。法律不允许对婴儿的性别进行选择，以维护男女性别比例的均衡状态；基于道德、伦理等因素，无性生殖方式——克隆人技术为法律所严禁。

4. 生育保障权

是指男女在生育过程中获得国家提供的生育保障的权利。包括：孕产期和哺乳期不被解雇权、产期休假权、工作期间哺乳权和孕期特殊劳动保护权；享受生育保险的权利。

综上分析可见，在“错误出生之诉”案件中，医院基于过错侵犯了患者生育权中的生育选择权，应当承担侵权的民事责任。具体到本案，基于人口与计划生育法、妇女权益保障法的规定，李明丽夫妇享有是否生育子女、何时生育子女的权利，此种权利，除了在子女数量上受国家计划生育政策限制外，任何单位和个人不得以任何方式侵犯。李明丽到医院进行产前检查的目的，一方面是确认自己的身体状况良好，确保母亲的平安；另一方面，在实行优生优育政策的前提下，及时探知胎儿的生长发育情况，确保健康婴儿的出生以及对不健康的胎儿及时采取相应的措施。市医院作为为孕妇提供孕期检查的医疗机构，应当依照相关法律和部门规章的规定，基于医患服务合同为孕妇按期提供孕检，并基于优生优育的有关规定，就胎儿的健康状况在医学技术所能达到的范围内及时提供检查结果和建议，特别是当胎儿有可能存在生理缺陷的情况下，更应严格按照有关规定，仔细检查并提出有关医学建

---

① 蔡德仿、黄雪英：《生育权之法律思考》，载《广西政法管理干部学院学报》2005 年第 5 期。

议，由李明丽夫妇决定是否采取人工流产措施。除法律规定的事由外，市医院应当检查出却没有检查出胎儿的生理缺陷，或者检查出来后没有及时告知孕妇，致使残疾婴儿出生，视为市医院存在过失，其过失行为与张兰兰的出生具有因果关系，故应当承担侵权的民事责任。

由于医院负有将检查结果及时告知孕妇的义务，其没有告知，有的判决据此认定医院也侵犯了孕妇的知情权。对此种主张，我们有不同意见：孕妇生育选择权的行使，必然以知悉胎儿的健康状况为前提，正是由于医院殆于将胎儿残疾的检查结果告知孕妇，导致孕妇做出错误判断，误认为胎儿是健康的，生产出残疾婴儿。由此可见，检查结果的知情与生育选择互为因果关系，前者为因，后者为果，缺少其中之一，都不构成生育权侵权，于此情形，知情权侵权的后果已经被生育权侵权所涵盖，不宜在生育权侵权之外再单独认定知情权侵权。

## 五、“错误出生之诉”的损害赔偿范围

“错误出生之诉”中的原告应当得到哪些赔偿？审判实践中有以下处理结果：

1. 赔偿精神损害

除违约之诉的案件外，无论是医疗损害纠纷还是侵权纠纷，判决均支持原告精神损害赔偿的诉讼请求，只不过数额上有所区别。

2. 物质性损害

主要是各种费用，但个案中判决赔偿的费用种类不同。

（1）判决支付鉴定费。

在云南省昆明市中级人民法院审结的云南平安中西医结合医院与陈武凤、刘勇医疗损害赔偿上诉案中，陈武凤、刘勇请求法院判令医院赔偿精神损失费、抚养费、假肢费和鉴定费，但终审法院判决支持了精神损失费和鉴定费。抚养费和假肢费的诉讼请求未予支持。

（2）判决支付医疗费、残疾者生活补助费、残疾用具费、鉴定费和残疾用具评估费。

在原告张志斌、赵跃辉诉被告漳州市医院案中，一审法院虽然判决驳回了原告的诉讼请求，但二审法院予以改判，判令医院负担了医疗费、残疾者生活补助费、残疾用具费、鉴定费和残疾用具评估费。

(3) 判决返还孕期检查费、赔偿因抚养残疾婴儿额外支付的抚养费，包括增加的护理费、安装残疾辅助器具费

本文前引案例即做此判决。

(4) 不支持物质性损害赔偿请求，仅判令支付精神损害慰抚金。

在湖北首例侵害生育选择权案件中，韩某夫妇至荆州市某医院进行产前检查，B 超报告单结论为"胎儿活动：四肢、脊柱：活动好"，后韩某夫妇生下一左臂缺如的孩子，遂诉至法院，要求赔偿生育费、交通费、残疾赔偿金、精神抚慰金共计 30 多万，一审认为物质损失难以计算，遂判决精神损害赔偿金 5 万元，二审调整为 2 万。

已经生效的判决，对原告的精神损害赔偿不持异议，但对物质性损害赔偿，特别是残障婴儿的抚养费、教育费则无一支持。就比较法上观察，法国、意大利、丹麦等国主张抚养费不具有可赔偿性，比利时、西班牙、德国等国则认为在一定条件下可以赔偿。① "应当一般接受的做法是，既不能将孩子的抚养费用也不能将与其出生有关的物质上的或非物质上的不利作为可以得到救济的损害。不到一半的欧洲国家之法律采取这一观点。"② 美国各州有三种态度，即严格规则、利益规则和全部赔偿规则。绝大多数州的法律适用"严格规则"，即基于公共政策的考虑，否认抚养费的可赔偿性。另有部分州援用"利益规则"，即允许原告就抚养费获得赔偿，但必须扣除其因孩子的出生所获得的快乐和利益。最后，有很少一部分州的法院采纳"全部赔偿规则"，即要求被告赔偿全部抚养费，直至孩子成年为止。然而，近来美国的判例存在对抚养费问题逐渐放宽限制的趋势。③ 英国、澳大利亚等国也有支持赔偿抚养费的倾向。

我们认为，由于"错误出生之诉"的侵权损害赔偿不仅涉及法律，还涉及生命伦理和道德，因此，对错误出生案件的物质性损害赔偿，应当严格限定在"与新生儿残障相关"的额外经济损失范围，使之与医院的过失行为应

---

① [德] 克里斯蒂安·冯·巴尔：《欧洲比较侵权行为法》(上卷)，张新宝译，台湾地区元照出版有限公司 2003 年版，第 818~821 页。

② [德] 克里斯蒂安·冯·巴尔：《欧洲比较侵权行为法》(上卷)，张新宝译，法律出版社 2001 年版，第 708 页。

③ David Kerrane, "Damages for Wrongful Pregnancy" (2000) 11 Journal of Contemporary Legal Issues pp. 468 –471。

当承担的后果相当，具体包括：（1）因婴儿残障，需要付出的额外的抚养费、教育费和护理费；（2）为治疗残疾支付的医疗费；（3）残障婴儿的残疾辅助器具费。如果不做此考虑，那么，残障婴儿十八岁以前所支出的所有费用都要由医院承担，父母却不支付任何费用，这对医院是不公平的，子女的抚养义务是依照亲属法产生的父母的法定义务，不能单独抽取而被视为“损害”。更为重要的是，如果残障婴儿的所有生活费用都由医院支付，父母仅承担体力和精神上的义务，对保持父母子女间的亲情，融洽父母子女关系都是非常不利的。

## 六、“错误出生之诉“案件的适格当事人

谁是“错误出生之诉“案件的适格原告也是一个值得探讨的问题。审判实践中，多数案件的原告是残障婴儿的父母，有的案件还包括残障婴儿，①还有的案件，残障婴儿自己做原告起诉。② 残障婴儿能否成为错误出生之诉案件的原告？我们认为，错误出生损害赔偿的发生，是基于孕妇与医院之间存在的医患合同，就合同而言，婴儿不是合同一方当事人，基于合同相对性原理，其无权提起违约之诉；就侵权关系而言，婴儿的残疾系源于先天性的病理因素，医院只是没有检查出残疾的存在，该残疾并不是医院造成的，其也不能作为侵权之诉的主体。因此，残障婴儿不能成为“错误出生之诉”案件的当事人。

那么，残障婴儿是否享有诉权呢？答案是肯定的，但是，残障婴儿提起的诉讼，已经不是“错误出生之诉”，而是“错误生命之诉”。“错误生命”的英文译法为 Wrongful Life，在错误出生的情况下，如果损害赔偿的请求是由残障婴儿以自己的名义提出，这种情形被称为“错误生命之诉”。它与错误出生的区别在于主张损害赔偿的主体（原告）是残障婴儿，而非他的父母。

---

① 本文前引案例既如此。

② 例如鲁天成诉宁波市镇海区蟹浦镇卫生院医疗损害赔偿案，原告以被告在对其母进行产前检查中，未能通过 B 超等检查手段及时检查出原告为先天性残疾而造成原告降生提起诉讼。法院判决认为案件实为侵害父母优生优育选择权之诉。鉴于产前检查时原告尚为胎儿，无民事权利能力，亦无法决定自己是否出生，故不能对自己生存权利做出选择，该案原告主体不适格，故依法驳回原告鲁天成起诉。

当然，残障婴儿享有诉权是一回事，但其诉讼请求能否得到法院支持则是另外一回事。残障婴儿提起诉讼，其理由无非是因医院过失，未发现自己先天残疾，导致自己出生，造成精神上痛苦和生活上不便，进而要求医院支付因残疾而产生的额外的生活费用和精神损失费用。我们认为，残障婴儿的这些诉讼请求不应得到支持。其一，是否生育子女，是父母的权利，残障婴儿对自己是否出生没有决定权。“任何人都无权决定其自己之不生存”。其二，身体残障在医院检查前即已存在，并非医院的过失造成。医院的孕检，只是确定婴儿的发育是否有残疾，并据此向孕妇提供检查结果，由孕妇决定是否生产孩子。医院的检查不具有阻止婴儿出生的效力。其三，身体纵有残障，但其人格尊严与正常婴儿并无二致，精神上并不受有损害。其四，就生命而言，出生总比不出生好，生命纵有残障，其价值仍胜于无，在出生与不出生之间，无法进行价值衡量。基于此，医生以专业能力负责向孩子的父母提供治疗或者医学建议的作为或不作为，不对孩子承担任何责任，对于残障婴儿提起的错误生命之诉，法院应当驳回其诉讼请求，而不仅仅是驳回起诉。判

（本文仅代表作者个人观点）

# 民间借贷大额现金交付案件的审理思路

## 以江苏省高级人民法院审理民间借贷案件会议纪要①为研究蓝本

关　倩*

### 案情概要②

原告刘某诉称借款2170万元给东升公司、徐某（东升公司法定代表人），有借款人签字确认的122张借条为据，借条均载明："今向刘某借款现金×元；在约定借款期限届至时，应于归还本金当日支付利息，利息按银行商业经营性贷款利率（或银行同期贷款利率）的四倍计算"。借款人在借期内定期向刘某出具《保证按时还款承诺书》；此后双方签订《结算协议书》，约定借款人应于同年7月19日前还清借款。东升公司、徐某另出具《承诺书》，承诺就占用资金给刘某造成的投资损失，另支付补偿款253万元。2010年7月19日，约定还款期限届至，刘某向公安机关报警称其至借款人公司取款，在复印借条原件时，徐某将封存借条原件的档案袋扔出窗外，后无法找到。刘某因要款未果诉至法院，请求判令借款人东升公司、徐某还本付息。

被告东升公司、徐某共同答辩称：案涉借款事实未实际发生，刘某主张

* 江苏省高级人民法院民二庭法官。

① 2013年6月13日，江苏省高级人民法院召开第10次审判委员会，对民间借贷纠纷案件审理中的若干问题进行了专题讨论，形成江苏省高级人民法院审判委员会会议纪要〔2013〕1号文件。

② 南京市中级人民法院（2011）宁商初字第10号民事判决、江苏省高级人民法院（2011）苏商终字第0151号民事判决。基于商业信誉、当事人隐私等方面的考虑，当事人真实姓名及公司名称等内容已作改动。

的借条金额均为其他借款（已形成另案诉讼）滚动计算而来的高额利息，因另案诉讼查封东升公司的土地、设备，其于无奈之下被迫签订系列书面文件，请求驳回刘某的诉讼请求。

## 裁判要旨

江苏省南京市中级人民法院经审理认为，在借款人抗辩未实际收到款项的情况下，刘某就该节事实仅作口头陈述，未能提交其他证据加以证实。据其陈述，其在另案借款未还的情况下，又将2170万元出借给东升公司、徐某，案涉金额较大且均以现金方式交付，该行为本身与常理不符。刘某起诉主张业已发生的借款事实存在不能排除的合理怀疑，仅凭《结算协议书》《保证按时还款承诺书》《承诺书》及公安机关的询问笔录等主张权利依据不足。该院判决：驳回刘某的诉讼请求。

刘某不服一审判决，向江苏省高级人民法院提起上诉。经二审法院释明，出借人提交款项来源等证据，用以补证其以现金方式交付借款。二审法院认为：

第一，民间借贷合同具有实践性特征，出借人行使债权请求权要求借款人偿还借款本息的，应当对是否已形成借贷合意、借贷内容以及是否已将款项交付给借款人等事实承担举证责任。借条为借贷双方形成借贷合意的凭证，同时具有推定借贷事实已实际发生的初步证据效力，但在借款人提出借贷事实未实际发生的抗辩，且人民法院对借贷事实产生不可排除的合理怀疑时，出借人还应提交其他证据印证借贷事实的实际发生。本案中，122张借条除签字以外的内容均由出借人事先打印提供、大额借款均以现金交付，缺少银行转账凭证，且款项交付方式与另案大额借款通过银行转账的交易习惯不符，此外刘某承认借条金额中还存在将利息预先计入本金的情况。因此，仅凭借条或借款人徐某丢弃借条的行为，尚不能认定出借人已将2170万元借款本金实际交付给借款人。同时，刘某在东升公司、徐某未归还另案借款的情形下又继续出借大额款项，行为不合常理，不能排除借条所载本金数额中包含高额利息的可能性。刘某提交的《结算协议书》《保证按时还款承诺书》虽形式完备，但该两份证据中的结算数额系依据借条数额计算而来，并不能证明借款本金交付的事实。因此，出借人应补充提交证据证明出借款项的来源、其具有支付大额借款的能力等，以印证借贷事实的实际发生。

第二，在出借人在二审中补充提交款项来源等证据的情形下，对于是否存在借贷关系及借款本金的数额，应从在案证据与案件事实之间的关联程度，以及各证据之间的逻辑联系等方面进行综合判断。首先，刘某提交的银行提现凭证能够证明其具有出借大额款项的支付能力。其次，经审查，刘某在另案中提交的证据系两份借款协议，而本案借款均以借条方式形成，应认定两案所涉借款法律关系彼此独立。再次，银行提现凭证不能直接证明刘某向东升公司、徐某交付借款，仅能证明刘某在当日支取现金，对于款项支取后的去向，还应有借款人出具的借条予以印证。此时借条的性质类似于“收条”，如出借人支取款项的时间、金额与借款人出具借条的时间、借条所载金额均能一一对应，则能形成证明借贷双方之间形成债权债务关系的证据链，证明出借人刘某在支取现金后，将该笔款项交付给借款人。

第三，案涉122张借条约定的利率未违反国家有关限制借款利率的规定，应予保护。该约定利率为借期内利率，当事人仅约定借期内利率，未约定逾期利率，出借人以借期内的利率主张逾期还款利息的，依法予以支持。借贷双方约定的借款偿还期限为2010年7月19日，故利息起算的时间应为借款偿还期限届满后的次日，即2010年7月20日。

第四，《承诺书》未记载253万元补偿款的计算依据，对约定补偿款253万元的性质，应认定为借款人东升公司、徐某承诺的对于逾期偿还借款所承担的违约金。本案中，刘某主张的逾期还款利息已经达到中国人民银行同期同类贷款利率的四倍，对于超出的部分，不应予以保护。

二审法院依据查明的事实改判：一、撤销一审民事判决；二、东升公司、徐某在判决生效之日起15日内偿还刘某借款本金871.54万元及相应利息（利息自2010年7月20日起至还清之日止，按照中国人民银行规定的同期同类贷款利率的四倍计付）；三、驳回刘某的其他诉讼请求。

## 评析

目前我国的民间借贷主要存在两种形式，一是无组织的民间借贷，包括私人借贷、企业间借贷、企业和个人之间借贷；二是有组织的借贷，包括合会、标会、地下钱庄、典当行、担保公司、私募基金等。[①] 近年来，民间借

① 于蒙、王林清：《从管控到疏导——我国民间借贷利率规制的路径选择与司法应对》，载奚晓明主编：《民事审判指导与参考》第49辑，人民法院出版社2012年版，第30页。

贷融资总量不断上升、单笔发生额不断扩大，成为民间资本投资的重要渠道，尤其成为中小企业重要的资金来源。随之而来的是大量民间借贷案件涌入各地法院，立法相对滞后导致大量疑难问题还有待进一步澄清和解决，特别是针对该类案件具有的隐蔽型较强的特点，还需要法院进行审查甄别。主要体现为：主体隐蔽，即以自然人出面诉讼，以私人借贷形式掩盖有组织借贷；约定内容隐蔽，隐性利率大量存在、利息预先计入本金，还有以假买卖掩盖真借贷的情形等。由于协议起草多由专业的法律人士参与，书面文件格式齐备、约定内容规范，审查难度较大。

## 一、案例引出的问题与困惑

就本案的审理而言，至少带来以下问题的思考：

问题一：借条具有何种程度的证据效力。一般而言，借款人与出借人达成借款协议且已以借条等书面方式确认收到款项，即应认定借款事实已实际发生，借款人应对由其本人签名确认的内容负责，按承诺还本付息。依据《最高人民法院关于民事诉讼证据的若干规定》第五条的规定，“在合同纠纷案件中，主张合同关系成立并生效的一方当事人对合同订立和生效的事实承担举证责任；主张合同关系变更、解除、终止、撤销的一方当事人对引起合同关系变动的事实承担举证责任。对合同是否履行发生争议的，由负有履行义务的当事人承担举证责任”。本案中，出借人不仅提交了借条，还提交了结算协议、保证还款承诺书、结算协议书等大量书面证据，为何法院未直接判决借款人按约归还本息？

问题二：在出借人主张出借款项全部是以现金方式交付、不能提交汇款凭证的情形下，是否有必要审查，以及如何审查确认借款交付事实？

问题三：在双方当事人既约定以四倍同期贷款利率计算的逾期还款利息，又约定另外支付补偿款、律师费用、综合管理费等以加大对逾期还款的惩罚力度时，法院应否予以支持？

问题四：在涉及非法集资的情形下，刑民交织的问题应如何解决。2010年,《最高人民法院关于审理非法集资刑事案件具体应用法律若干问题的解释》规定，未经中国人民银行批准，向社会不特定对象吸收资金，出具凭证，承诺在一定期限内还本付息的活动可能构成非法集资。民间借贷案件审理中，如发现符合非法集体资犯罪特征、涉嫌犯罪的，应如何处理？

## 二、对民间借贷案件借款事实审查的思路与步骤

依据最高人民法院《关于依法妥善审理民间借贷纠纷案件 促进经济发展维护社会稳定的通知》第七条的要求，人民法院在审理民间借贷纠纷案件过程中，要依法全面、客观地审核双方当事人提交的全部证据，从各证据与案件事实的关联程度、各证据之间的联系等方面进行综合审查判断。

### （一）在存疑案件中借条仅具有推定性的证据效力

传统民间借贷的主体均为个人且通常彼此熟识，借款习惯为小额现金当场交付，因此“钱据两讫”即告交易完成。在此类案件的审理中，一般依据借款人出具的借条即可认定借款事实已经实际发生。

在借款人一方为企业的民间借贷中，通常涉及大额款项的交付，在此情形下，依据最高人民法院《关于依法妥善审理民间借贷纠纷案件 促进经济发展维护社会稳定的通知》第七条的要求，对主张现金交付的借贷，可根据交付凭证、支付能力、交易习惯、借贷金额的大小、当事人间关系以及当事人陈述的交易细节经过等因素综合判断。由于我国尚未有类似于国外现金交易法的规定，并未强制要求大额款项支付必须以银行走账的方式进行，因此在出借人主张大额现金交付的情形下，审查借款事实是否实际发生存在较大难度。在大量民间借贷案件中还出现制式性借条，借条均由出借人事先统一印制提供给借款人，借款人不能随意更改借条的内容，只在借条上签字确认即可。制式借条的用词造句一般都很严谨，本金、利息的表述均严格依照法律的规定。此外，出借人还与借款人之间定期结算，签订结算协议、还款协议等书面文件，用以佐证借条内容的真实性。因此，一旦出借人以借条为据要求还款，借款人以借条本金包含隐性高息抗辩时，法院很难查证出借本金的实际数额。在此情形下，应初步判断出借人主张的借款事实是否具有不可排除的合理怀疑，在存在合理怀疑的情形下，应要求出借人进一步举证。

以本案为例，至少存在以下引致合理怀疑的事实：

其一，122 张借条所载除签字以外的内容均由出借人事先打印提供、大额借款均以现金交付缺少银行转账凭证，且款项交付方式与另案大额借款通过银行转账的交易习惯不符，此外刘某亦承认借条金额中还存在将利息预先计入本金的情况。

其二，出借人在借款人未归还另案大额借款的情形下，继续出借大额款项给同一借款人，其行为不合常理，不能排除借款人所称借条所载本金数额中包含高额利息的可能性。

因此，在存在不可排除的合理怀疑事实时，应认定此时借条仅具有推定性的证据效力。出借人还应提交其他证据印证借款事实的实际发生。

（二）出借人负有补强款项来源、排除合理怀疑的举证责任

借条是双方当事人达成借贷合意的凭证，在对借款事实发生合理怀疑时，出借人应首先举证证明借款交付的事实。本案中，二审法院释明要求出借人补充提交款项来源等证据，以合理解释前述可疑事实。本案中，出借人施某补充提交的证据，依其证明目的分为两类：

其一，能够证明借款现金交付的证据。包括从银行调取的银行卡提现凭证，以及银行取现标识说明，用以证明出借款项提取的时间、方式。因出借人称其交付大额现金均为独来独往，与借款人均为单独接触，因此并无直接证据证明现金交付事实，前述取款证据均为间接证据。经审查，其中：（1）从银行调取的银行卡提现凭证107份，均由提现银行盖章确认。时间、金额与借条内容完全吻合的共有66笔，金额合计839.54万元；时间、金额略有误差的共有11笔，金额合计253.77万元；以上提现凭证金额合计1093.31万元。时间吻合、提现金额少于借条金额的共有7笔，金额合计90.91万元；金额吻合、时间不吻合的共有6笔，金额合计107万元。另有17笔提现凭证，金额合计179.64万元不能与借条对应。（2）银行取现标识说明一份，印证款项来源均为提取现金。如《交通银行交易凭条》记载“实付现金”，《招商银行交易明细表》记载“CWD1：本行ATM取款”、“WDCS：柜台取现为柜台提取现金”，《中国农业银行银行卡取款业务回单》记载“现金取款”，《上海浦东发展银行业务回单》记载“现金清讫”，《深圳发展银行客户回单》记载“支取现金”，《中国银行取款凭条》记载“贷701”，《江苏银行对私活期明细历史数据查询单》记载“取款”等。

经核对，借条日期、金额与银行提现日期、金额能够完全对应的共有66笔，金额合计839.54万元。另，银行提现日期与借条日期相符、提现金额大于借条金额的共有3笔，金额合计32万元。前述69笔款项，金额合计871.54万元，应认定为刘某向东升公司、徐某实际交付的借款本金数额。

其二，能够合理解释“前债未还，又借新债”的证据。在出借人与借款人之间存在滚动借款，前债尚未还清且已引发另案诉讼的情形下，出借人又重新借出大额款项，显然有违常理，对此，出借人应作出合理解释，如证明借款人提供可靠的借款担保，对前债与新债借款一并提供担保，出借人有理由相信所有借款均有还款保证。在本案中，出借人提交的该部分证据包括：（1）东升公司工商变更登记申请资料、刘某与东升公司股东签订的《股权转让协议》，证明东升公司的两名股东已将所持东升公司的全部股权转让给刘某作为借款担保，要求刘某继续提供借款。（2）徐某与刘某的部分短信往来记录，证明徐某向刘某提出借款要求，刘某借款给徐某，在2010年7月19日徐某毁灭借条原件之前，双方关系较为友好，且未因另案诉讼中断借款。

在出借人完成证据补强义务的情形下，依照最高人民法院司法解释的规定，对于是否存在借贷关系及借款本金的数额，应从在案证据与案件事实之间的关联程度，以及各证据之间的逻辑联系等方面进行综合判断。首先，银行提现凭证能够证明刘某具有出借大额款项的支付能力。其次，银行提现凭证能够证明刘某在当日支取现金，对于款项支取后的去向，有借款人出具的借条予以印证，此时借条的性质类似于“收条”，在出借人支取款项的时间、金额与借款人出具借条的时间、借条所载金额均能一一对应的情形下，已形成证明借贷双方之间形成债权债务关系的证据链，证明出借人刘某在支取现金后，将该笔款项交付给借款人东升公司、徐某。因此，对于刘某提交的银行提现凭证中能与借条在时间、金额上吻合的部分，应予确认。相反，对于刘某提交的其他银行提现凭证，因时间、金额不能与借条对应，未能形成证据链证明支取现金的用途为案涉借款，故对于该部分银行提现凭证与本案的关联性，应不予确认。

需要提及的是，这种认定方法仍然可能存在一定风险，即在制式借条均由出借人打印提供的情形下，仍不能绝对性地排除出借人因其他用途支取现金，但依照支取现金记录编制借条，要求借款人签字确认的情形。尤其是在一些民间借贷案件中，参加诉讼的出借人虽为自然人身份，但在其背后隐藏有组织的借贷团体，因此对每个流程的衔接都安排得十分严谨。但是，考虑到民事案件的审查力度有限，以及现金款项来源证据系对既有借条等书面文件表征的借贷事实进行辅助性、补强性地证明，因此在借款人已向出借人出具一系列书面文件明确认可已收到出借人借款并作出自愿按约定内容还本付息的意思表示，且出借人已提供补强证据对现金交付事实予以证明的情形下，应认定出借人的举证已达到民事案件认定事实的高度盖然性标准。如借款人仍坚持绝对否定性的抗辩主张，提出借款事实并未实际发生的，则应对其在借条上确认借条全部内容的行为做出合理解释，换言之，此时的举证责任已转移至借款人，如借款人不能提交充分的反驳证据，则应负担相应不利的法律后果。

（三）注意甄别以违约金等方式存在的隐性利率

对于利息问题，首先，应审查约定利息是否违反国家有关限制借款利率的规定。依照《最高人民法院关于人民法院审理借贷案件的若干意见》第6条的规定，民间借贷的利率最高不得超过银行同类贷款利率的四倍（包括利率本数），超出此限度的，超出部分的利息不予保护。其次，应审查约定利息是期内利息还是期外利息，最高人民法院《关于依法妥善审理民间借贷纠纷案件 促进经济发展维护社会稳定的通知》第6条规定，当事人仅约定借期内利率，未约定逾期利率，出借人以借期内的利率主张逾期还款利息的，依法予以支持。由此可见，如当事人未约定期外利息，可参照期内利息标准计算。

需要引起注意的是，在民间借贷案件中，当事人还往往通过律师费、服务费、违约金等形式掩盖超出法律规定限度的高额利息。对于该部分费用应否予以支持，目前各地法院的观点尚不一致，有的法院认为该部分费用只要与利息累计超出四倍，则对超出部分一律不应予以支持，有的法院认为应当区分该费用是否为必要费用，如出借人主张的律师费即为必要支出费用，应予支持。本案中约定的补偿款的性质实为逾期付款违约金，考虑到逾期付款违约金的性质与利息相同，为防止出借人规避法律，以违约金的方式获取高息，对于出借人与借款人在民间借贷合同中既约定利息又约定逾期付款违约金的情形，应认定最终收取的利息和违约金的总额不应超过中国人民银行同期同类贷款利率的四倍。

## 三、民间借贷案件审理规则的初步构建与法理分析

（一）厘清民间借贷的定义

民间借贷是指自然人之间、自然人与从事非金融业务的法人、其他组织

之间借贷人民币、港币、澳元、台币、外币及国库券等有价证券的行为。①该定义的法律渊源包括两个方面，一方面来源于《最高人民法院关于人民法院审理借贷案件的若干意见》中的规定，即“1. 公民之间的借贷纠纷，公民与法人之间的借贷纠纷以及公民与其他组织之间的借贷纠纷，应作为借贷案件受理。2. 因借贷外币、台币和国库券等有价证券发生纠纷诉讼到法院的，应按借贷案件受理。”另一方面来源于《最高人民法院关于如何确认公民与企业之间借贷行为效力问题的批复》中规定的“公民与非金融企业之间的借贷属于民间借贷”的内容。

前述定义限定民间借贷主体中的一方必须是自然人，需要注意的是两个问题，一是排除金融机构作为民间借贷的主体。自中国人民银行《关于调整金融机构存、贷款利率的通知（银发〔2004〕251 号）》出台后，金融机构（城乡信用社除外）贷款利率不再设定上限。商业银行贷款和政策性银行按商业化管理的贷款，其利率不再实行上限管理。此后，央行于今年取消贷款利率的下限，商业银行的贷款利率空间已充分放开，因此对金融机构的放出的贷款不涉及对借贷利率是否合法进行审查，不能适用司法解释关于民间借贷利率上限的规定。二是企业作为借贷主体时，处理方式具有特殊性，法院对企业借贷的态度始终没有改变。《贷款通则》第 74 条规定，“企业之间擅自办理借贷或者变相借贷的，由中国人民银行对出借方已取得或者约定取得的利息予以收缴，并对借入方处以相当于银行贷款利息的罚款”。依据最高人民法院《关于对企业借贷合同借款方逾期不归还借款的应如何处理的批复》的规定，企业借贷合同因违反有关金融法规，属无效合同。法院援用该司法解释判决非金融机构参与企业间借贷无效，但在实务中对企业之间利用自有资金进行借贷的案件的处理原则是：一般不仅判决借款方偿还借款本金，而且对约定的利息既不进行追缴，也不处罚。②

（二）民间借贷的法律性质与举证责任分配

《中华人民共和国合同法》（以下简称合同法）第十二章规定了两种借款合同，即借贷双方皆非金融机构的民间借贷合同、贷款方为金融机构的借

---

① 江苏省高级人民法院审判委员会会议纪要〔2013〕1 号中采纳的观点。

② 吴庆宝、许先丛主编：《借款诉讼原理与判例》，人民法院出版社 2005 年版，第 71 页。

款合同。依据合同法第二百一十条的规定："自然人之间的借款合同，自贷款人提供借款时生效。"由此可见，自然人之间的民间借贷属于实践性合同，款项的实际交付构成此类借款合同的生效要件。而自然人与企业之间的借贷，法律未直接规定以交付为借款合同的生效要件，鉴于合同法第二百一十条规定所依据的法理基础为"在自然人借款合同中，因该类借款合同的当事人大多具有亲戚、朋友等特殊关系，而且该类合同很多为无偿合同"① 的考虑，可反向推论以营利为借款目的、借款人为企业等不具有人合性特征的民间借贷合同，法律性质应为诺成性合同，即款项交付并非合同生效要件。尽管如此，民间借贷合同具有实践性特征，款项交付系要求还款的必要前提，因此，在出借人除负有证明双方之间形成借款合意的责任之外，仍需证明款项已经实际交付。

1. 如前所述，依据证据规则的法理，出借人基于民间借贷法律关系要求归还借款的，首先应当举证证明双方当事人已达成借贷合意的事实，如提交借款合同、借据等证据，以及款项已实际交付的证据，如汇款凭证、收条。在简单案件中，借条可同时承担证明前述两项要件事实的作用。如不存在疑点事实，即可认定出借人完成了自己的举证责任。借款人主张已经全部偿还或部分偿还借款本息的，应对还款事实承担举证责任。

2. 出借人未举证证明其已经实际交付款项，借款人抗辩借款未实际发生，且出借人主张的借款事实存在不可排除的合理怀疑的，类似情形如大额款项（或双方之间虽以小额款项往来但交付频繁、累计数额巨大）均以现金交付且无其他证据印证；前款未还又借新款，且未要求借款人提供可靠担保的，人民法院应要求出借人补强证据，以排除合理怀疑。如出借人不能证明款项交付事实的，应驳回其诉讼请求。

（三）审理中遇到的刑民交叉问题

依据最高人民法院民一庭的观点，在审理民间借贷纠纷案件中，如发现以"标会"等形式向不特定多数人非法集资的、以向他人出借资金牟利为业的"地下钱庄"、非法投资融资的，以及其他违反法律、法规强制性规定的

① 吴庆宝、许先丛主编：《借款诉讼原理与判例》，人民法院出版社2005年版，第9页。

借贷行为，均应认定无效。[①] 该观点与2011年最高人民法院公报案例的观点相比，发生一定的变化。

在吴国军诉陈晓富、王克祥及德清县中建房地产开发有限公司民间借贷、担保合同纠纷案件[②]的判决中，二审法院提出“量变与质变分离”的裁判原则，即审查合同效力时区分由众多合同行为导致的犯罪行为与单个合同行为，判决认为：借款人陈晓富可能涉及非法吸收公众存款的犯罪，与本案合同纠纷属于两个法律关系，公安部门立案侦查、检察院起诉以及法院判决构成刑事犯罪，并不影响法院依据民事诉讼法审理本案当事人间的民事合同纠纷。对合同效力进行判断和认定属于民商事审判的范围，判断和认定的标准也应当是民事法律规范。非法吸收公众存款罪和合同的效力问题是两个截然不同的法律问题。判定一个合同的效力问题，应从民事法律的角度去考虑，从有效合同的三个要件来考察，即：（1）行为人是否具有相应的民事行为能力；（2）意思表示是否真实；（3）是否违反法律或者社会公共利益。且本案涉嫌的是非法吸收公众存款罪，涉嫌犯罪的当事人单个的借贷行为不构成犯罪，只有达到一定量后才发生质变，构成犯罪，即犯罪行为与合同行为不重合，故其民事行为应该有效。

在公报案例的裁判要旨中还提出受理、审理可以“刑民并行”的观点，即民间借贷涉嫌或构成非法吸收公众存款罪，合同一方当事人可能被追究刑事责任的，并不当然影响相对应的担保合同的效力。如果民间借贷纠纷案件的审理并不必须以刑事案件的审理结果为依据，则民间借贷纠纷案件无须中止审理。而与之不同的观点[③]则认为，借款人涉嫌集资诈骗或非法吸收公众存款等犯罪被侦查机关立案侦查，出借人起诉保证人要求承担保证责任的，人民法院不应予以受理。借款人的借款行为已经被人民法院生效判决认定构成集资诈骗或非法吸收公众存款等犯罪行为，出借人起诉保证人要求承担保证责任的，人民法院应认定该保证合同无效，并依据《中华人民共和国担保

---

① 杜万华、韩延斌、张颖新、王林清：《建立和完善我国民间借贷法律规制的报告》，载奚晓明主编：《民事审判指导与参考》第49辑，人民法院出版社2012年版，第229页。

② 参见《中华人民共和国最高人民法院公报》2011年第11期。

③ 江苏省高级人民法院审判委员会会议纪要〔2013〕1号中采纳的观点。

法》第五条的规定确定保证人的民事责任。同时，对于刑民交织问题的不同观点[①]认为，如发现当事人涉嫌集资诈骗或非法吸收公众存款犯罪的，依照《最高人民法院关于在审理经济纠纷案件中涉及经济犯罪嫌疑若干问题的规定（法释〔1998〕7号）》，应当向侦查机关移送犯罪嫌疑线索、材料，侦查机关立案侦查的，应当裁定中止民间借贷纠纷案件的审理；侦查机关不予立案侦查的，民间借贷纠纷继续审理。

（四）厘清违约金、费用、利息三者的关系

利息是本金在借贷合同履行过程中的孳息收益，逾期利息应该认为是在迟延付款这段时间本金所得产生的孳息收益。鉴于借贷合同违约造成的直接和最主要的损失就是借款人无法利用本金谋取收益，同时又考虑到民间借贷实践中当事人往往通过巧立名目的方式谋求高利贷来规避法律的事实，最高人民法院1999年2月12日的《关于逾期付款违约金应当按照何种标准计算问题的批复》和2000年11月15日关于修改《最高人民法院关于逾期付款违约金应当按照何种标准计算问题的批复》的批复明确可参考逾期利息的标准来确定逾期付款违约金的计算标准。[②] 因此，对于当事人既约定利息，又约定违约金的，借款期限内的利息以不超过银行同期贷款四倍为准，借款逾期后利息和违约金两项合计不超过人民银行同期贷款利率的四倍。

此外，依据江苏省高级人民法院审理民间借贷案件会议纪要的精神，在民间借贷纠纷案件中，当事人双方对为实现债权支出的律师费用有约定的，按照约定处理；但一方当事人请求扣除超出合理部分的律师费用的，人民法院应当予以支持。

## 四、结语

本案的审理要旨被江苏省高级人民法院审理民间借贷案件的会议纪要采纳，二审判决的价值在于确立了以下审理尺度：民间借贷合同具有实践性特征，出借人行使债权请求权要求借款人偿还借款本息的，应当对是否已形成借贷合意、借贷内容以及是否已将款项交付给借款人等事实承担举证责任。

---

① 江苏省高级人民法院审判委员会会议纪要〔2013〕1号中采纳的观点。

② 陆青：《论民间借贷的司法规范——以江浙沪三地高院意见为中心的实证考察》，载《法治论丛》2011年第5期。

借条为借贷双方形成借贷合意的凭证，同时具有推定借贷事实已实际发生的初步证据效力，但在借款人提出借贷事实未实际发生的抗辩，且人民法院对借贷事实产生不可排除的合理怀疑时，出借人还应提交其他证据印证借贷事实的实际发生。

随着民间融资供需矛盾的不断加大，民间借贷案件将不可避免地呈现借贷主体多元化、借贷形式多样化、案件事实复杂化等发展态势，相对于现行法律对民间借贷的规制较为滞后的情形，民间借贷案件的审判难题还将层出不穷，尚期待司法作出更多的回应。

# 平衡与博弈：网络服务商信息披露义务与个人信息保护司法实务初探

李　颖*

## 案情概要

**案例一**①

乔某发现某网络公司的论坛有"某大厦某房间住户是同性恋和有艾滋病"的网帖，而其就是该房间的住户，并非同性恋和艾滋病患者，遂以网帖侵犯名誉权为由，要求某公司删除网帖。收到通知的次日，某公司即删除了该帖。乔某认为，该公司对网帖的发布具有审查注意义务，但该公司没有尽到该义务，构成侵权。同时，网帖引起其他业主对自己的猜疑，全因某公司未及时向其披露的发帖人的信息所致，故诉至法院，请求判令某公司赔偿损失并公开赔礼道歉。某公司辩称，网帖是他人发布，自己无法事先发现，已尽到审查核实义务，收到通知后及时采取了删除措施，不存在过错。乔某在诉讼前没有提出披露发帖人信息的要求，故其不应承担侵权赔偿责任，请求法院驳回原告的诉讼请求。

---

* 北京市海淀区人民法院中关村法庭副庭长、负责人，中国人民大学民商法专业在读博士生。

① 北京市海淀区人民法院（2012）海民初字第24227号民事判决书。

**案例二**①

某公司获得某电视剧著作权人的许可，享有该剧在中国大陆地区的信息网络传播权。其发现A网站提供了该电视剧的在线点播服务，遂通过技术手段锁定相关服务器IP地址，查明相关IP号段属于电信某分公司管控。某公司主张，在其向电信某分公司发出律师函后，该公司拒绝提供该IP地址实际使用人的信息，导致其无法向直接侵权人主张权利。故诉至法院，要求该公司立即断开涉案网站提供涉案电视剧的服务器连接，停止帮助侵权行为；赔偿经济损失2万元。

电信某分公司辩称，本案侵权人应为涉案网站的经营者或管理者，而非我公司。我公司收到律师函后，涉案网站一直无法打开。通过ping命令查到涉案网站IP地址，但该地址不属于我公司管辖范围，故无断开义务。原告发出的律师函仅附授权书，未提供涉案影片的著作权证明和原告享有权利的权属证明。请求法院驳回原告的诉讼请求。

## 裁判要旨

**案例一**

北京市海淀区人民法院一审认为，涉诉网帖侵犯了乔某的人格权益，乔某有权知晓该用户个人信息以便主张权利，某公司应在力所能及的范围内披露发帖人相关信息，其虽在合理时间内删除了网帖，但直到诉讼中才提供发帖人IP地址，客观上给乔某确定直接侵权人、主张权利进而消除影响、恢复名誉等造成了障碍，应承担相应责任，故判令某公司向乔某支付精神抚慰金6000元。

被告某公司不服上诉，二审调解结案。

**案例二**

北京市海淀区人民法院一审认为，电信某分公司提供是网络接入服务，而非网络内容服务。在P2P技术背景下，考虑到著作权人权利的保护和用户隐私、信息的平衡保护，在某IP地址涉及较大规模侵权的嫌疑时，网络接入服务商应负有对该IP地址用户信息的披露义务和协助调查义务。但出于防止权利滥用、避免过度增加网络接入服务商负担以及保护用户隐私信息等考

① 北京市海淀区人民法院（2012）海民初字第16396号民事判决书，北京市第一中级人民法院（2013）一中民终字第2232号民事判决书。

虑，这种披露义务的履行并非网络接入服务商依据权利人的通知而直接向其披露，而应通过权利人提起诉讼要求网络接入服务商披露，由法院下达披露命令的方式解决，或由著作权行政管理部门要求网络服务商提供涉嫌侵权的服务对象的相关信息。电信某分公司未按通知要求在诉前披露IP地址的实际使用者信息，是因为收到律师函后，核实发现某公司提供的IP地址有误，在此情况下不予披露。同时，该公司在法院要求下已向法庭披露了相关IP地址实际使用人信息，应认为已尽到了合理注意和协助义务，故判决驳回某公司的全部诉讼请求。

原告某公司不服上诉，北京市第一中级人民法院经审理认为，某公司当时不能恰当提供涉案作品著作权权属证明等，电信某分公司对其有关的告知请求有权予以拒绝。驳回上诉，维持原判。①

评析

以上案例中，法院对网络服务商披露用户个人信息的态度存在很大差异。前者判决书中没有权利人诉前曾书面要求网络服务商披露用户信息的事实认定，从前后文分析，法官认为网络服务商只要不披露或延迟披露，就应承担损害赔偿责任，对权利人如何行使要求披露权没有任何限制；后者则考察了隐私权、著作权、社会公共利益等的冲突和平衡，认为不宜由网络接入服务商直接披露，而应以提起诉讼由法院下达披露命令的方式进行，且需满足权利人书面通知并提供权属证明等条件。笔者认为，之所以出现不同判决，原因在于我国立法对网络服务商披露义务如何履行缺乏明确规定，学者在理论上尚无深入探讨，而法官们既无法求助语焉不详的立法找到有益的解决思路，又无法借助理论指导形成一致的价值共识，由此产生相互抵牾的司法意见也就不足为奇了。下面，笔者试图探讨在司法实务中，法官如何发挥主观能动性，遵循相关司法原则，实现对此类案件的公正审理。

## 一、对我国立法和司法情况的考察

### （一）立法和司法解释梳理

我国对网络服务商披露义务的规定主要集中于网络侵犯著作权方面。

---

① 北京市第一中级人民法院（2013）一中民终字第2232号民事判决书。

《最高人民法院关于审理涉及计算机网络著作权纠纷案件适用法律若干问题的解释》（以下简称《网络著作权解释》）第五条①、《信息网络传播权保护条例》（以下简称《条例》）第13条②、第25条③规定，网络内容服务提供商应依著作权人或著作权行政管理部门的要求披露涉嫌侵权者的信息。而规定的前提，是《互联网信息服务管理办法》第14条第1款④和《互联网电子公告服务管理规定》第15条⑤的规定，这使得披露义务的履行具备了技术可能性。司法政策为帮助著作权人追究直接侵权人责任，规定了网络服务提供商的信息披露义务，但却缺乏对网络用户利益程序保障方面的考虑，没有赋予其任何参与程序并提出异议的权利。

《网络著作权解释》第七条第一款规定，著作权人发现侵权信息向网络服务提供者提出警告或者索要侵权行为人网络注册资料的，不能出示身份证明、著作权权属证明及侵权情况证明的，视为未提出警告或者未提出索要请求。该规定要求权利人向网络服务商索要侵权行为人网络注册资料时，应同时完整提供身份证明、著作权权属证明及侵权情况证明等初步证据且不能缺失。这是目前我国仅有的对网络服务商披露义务履行条件的规定，但仅限于网络著作权侵权领域。

---

① 该条规定：提供内容服务的网络服务提供者，对著作权人要求其提供侵权行为人在其网络的注册资料以追究行为人的侵权责任，无正当理由拒绝提供的，人民法院应当根据民法通则第一百零六条的规定，追究其相应的侵权责任。

② 该条规定：著作权行政管理部门为了查处侵犯信息网络传播权的行为，可以要求网络服务提供者提供涉嫌侵权的服务对象的姓名（名称）、联系方式、网络地址等资料。

③ 该条规定：网络服务提供者无正当理由拒绝提供或者拖延提供涉嫌侵权的服务对象的姓名（名称）、联系方式、网络地址等资料的，由著作权行政管理部门予以警告；情节严重的，没收主要用于提供网络服务的计算机等设备。

④ 该条规定：从事新闻、出版以及电子公告等服务项目的互联网信息服务提供者，应当记录提供的信息内容及其发布时间、互联网地址或者域名；互联网接入服务提供者应当记录上网用户的上网时间、用户账号、互联网地址或者域名、主叫电话号码等信息。

⑤ 该条规定：互联网接入服务提供者应当记录上网用户的上网时间、用户账号、互联网地址或者域名、主叫电话号码等信息，记录备份应保存60日，并在国家有关机关依法查询时，予以提供。

按照《条例》第24条①规定的精神，应著作权人或著作权行政管理部门之要求导致服务对象之个人信息错误披露，给服务对象造成损失的，由权利人或著作权行政管理机关承担赔偿责任，从而豁免了网络服务商合法履行信息披露义务可能承担的违约或侵权责任。但《条例》并未规定如网络服务商无正当理由拒绝披露或不当披露用户信息具有过错时，是否承担赔偿责任。

2010年7月1日生效的侵权责任法第三十六条并无对网络服务提供商信息披露义务的规定，使得人们把解决问题的希望寄托在个人信息保护法的制定上，但该法却“千呼万唤不出来”。2012年12月28日，全国人民代表大会常务委员会通过了《关于加强网络信息保护的决定》，明确规定网络服务商不得不当披露服务对象的网络信息，但其对网络服务商如何在保护个人信息和履行披露义务之间进行妥当选择问题仍未涉及。根据其第六条规定，我国实行网络后台实名制，网络服务商掌握着网络用户的真实身份信息。该制度推行之前，只要网站有信息存储空间服务功能且从页面上可看出网友名称、上传时间等信息，法院一般认定网站经营者提供的是技术服务而非内容服务而免除赔偿责任。该制度实行后，如网络服务商不能提供网络用户真实信息，在权利人起诉的情况下，是否法院不能再简单地免除其责任，而要判决由其承担连带责任？由于目前我国对此尚无明确规定，没有制定配套的对旧有非实名登记人员如何处理的政策，使得人们陷入对此问题的猜想之中。

（二）司法实践情况考察

随着网络技术及电子商务的发展，要求网络服务商披露具有侵权嫌疑的网络用户信息，否则追究侵权责任的案例时有发生。考察围绕此类案件引发的问题，主要集中在以下方面：

1. 程序设置

依据《网络著作权解释》和《条例》的规定，在著作权侵权领域，通过私力救济方式解决了大量信息披露的问题。在公力救济方面，由于我国没

① 该条规定：因权利人的通知导致网络服务提供者错误删除作品、表演、录音录像制品，或者错误断开与作品、表演、录音录像制品的链接，给服务对象造成损失的，权利人应当承担赔偿责任。虽没有直接规定网络服务商披露义务，但笔者认为在法律责任原理上应是相同的。

有“无名氏之诉”的诉讼制度安排①，虽有学者建议允许当事人提起匿名诉讼②，或设立“匿名网络用户身份披露程序”作为特别程序的一种③，但民事诉讼法修改中对此并未采纳，因此权利人一般是起诉要求网络服务商履行披露义务获得相关信息后，再起诉直接侵权人。江西省高级人民法院曾制定《关于网络侵权纠纷案件适用法律若干问题的指导意见》，其中设置了以网络IP地址或网络名称作为被告的预立案程序，规定原告可申请法院调查被告身份信息，可以查实被告真实身份信息的正式立案审理，无法查明的则不予受理。④ 2012年南昌市青湖区法院受理了第一起以网络虚拟名称“老虎娘”为被告进行预立案的案件，原告申请法院调查被告真实身份，法院受理后被告主动删除了侵权信息，原告撤诉。⑤ 但考察该条款的内容，仅是一种立案前申请法院调查取证来解决直接侵权人身份的操作方法，并未解决网络服务商披露用户信息的程序和条件问题，在被告无法查清的情况下法院仍不予受理，并非将虚拟网名作为被告直接起诉的情况，仍未突破我国民事诉讼法有关“起诉必须有明确的被告”的规定⑥。

2. 保密义务与披露可行性

司法实践中，不少权利受到侵害的当事人在无法查明匿名网络用户真实身份的情况下，转而起诉网络服务商要求承担侵权责任。对此，法院多认定网络服务商具有披露义务，但同时考虑网络服务商的保密义务和履行披露义

---

① 美国的民事程序法中存在“无名氏之诉”程序，对侵犯名誉权的案件，权利人可向法院提出以匿名网络用户为被告的诉讼。加拿大则对于著作权侵权，也是采取“无名氏之诉”的方式解决。

② 赵泽君：《关于匿名诉讼的立法思考——拷问实名诉讼的缺憾》，载《现代法学》2010年第5期，第165～167页。

③ 林宏坚、曾祥生：《论网络名誉侵权案件中网络服务提供者的披露义务》，载《法律适用》2008年第1期，第119～120页。

④ 《江西高院出台审理网络侵权纠纷案件指导意见》，载法制网2011年4月22日，2013年5月10日访问。

⑤ 《江西首设网事审判庭惩处网络侵权》，载新浪科技频道2012年4月7日，2013年5月10日访问。

⑥ 对“有明确的被告”的理解，我国理论界和实务界认为被告必须有真实准确的姓名、名称、联系电话、住址等指向明确的信息，否则难以立案。因此在权利人仅掌握虚拟网名或IP地址的情况下，以其为被告的诉讼是难以立案的。

务的技术可能性。如在德楹、高原与赛龙网侵犯名誉权案件中，法院认为赛龙网公司有为网络用户保密的义务，同时依法有义务将相关资料保留60日，以待相关部门依法查询。原告未在60日法定期限内通过合法途径主张权利，致使因时间间隔较长而无法查询相关资料，赛龙网在不能确定网络用户所发布信息内容违法的情况下不负有保存有关记录的义务。① 在蔡继明诉百度公司侵犯名誉权案中，法院在认定相关网络用户构成侵权及百度公司表示可提供信息的前提下，判令百度公司向蔡继明披露贴吧中所有对其进行谩骂、侮辱及语言威胁的网络用户的信息。②

3. 被忽略的网络用户利益

由于我国采取立法中没有规定明确而详细的披露程序和条件，如何依法履行该义务成为每个愿意守法的网络服务商心中的困惑，网络服务商为避免承担赔偿责任，趋利避害地愿意按照权利人要求进行披露。司法实践中，则普遍存在法官对权利人先天同情，而对网络用户利益考虑较少的现象。法官多采用先劝导网络服务商进行披露、待其表示能够提供后再做出判决的做法，以确保裁判事项的有效执行，很多案件都是通过法院建议网络服务商披露、原告撤诉的方式结案的。但法官在劝解过程，对是否存在权利人滥用权利可能、披露义务履行的必要条件和合理限度、披露导致的对个人隐私及匿名言论的威胁等问题未予足够重视。相比之下，某些网络服务商则更为敏感。多起案件中，网络服务商要求法官开庭进行实体审理后，再下达披露命令并记入笔录或出具判决书，力图在开庭笔录、判决书中体现应法院要求披露的过程而避免承担违约或侵权的风险。

4. 网络接入服务商是否负有披露义务

据笔者了解，案例二之前我国尚无认定网络接入服务商承担信息披露义务的案例。虽有学者主张将披露义务适用于接入服务商是值得立法者考虑的问题③，但也有人主张网络接入服务商不采取监测网络活动的措施，无法知

---

① 北京市海淀区人民法院（2002）海民初字第00742号民事判决书。

② 北京市海淀区人民法院（2010）海民初字第01281号民事判决书。

③ 王迁、王凌红：《知识产权间接侵权研究》，中国人民大学出版社2008年版，第51页。

晓网络中流动的信息内容，故不应承担信息披露义务。① 案例二表明，我国法院认为 P2P 技术背景下网络接入服务商负有信息披露义务，且对履行披露义务的条件秉承了严格把握的立场。

5. 拒绝披露及不当披露的责任

按照《网络著作权解释》第五条规定，提供内容服务的网络服务提供者，对著作权人要求其提供侵权行为人在其网络的注册资料以追究行为人的侵权责任，无正当理由拒绝提供的，法院应根据民法通则第一百零六条追究其相应的侵权责任，故法院应考察网络服务商主观上是否有过错来判断是否承担责任。案例 中并未体现原告曾书面要求披露的情况，也未显示网络服务商在诉讼中才披露发帖人信息给原告造成了怎样的损失，在此情况下直接判决其承担赔偿责任值得商榷。

材料所限，笔者并未找到网络用户要求网络服务商承担不当披露责任的案例。但可以肯定的是，如不对网络服务商的信息披露行为进行实质条件、程序及必要过滤的限制，网络服务商为推卸责任，往往迁就权利人的主张而不当披露网络用户信息。因此，如不考虑网络服务商的过错而一味仅让请求人承担责任，并不符合公平正义的要求。

## 二、比较研究下的差距所在

笔者搜集了美国、加拿大、欧盟、日本等国家以及我国台湾地区在这方面的法律规定和司法判例，通过对比，发现在网络接入服务商是否具有信息披露义务方面，我国走在了前列②，但在其他方面尚存在巨大差距：

---

① 鲁晓明：《论网络侵权案件中网络服务提供者的信息披露义务》，载《时代法学》2010 年第 3 期，第 10 页。

② 前面提到，我国司法实践中认为网络接入服务商具有信息披露义务，并把握了严格的披露条件，但美国 Verizon 案中，一审法院认为网络接入服务商具有信息披露义务，而上诉法院则认为其不具有信息披露义务。美国最高法院认为国会在制定 DMCA 时尚未预料到 P2P 技术的发展，该法律是否适用于 P2P 技术，只有国会才能有宪法和制度上的权力去提供在不同竞争利益之间的取舍方案，而修改法律不是法院的任务。欧盟的案件对此也有不同意见。荷兰阿姆斯特丹地区法院在一起案件中认为，提供互联网接入服务的电信公司应披露侵权网络用户的基本信息；而欧盟法院在另一起案件中，则认为网络接入服务商没有义务在民事案件中披露网络用户的个人信息。

1. 对网络服务对象的正当程序权利极度忽视

程序正当性要求赋予和保障当事人充分的程序基本权，如程序参与权等。[①] 网络服务商履行披露义务的结果是将涉嫌侵权网络用户的信息披露给权利人，其因此会受到不利影响，故网络用户作为利害关系人应享有充分的程序权利来保障其权益。美国《千年数字著作权法》（DMCA）第512条（h）条规定著作权人需要起草符合法律要求的法律文件送交法院，由法院审查后发给网络服务商，网络服务商收到传票后负有及时披露的义务，对此规定了一系列实体和程序性的限制条件。虽然DMCA没有赋予网络用户充分的程序参与权，但法官们通过司法实践进行了弥补。如在Sony Music Entertainment Inc. v. Does 1－40案中，法院最初发出传票要求网络服务商披露网络用户的地址、电话、Email等信息，但后来修改传票，给予网络服务商足够时间通知服务对象，使他们有机会参与披露程序。网络服务商向网络用户发出通知，称如不在某日前提出反对意见，其个人信息即予披露[②]。加拿大法官在多起案件中限定了较为严苛的披露条件，强调为保护隐私，在披露信息之前，与侵犯著作权无关的隐私信息必须过滤；著作权人要求披露信息之请求与提起诉讼之间不存在延迟，以实现对数据可靠性问题的关注最小化、降低对无辜者的保密信息之披露风险以及避免非正义的诉讼。[③] 日本《关于特定电信服务提供商的损害赔偿责任限制及向服务提供者请求提供传输者信息的法律》第4条规定，除无法与服务对象取得联络或有其他特别之情形外，应就是否披露一事听取服务对象的意见，即日本法对保障当事人正当程序下的诉讼参与权利给予了更多关注。而在我国，网络用户无法参与披露程序并提出有利于自己的主张和证据，这明显不符合正当程序的要求。

---

① 洪冬英：《正当程序的价值——对下落不明当事人民诉权利的保护》，载《法学》2004年第8期，第125～126页。

② 梁志文：《论网络服务提供商之信息披露义务——以我国著作权法制为中心的批判性解读》，载《北方法学》2007年第3期，第126页。

③ Jane Baily, The Substance of Procedure: Non－party Disclosure in the Canada and U. S. Online Music Sharing Litigation, 43 Alberta L, Rev. 615, 2006, P632. 转引自梁志文：《论网络服务提供商之信息披露义务——以我国著作权法制为中心的批判性解读》，载《北方法学》2007年第3期，第127页。

2. 未涵盖所有类型的侵权，未进行区别对待

《条例》规定著作权行政管理部门要求网站提供涉嫌侵权用户信息的公力救济方式，而《网络著作权解释》则规定了私力披露途径及不履行披露义务的责任，但以上规定只局限于网络侵犯著作权，并未涉及网络侵犯商标权、人格权等领域。这使得权利人在著作权以外的权利被侵犯时，能否要求网络服务商履行披露义务等法无明文，法官只能类比适用。值得注意的是，美国法区分侵犯著作权和人格权设定了不同的披露制度，在侵犯著作权案件中适用CDMA规定的救济方式，而对侵犯名誉权的案件，权利人可提起以匿名网络用户为被告的"无名氏之诉"，其程序和实体审查更为严格。究其原因，系考虑到著作权侵权比名誉权侵权容易判断，侵犯名誉权案件中匿名与表达自由、保护隐私等价值更加息息相关，披露会给网络用户带来更重大的不利益，因此在侵犯名誉权案件中对匿名用户身份的披露程序更为繁琐、慎重。我国侵权责任法并未针对网络侵犯著作权和人格权等规定不同的条款，而是统一规定在第三十六条中，故无论是网络侵犯著作权还是侵犯人格权案件，法院在判断网络服务商信息披露义务方面均应遵循同样的原则。但美国的区别对待确有一定道理，我国司法中是否需要予以借鉴，值得研究。

3. 缺少对披露条件和例外的具体规定

境外立法和司法实践对权利人要求网络服务商披露用户信息的条件等多有设计，非常具有操作性。我国则没有对披露程序、条件以及不予披露例外的规定，仅是笼统地将信息披露义务赋予了网络服务商，使得其极易陷入动辄得咎的两难境地。另外，根据《条例》规定，当著作权行政管理部门要求网络服务提供商披露服务对象的资料时，网络服务商无任何理由拒绝，这很可能导致行政管理机关权利的滥用。

4. 拒不披露和不当披露的救济制度缺失

日本法规定，在服务提供者拒绝信息披露请求，对请求信息披露人造成损害的情况，除非有故意或者严重过失，对其损害不承担赔偿责任，但服务提供者是侵害信息的提供者除外。我国台湾地区则建立了法定赔偿额制度，设定了最高额赔偿，同时规定能证明其所受损害额高于该金额者不在此限，当事人就此承担举证责任。我国法律法规没有规定网络服务商履行披露义务不当给网络用户造成损失的救济措施和途径，也缺乏对网络服务商拒不披露义务时应承担怎样责任的准确厘定。这使得权利人不清楚自己的权利所在，

而法院无论如何裁判面临的都是错误的指摘。

5. 司法缺少对价值平衡的妥当考量

个人信息保护不周，既不符合充分保障个人权益的法治要求，也成为阻碍电子商务发展的巨大障碍。①而这种潜在的危害必须由司法通过利益平衡的方法和具体程序的设计予以防止。美国法官在遇有涉及网络服务商披露义务的案件时，通常通过利益衡量做出价值选择。如苹果公司曾起诉指控某人以匿名方式通过 Powerpage、AppleInside 博客网站不适当散布了苹果公司属于商业秘密的发展计划，要求法院传唤两个博客发布者的邮件服务提供商，要求其提供发布者姓名、IP 地址以及信件来源等。初审法院支持了苹果公司，认为网络服务提供者有义务提供博客发布者的相关信息记录，而加州上诉法院则依据《美国宪法第一修正案》对新闻业一贯的保护原则，驳回了苹果公司要求网站公开个人博客拥有者真实身份的诉求。一、二审法院尽管都认为博客同传统媒体一样，受记者庇护法保护，但对记者信息隐匿权和企业商业秘密保护间的衡平问题，作出了不同选择。② 该案例对我国法官处理此类案件时应注意的价值平衡问题，具有借鉴意义。反观我国司法界，在处理此类案件时，法官常常完全站在权利人立场上思考问题，致使司法裁判常常失去平衡。

## 三、立法粗疏下的司法原则和具体共识

网络服务商的信息披露程序如何有效设计和运行，涉及到权利人的保护、用户隐私及数据信息保护、言论自由、社会公共利益之间的平衡，也与网络服务商的命运息息相关，关系到互联网行业发展的根基。前面提到，我国立法对网络服务提供商信息披露义务的规定过于简单，在立法整体设计尚需时日的情况下，司法如何妥善处理相关案件？笔者认为，应在相关基本原则的指导下，达成相关问题的共识，设计必要的审判规则，实现对法官审判权的有效规制，具体包括：

---

① 郑成思：《知识产权法：新世纪初的若干研究重点》，法律出版社2004年版，第249页。

② 常安：《博客时代的言论自由及其法律规制——以美国苹果公司商业秘密案为例》，载《西部法学评论》2009年第6期，第1~6页。

（一）两个基本原则

审理此类案件时，法官应把握如下两个基本原则：

1. 价值平衡原则

在法律尚无完善规定的情况下，司法的价值主要依赖法官内心对利益衡量原则的体认来体现。法官不仅要考虑到权利人利益保护的重要性，也要考虑网络用户隐私利益的维护、网络服务商利益的保护。在涉及公共利益的问题上，法官必须认识到公共利益的双重性，在明了隐私和个人信息数据保护上存在公共利益的同时，意识到在信息流动和交流方面也存在着公共利益。正如有人所大声疾呼的："公共利益不仅体现在对隐私的保护上，它还要求信息的公开和自由流动。"① 只有在这种宽广视野下，对披露义务的处理才能做到公平合理。

2. 严谨程序、实体审查原则

法院应完善在调解、和解以及判决中对披露义务必要性、妥当性的审查程序，具体包括：（1）法官应对原告的申请、证据等进行实体审查，审查网络用户侵权可能性大小，判断下达披露命令或者判决的必要性。如能轻易判断网络用户的行为构成侵权，则判令网络服务商进行披露，如能明显感到网络用户的行为不构成侵权或存在不侵权的极大可能，则不予披露。（2）争取网络服务商的协助和配合，确保披露命令或判决的可执行性，争取在判决前要求网络服务商将相关用户信息提供给法院。（3）法官应对网络服务商同意披露的信息进行必要过滤，避免网络用户为诉讼所不必要的信息一并泄露，造成潜在的侵权隐患。（4）法官应告知权利人如违法使用披露的信息可能承担的侵权责任，避免滥用用户信息的纠纷发生。

（二）五个具体共识

1. 信息披露义务的主体

网络内容服务商负有信息披露义务是无疑的。信息定位服务商（如搜索引擎网站）本身并不直接发布侵权信息，而是对位于第三方网站中的内容提供链

① James R. Maxerner, "Business Information and 'Personal data': Some Common - law Observations about the EU Draft Data Protection",, Iowa Law Review, Vol. 80, 1995. 转引自郭瑜：《个人数据保护法研究》，北京大学出版社 2012 年版，第 94 页。

接，故仅负有依据权利人通知断开链接的义务，而不负有披露用户信息的义务。目前的争议主要在于网络接入服务商是否负有信息披露义务。笔者认为，将披露义务适用于网络接入服务商更符合目前技术发展的实际。故负有信息披露义务的网络服务商应包括网络内容服务商和网络接入服务商两类。

2. 信息披露义务的模式

法官应认识到，在网络服务商信息披露问题上，无论是公力救济还是私力救济模式，都存在一定弊端。私力救济模式下，容易发生权利人滥用请求权的情况，网络服务商容易迁就权利人的请求，发生不当侵害网络用户隐私权的可能。而公力救济模式则存在受害人维权困难、采取措施和追究侵权难以跟上网络扩散迅速的步伐、大量案件涌入法院可能带来巨大审判压力等问题。笔者认为，从实践效果分析，单一的私力救济或者公力救济模式均不可行，兼收并蓄是最好的办法。在侵权责任法已对网络侵权作出一体规定的情况下，赋予侵犯著作权和人格权案件中网络服务商不同的披露义务并不合适，但法官在处理具体案件时必须考虑网络服务商是否易于判断侵权的现实因素，并通过具体的利益衡量来解决特定情形下的披露问题。

（1）私力救济。私力救济途径具有便捷高效的特点，同时考虑对网络用户隐私权的保护，尊重其参与公正程序的权利，法官应借鉴“通知－反通知”规则，在现有著作权披露制度的基础上构筑普适于所有侵权样态的披露模式：认为网络用户侵权的权利人可向网络服务商发出要求披露网络用户信息的书面通知，网络服务商收到通知后应向网络用户转送，告知相关情况，听取网络用户意见，并明确规定合理时间予以回复。如网络用户在合理时间内没有回复或未提出反对意见，则网络服务商应予披露。网络服务商的披露应是在权利人书面通知情况下的被动披露。

（2）私力救济及与公力救济的衔接。在私力救济的途径下，如网络用户收到通知后反对披露并提供担保，或网络服务商经判断认为网络用户的行为不构成侵权，或权利人的通知不符合披露的实体性条件等，网络服务商可拒绝披露，将结果通知权利人，并告知其可提起诉讼，由法院判断是否应进行披露。同时，著作权行政管理部门等也可在特定情况下要求网络服务商进行披露。

3. 履行信息披露义务的实质性条件

（1）通知的形式和条件。

为避免权利的滥用，使得网络用户不必过于担心自己的网络面纱被随意掀开而危及言论自由和匿名言论的价值，同时不致给网络服务商造成过重的经济负担，我国司法应为权利人行使披露权利把握书面通知以及必须符合实质条件的较高门槛，具体包括：①披露通知必须以书面形式送达网络服务商。通知内容应包括权利人基本信息、被侵权的事实和必要证据、要求披露的用户身份信息等。②通知必须附有权利证明。涉及著作权、商标权侵权的，通知人应提交权属证明；涉及人格权侵权的，应证明本人身份。通知人非本人的，应证明本人与通知人间的委托关系。本人或委托人应在通知上签字或加盖签章。③通知必须附有侵权的初步证明以证明披露的必要性，便于网络服务商作出判断。④通知必须附有善意使用声明书。根据权利不得滥用的原则，权利人要求网络服务商履行披露义务，必须为权利保障所必需或有正当理由，同时权利人必须保证用途的正当性。权利人在通知中应做出对所获取的信息仅用于保护权利需要，非经网络用户另行书面同意不得作为他用或泄露给第三人的承诺。如不符合以上条件，法官应断定网服务商可拒绝履行披露义务。

（2）除无法通知情况外，披露需通知用户并取得同意。

知情同意是各国有关信息披露、使用的基本原则。笔者认为，考虑正当程序价值的重要性，法官在司法实践中应创造性地参考网络服务商披露用户信息的通知程序、用户的反通知和担保制度，并尊重网络服务商依据网络用户是否同意披露及提供担保的情况作出的是否披露的决定。在网络用户未在通知确定的合理时间提出反对意见的情况下，如网络服务商经合理判断认为存在侵权的极大可能，则应进行网络用户信息的披露。如网络用户在合理时间内明确做出不同意的回复并愿意提供担保，网络服务商可不予披露，告知请求人可向法院起诉要求披露。

4. 网络服务商可拒绝披露的情形

网络服务商若要拒绝履行披露义务，必须证明存在如下正当理由，由法官判断理由是否成立：（1）权利人未发出书面披露通知，或者披露通知未附有权利证明、能够证明侵权事实的必要证据和保证陈述为实的承诺以及签署对披露信息合法使用的声明的；（2）网络服务商反通知网络服务对象后，网络用户提出确有理由的异议不同意披露，并提供相关担保的；（3）经法院判断，权利人认为网络用户侵权的主张明显不能成立或网络服务商确实难以作出侵权与否的判断的；（4）存在其他正当合理理由的。这是兜底条款，由法官在具体个案中认定。

5. 拒不披露和不当披露的救济

按照《网络著作权解释》的规定，网络服务商无正当理由拒绝披露信息的，由法院根据民法通则第一百零六条有关过错侵权的规定判断其是否承担责任。这里的关键在于判断网络服务商拒绝披露是否具有正当理由。如网络服务商拒绝披露存在正当理由，不承担责任，反之，则应承担赔偿责任。这种赔偿责任的性质是与侵权网络用户的连带责任，由于网络服务商具有过错，其网络服务商承担责任后不能向侵权网络用户追偿。同时，在法律未规定之前非实名注册的用户必须在法定时间内完成信息补录的情况下，如网络服务商能提供原始注册信息，则不能认为网络服务商仅因不能提供用户真实信息就承担赔偿责任。

在请求披露人的权利并未受到侵害，而网络服务商依请求进行了披露的情况下，其是否承担责任？有学者主张，应豁免网络服务商因合法履行披露义务可能承担的违约和侵权责任，由滥用权利的权利人或著作权行政管理机关承担赔偿责任。① 笔者认为，并非所有网络服务商依权利人通知进行的信息披露都是合法的。披露必须具备必要条件才能进行，网络服务商并非一概不承担责任，需要考察其是否尽到了合理注意义务而没有过错。在网络服务商尽到合理注意义务依法披露的情况下，网络服务商对错误披露对网络用户造成的损失不承担责任，错误披露的责任应由滥用披露通知权利的请求披露人或著作权行政管理机关承担。但如网络服务商未尽到合理注意义务，在权利人不能提供证明材料或证明材料明显难以证明披露的必要性时，为推脱责任仍将网络用户的信息披露，或者未进行必要过滤将无关信息一并披露，则网络服务商具有过错，应承担侵权赔偿责任。

就损害赔偿数额问题，应认定权利人滥用披露权、网络服务商不当披露造成的损害赔偿包括原告的合理开支，同时可适用定额赔偿制度，当然，如有证据证明损失超过定额的，法官可超过定额判赔实际损失。

（本文仅代表作者个人观点）

---

① 梁志文：《论网络服务提供商之信息披露义务——以我国著作权法制为中心的批判性解读》，载《北方法学》2007年第3期，第127页。

# 公益性岗位再就业劳动关系的认定

王云鹏*

## 案情概要

张昕原系南阳宛运集团有限公司职工，2003年底与该公司解除劳动关系。2008年7月张昕作为“4050”人员被安置于宛城区环卫站的公益性岗位上再就业，负责街道的保洁工作，每日工作8小时。南阳市再就业工作办公室每月把岗位补贴拨付到用人单位、把社会保险补贴拨付到养老保险经办机构，张昕每月从宛城区环卫站领工资600元，养老保险中个人承担的部分由张昕自己交到养老保险经办机构。因发生交通事故，张昕于2010年7月31日死亡。事故发生后，肇事人与张昕丈夫贾新全经交警部门主持达成了调解协议，肇事人一次性支付死者医疗费、死亡赔偿费、丧葬费、被抚养人生活费、赡养费、交通费、误工费等费用共计27.5万元。贾新全已经从养老保险经办机构领取了张昕个人账户余额1.2万余元。

2010年11月29日张昕丈夫贾新全申请仲裁，请求裁决环卫站支付丧葬补助费和一次性抚恤金，2011年5月20日宛城区劳动争议仲裁委员会以不符合立案条件为由作出不予受理案件通知书。2011年5月23日贾新全提起诉讼，请求法院判令：宛城区环卫站支付丧葬补助费4500、一次性抚恤金3万元，共计34500元。在案件审理过程中，张昕女儿贾婷，张昕父母张汉英、李宪勋又申请参加诉讼。

被告宛城区环卫站辩称，原告起诉不当，张昕并非被告员工，张昕系政

* 河南省南阳市中级人民法院法官。

府安排的“4050”人员，是公益性岗位工作人员，被告为表面用人单位，与张昕并无事实上劳动关系，依照相关法律规定原告的诉讼请求不能得到支持，请求驳回原告的诉讼请求。

## 裁判要旨

河南省南阳市宛城区人民法院经审理认为，张昕所在岗位属政府及政府有关部门为安置就业困难人员提供的给予岗位补贴和社会保险补贴的公益性岗位，本案不属于人民法院受理民事诉讼范围，四原告应向其他有关部门申请解决。据此，依照民事诉讼法第一百零八条第（四）项之规定，裁定：驳回原告贾新全、贾婷、张汉英、李宪勋的起诉。①

贾新全、贾婷、张汉英、李宪勋不服一审裁定，向河南省南阳市中级人民法院提起上诉后，又以双方已经和解为由申请撤回上诉。南阳市中级人民法院经审查认为，四上诉人自愿申请撤回上诉，符合法律规定，亦不侵犯他人合法权益，遂裁定：准许上诉人贾新全、贾婷、张汉英、李宪勋撤回上诉。②

## 评析

公益性岗位再就业职工要求确认劳动关系等问题，因为劳动法和劳动合同法均未涉及，缺乏明确法律规定，所以本案属于新类型疑难案件，虽然案件已经和解撤诉结案，但是仍然有研讨的必要，不仅对今后此类案件的界定和处理具有一定的参考价值，而且对完善立法也有积极意义。双方争议的焦点有三个：(1) 张昕与宛城区环卫站是否形成了劳动关系？(2) 本案是否属于人民法院受理民事诉讼的范围？(3) 张昕亲属关于支付丧葬补助费、一次性抚恤金的请求能否得到支持？

### 一、公益性岗位再就业劳动关系的认定

公益性岗位是在当前历史条件下，特定人员再就业过程中出现的新名词。要弄清张昕与宛城区环卫站是否形成了劳动关系以及本案是否属于人民法院受理民事诉讼范围问题，首先要了解公益性岗位的概念及法律规定。

---

① 参见河南省南阳市宛城区人民法院（2011）宛民初字第989号民事裁定书。

② 参见河南省南阳市中级人民法院（2012）南民劳终字第7号民事裁定书。

（一）公益性岗位的概念及法律规定

公益性岗位是指由政府出资或者社会筹集资金开发，以满足社区及居民公共利益为目的的管理和服务岗位。公益性岗位优先安排困难人员或特殊群体，并从就业专项资金中给予社会保险补贴和岗位补贴。劳动保障部《关于开展下岗失业人员再就业统计的通知》（劳社厅发〔2003〕4号）对公益性岗位的解释为："主要由政府出资扶持或社会筹集资金开发的，符合公共利益的管理和服务类岗位。"公益性岗位主要包括各级政府投资开发的城市公共管理中的公共设施维护、社区保安、保洁、保绿、停车看管等，各级机关事业单位的后勤服务岗位以及适宜就业困难人员再就业的其他公益性岗位。公益性岗位就业援助的对象主要是大龄下岗失业困难人员，特指男性年满50周岁、女性年满40周岁，有劳动能力和就业愿望的国有及县以上集体企业下岗职工、关闭破产企业需要安置的人员、享受最低生活保障且失业1年以上的其他城镇失业人员等。

作为新事物，法律法规相关规定不够完善。公益性岗位这一概念在劳动法和劳动合同法中均未提及，在就业促进法中首次出现。就业促进法第五十三条规定：政府投资开发的公益性岗位，应当优先安排符合岗位要求的就业困难人员。被安排在公益性岗位工作的，按照国家规定给予岗位补贴。该法第五十六条规定：县级以上地方人民政府采取多种就业形式，拓宽公益性岗位范围，开发就业岗位，确保城市有就业需求的家庭至少有一人实现就业。《劳动合同法实施条例》第十二条规定：地方各级人民政府及县级以上地方人民政府有关部门为安置就业困难人员提供的给予岗位补贴和社会保险补贴的公益性岗位，其劳动合同不适用劳动合同法有关无固定期限劳动合同的规定以及支付经济补偿的规定。①② 即在公益性岗位再就业的职工不适用在该用人单位连续工作满十年的或者连续订立二次固定期限劳动合同等情形应当订立无固定期限劳动合同的规定，也不适用在一定情形下解除劳动合同的用人单位应当向劳动者支付经济补偿的规定。

行政法规明确规定了公益性岗位劳动合同的特殊性，其特殊性源于公益性岗位具有很强的政策性，即公益性岗位具有的特殊性：（1）对象特定。就业对象限于就业困难特殊群体，即城镇下岗失业人员中的“4050”人员，享受城市居民最低生活保障且失业一年以上、就业确有困难的人员，夫妻双方均为下岗失业人员，家中两代人为城镇下岗失业人员，抚养子女的单亲下岗失业人员和夫妻一方无业另一方为城镇下岗失业人员，应届大学毕业生，有就业愿望而未就业的残疾人等。（2）岗位特定。工作岗位限于三类：一是社区管理岗位，包括社区劳动保障协管员、交通执勤、市场管理、环境管理、物业管理等。二是社区服务岗位，包括社区保安、卫生保洁、环境绿化、停车场管理、公用设施维护、报刊亭、电话亭、社区文化、教育体育、保健、托老、托幼服务等。三是社区内单位的后勤岗位，包括机关事业单位的门卫、收发、后勤服务等临时用工岗位。（3）资金特定。资金来源特定，由政府出资或者社会筹集资金开发，设立就业专项资金，从专项资金中支付社会保险补贴和岗位补贴，支付渠道特定。（4）工资特定。工资包括社会保险补

---

① 劳动合同法第十四条规定：无固定期限劳动合同，是指用人单位与劳动者约定无确定终止时间的劳动合同。用人单位与劳动者协商一致，可以订立无固定期限劳动合同。有下列情形之一，劳动者提出或者同意续订、订立劳动合同的，除劳动者提出订立固定期限劳动合同外，应当订立无固定期限劳动合同：（一）劳动者在该用人单位连续工作满十年的；……（三）连续订立二次固定期限劳动合同，且劳动者没有本法第三十九条和第四十条第一项、第二项规定的情形，续订劳动合同的。用人单位自用工之日起满一年不与劳动者订立书面劳动合同的，视为用人单位与劳动者已订立无固定期限劳动合同。

② 劳动合同法第四十六条规定：有下列情形之一的，用人单位应当向劳动者支付经济补偿：（一）劳动者依照本法第三十八条规定解除劳动合同的；（二）用人单位依照本法第三十六条规定向劳动者提出解除劳动合同并与劳动者协商一致解除劳动合同的；（三）用人单位依照本法第四十条规定解除劳动合同的；（四）用人单位依照本法第四十一条第一款规定解除劳动合同的；……（七）法律、行政法规规定的其他情形。

贴和岗位补贴，额度为当地最低工资标准的 70% ~120%，可以低于当地最低工资标准。(5) 目的特定。公益性岗位安置是各级政府就业援助制度的重要途径，目的是对就业困难人员实行优先扶持和重点帮助，① 为就业困难群体提供一个最基本的生活保障，即“救急不救穷”。当就业困难人员找到了合适的工作岗位，不再符合就业困难的条件时，就不属于公益性岗位安置人员的范围，则要腾出该公益性岗位，安置给其他就业困难的人员。因此，公益性岗位的特殊性决定了其与一般意义上就业的区别，也决定了其劳动合同的特殊性，即不适用劳动合同法有关无固定期限劳动合同的规定以及支付经济补偿的规定。

（二）公益性岗位再就业劳动关系的认定

由以上法律规定可以看出，公益性岗位具有很强的政策属性，是各级政府就业援助制度的主要组成部分，但是公益性岗位再就业职工是否构成劳动关系，与谁构成劳动关系，缺乏明确法律规定，由于法官不得拒绝裁判，② 因此，只能依据双方之间法律关系特征进行界定。

关于公益性岗位再就业职工是否构成劳动关系形成了两种观点：第一种观点认为，公益性岗位从本质看类似劳务派遣，政府是劳务派遣单位即用人单位，应当履行用人单位对劳动者的义务，宛城区环卫站表面上是用人单位实际上是用工单位，而且是政府提供公益性岗位的岗位补贴和社会保险补贴，宛城区环卫站不用负担劳动者的工资或者补贴，张昕与政府形成了劳动

① 就业促进法第五十二条规定：各级人民政府建立健全就业援助制度，采取税费减免、贷款贴息、社会保险补贴、岗位补贴等办法，通过公益性岗位安置等途径，对就业困难人员实行优先扶持和重点帮助。

② 《法国民法典》第 4 条就规定：审判员借口没有法律或法律不明确不完备而拒绝受理者，得依拒绝审判罪追诉之。参见：《拿破仑法典（法国民法典）》，李浩培、吴传颐、孙鸣岗译，商务印书馆 1979 年版，第 1 页。

关系；① 第二种观点认为，政府出资开发就业岗位，再就业经办机构每月拨付社会保险补贴和岗位补贴，这些仅是公益性岗位的特殊性，事实上张昕要遵守用人单位的工作制度和工作纪律，接受宛城区环卫站的劳动管理，张昕的工资也是由宛城区环卫站按月发放，张昕从事的街道保洁劳动是宛城区环卫站业务的组成部分，双方形成了劳动关系。

笔者赞同第二种观点。劳动和社会保障部《关于确立劳动关系有关事项的通知》（劳社部发〔2005〕12号）规定："一、用人单位招用劳动者未订立书面劳动合同，但同时具备下列情形的，劳动关系成立。（一）用人单位和劳动者符合法律、法规规定的主体资格；（二）用人单位依法制定的各项劳动规章制度适用于劳动者，劳动者受用人单位的劳动管理，从事用人单位安排的有报酬的劳动；（三）劳动者提供的劳动是用人单位业务的组成部分。……"就本案而言：第一，劳动法规定的用人单位是"中华人民共和国境内的企业、个体经济组织"，同时规定"国家机关、事业组织、社会团体和与之建立劳动合同关系的劳动者，依照本法执行"，宛城区环卫站符合法律规定，为合法的用人单位，张昕作为"4050"人员具备劳动能力，为合法的劳动者，双方均符合法律法规规定的主体资格。第二，用人单位与就业困难人员进行了双向选择。双方经过互相了解确定了选择意愿，并签订了再就业援助协议书。第三，用人单位要制定公益性岗位考核奖惩管理办法，并严格执行考勤、岗位职责等各项规章制度。张昕要遵守用人单位的工作制度和工作纪律，接受用人单位的考核，受宛城区环卫站的劳动管理，张昕每月的工资也是由宛城区环卫站具体负责发放。第四，张昕提供的街道保洁劳动是宛城区环卫站业务的组成部分。第五，公益性岗位的管理原则为"谁用人、谁主管、谁负责"，宛城区环卫站实际使用了张昕，并且对张昕进行了管理、考核，应对张昕承担相应的用人单位责任。据此，双方之间的关系符合劳动关系的法律特征，张昕与宛城区环卫站形成了劳动关系。

---

① 劳动合同法第五十八条规定：劳务派遣单位是本法所称用人单位，应当履行用人单位对劳动者的义务。劳务派遣单位与被派遣劳动者订立的劳动合同，除应当载明本法第十七条规定的事项外，还应当载明被派遣劳动者的用工单位以及派遣期限、工作岗位等情况。劳务派遣单位应当与被派遣劳动者订立二年以上的固定期限劳动合同，按月支付劳动报酬；被派遣劳动者在无工作期间，劳务派遣单位应当按照所在地人民政府规定的最低工资标准，向其按月支付报酬。

## 二、本案属于人民法院受理民事诉讼的范围

基于公益性岗位的政策性、特殊性，关于本案是否属于人民法院受理民事诉讼的范围也有不同认识，形成了两种观点：第一种观点认为，公益性岗位是按照国家规定对就业困难人员实行的优先扶持和重点帮助，公益性岗位安置是就业援助制度的重要途径，涉及国家政策，在法律规定不明确的情况下，相关问题应由政府部门统筹解决，本案不属于人民法院受理民事诉讼范围。如杭州市《关于提高社区公益性岗位从业人员的工资及有关待遇的通知》（杭劳社就［2007］221 号）就规定：增设社区公益性岗位从业人员丧葬费和一次性抚恤金补贴。补贴标准参照市区企业职工丧葬费和一次性抚恤金标准确定。所需经费从市促进就业专项资金中列支。执行时间从 2007 年 1 月 1 日起。同时，《劳动合同法实施条例》规定公益性岗位的劳动合同不适用劳动合同法有关无固定期限劳动合同的规定以及支付经济补偿的规定。因此，本案不属于人民法院受理民事诉讼范围。第二种观点认为，张昕与宛城区环卫站之间形成了劳动关系，双方的劳动争议纠纷属于人民法院受理民事诉讼范围。

笔者同意第二种观点。理由如下：第一，张昕与宛城区环卫站形成了劳动关系（理由前面已经详述）。第二，劳动法第七十三条规定：劳动者死亡后，其遗属依法享受遗属津贴。第七十六条规定：用人单位应当创造条件，改善集体福利，提高劳动者的福利待遇。劳动争议调解仲裁法也规定因工作时间、休息休假、社会保险、福利、培训以及劳动保护发生的争议属于劳动争议，受该法调整。① 丧葬补助费和一次性抚恤金是用人单位应当给予因病或非因病死亡职工和离退休人员遗属的津贴和补助，是劳动者遗属依法应当享有的社会保险和福利待遇，因追要丧葬补助费和一次性抚恤金形成的劳动

---

① 劳动争议调解仲裁法第二条规定：中华人民共和国境内的用人单位与劳动者发生的下列劳动争议，适用本法：（一）因确认劳动关系发生的争议；（二）因订立、履行、变更、解除和终止劳动合同发生的争议；（三）因除名、辞退和辞职、离职发生的争议；（四）因工作时间、休息休假、社会保险、福利、培训以及劳动保护发生的争议；（五）因劳动报酬、工伤医疗费、经济补偿或者赔偿金等发生的争议；（六）法律、法规规定的其他劳动争议。

争议纠纷属于民事案件案由规定的福利待遇纠纷,① 属于人民法院受理民事诉讼范围。第三,《劳动合同法实施条例》规定公益性岗位的劳动合同不适用劳动合同法有关无固定期限劳动合同的规定以及支付经济补偿的规定,其前提还是承认因公益性岗位就业而签订的协议属于劳动合同,不是否定了其协议的劳动合同属性,更不能否定张昕与宛城区环卫站之间的劳动关系,也不因此否定了劳动者依法应享有的获取劳动报酬、社会保险、福利待遇等权利,并且张昕亲属主张的丧葬补助费和一次性抚恤金与用人单位依法应当支付给劳动者的解除劳动合同经济补偿金是两个不同的法律概念。所以,本案属于人民法院受理民事诉讼范围。

## 三、丧葬补助费、一次性抚恤金应区别对待

《劳动合同法实施条例》仅规定公益性岗位的劳动合同不适用劳动合同法有关无固定期限劳动合同的规定以及支付经济补偿的规定,而对公益性岗位职工应否享受的丧葬补助费、抚恤金等福利待遇未做明确规定。依据劳动法的规定,劳动者死亡后,其遗属依法享受遗属津贴。丧葬补助费和一次性抚恤金是用人单位应当给予因病或非因病死亡职工和离退休人员遗属的津贴和补助,是劳动者遗属依法应当享有的社会福利待遇,而且本案又涉及与侵权责任竞合的问题,应当根据具体情况分别作出处理。

### (一)丧葬补助费、一次性抚恤金的由来

丧葬补助费、一次性抚恤金是我国长期以来所坚持的一种福利制度,早在50年代初期就出台了有关规定。1953年,《中华人民共和国劳动保险条例》规定,工人与职员因病或非因工负伤死亡时,由劳动保险基金项下付给丧葬补助费,其数额为该企业全部工人与职员平均工资的两倍;另由劳动保险基金项下,按其供养直系亲属人数,付给供养直系亲属救济费,其数额为死者本人工资6个月到12个月。同时规定,工人与职员因工死亡时,由劳动保险基金项下,按其供养的直系亲属的人数,每月付给供养抚恤费,其数额为死者本人工资的25%~50%,至受供养者失去受供养的条件为止。所谓的供养条件,一是祖父、父亲、丈夫年满60岁或完全丧失劳动能力者;二是

① 见《民事案件案由规定》第六部分劳动争议、人事争议,第171条福利待遇纠纷。

祖母、母亲、妻子未从事有报酬的工作者；三是子女、弟妹未满16岁，其父母死亡或完全丧失劳动能力者。此后，包括丧葬费、抚恤费、遗属生活困难补助费在内的遗属保障制度，作为体现社会主义制度优越性的福利制度之一，不断被强化、发展并形成传统。

河南省劳动和社会保障厅、河南省财政厅于2007年7月30日下发了《关于调整企业职工和离退休人员因病或非因工死亡待遇等问题的通知》规定：企业职工（含离退休人员）因病或非因工死亡享有如下待遇：丧葬补助费、一次性抚恤金、遗属生活补助费、供养直系亲属丧葬补助费，并对职工供养直系亲属范围及享受遗属生活补助费的条件进行界定。2011年7月1日施行的社会保险法第十七条规定：参加基本养老保险的个人，因病或者非因工死亡的，其遗属可以领取丧葬补助金和抚恤金；在未达到法定退休年龄时因病或者非因工致残完全丧失劳动能力的，可以领取病残津贴。所需资金从基本养老保险基金中支付。但是张昕于2010年7月31日死亡，在社会保险法施行之前，不能从基本养老保险基金中支付其丧葬补助金和抚恤金。张昕亲属关于丧葬费和抚恤金的请求应当根据具体情况，依法分别作出处理。

（二）丧葬补助费不应支持

丧葬补助费即丧葬补助金，是单位对职工死亡后用于丧葬的专项补助。丧葬费是指劳动者死亡以后，其亲属为寿衣、火化、殡葬、棺椁等支出的费用。丧葬补助费应由死亡职工的直系亲属，包括父母、子女、配偶享有。

关于丧葬费的赔偿有两种不同的理论根据：一是赔偿实际损失的理论。认为侵权行为造成受害人的死亡，其丧葬支出的费用，是侵权行为所造成的财产损失，因此应当予以全部赔偿。这是通行的理论。二是提前支付丧葬费利息理论。认为人早晚皆难免于死，其殡葬费用，习惯上是由其遗族支付。侵权行为造成受害人的死亡，死者的殡葬费用不能认为系侵权行为所生损害，而是早晚要支出的费用，充其量仅相当于比本来死期提早支出之费用之利息之损害而已。因此这种赔偿金应当以赔偿提前支付丧葬费的利息为合理。应用前一种理论作为丧葬费赔偿的基础，赔偿数额较高；依据后一种理论作为赔偿的基础，则赔偿数额很低。从实践上看，采用后一种理论作为赔偿基础，尽管合乎道理，但不合乎情理。对此，考虑一般的人伦道德观念，应当采用前一种理论确定丧葬费赔偿问题。这就是，对于丧葬费用应当按照实际的和合理的损失，予以全部赔偿。应当赔偿的项目是：（1）寿衣费；（2）运尸和火化费；（3）骨灰盒（棺木）费；（4）骨灰存放费用。只赔偿一期骨灰盒放置费用。①

1996年10月1日起试行的《企业职工工伤保险试行办法》第二十八条规定：由于交通事故引起的工伤，应当首先按照《道路交通事故处理办法》及有关规定处理。工伤保险待遇按照以下规定执行：（一）交通事故赔偿已给付了医疗费、丧葬费、护理费、残疾用具费、误工工资的，企业或者工伤保险经办机构不再支付相应待遇（交通事故赔偿的误工工资相当于工伤津贴）。企业或者工伤保险经办机构先期垫付有关费用的，职工或其亲属获得交通事故赔偿后应当予以偿还。（二）交通事故赔偿给付的死亡补偿费或者残疾生活补助费，已由伤亡职工或亲属领取的，工伤保险的一次性工亡补助金或者一次性伤残补助金不再发给。但交通事故赔偿给付的死亡补偿费或者残疾生活补助费低于工伤保险的一次性工亡补助金或者一次性伤残补助金的，由企业或者工伤保险经办机构补足差额部分。（三）职工因交通事故死亡或者致残的，除按照本条（一）、（二）项处理有关待遇外，其他工伤保险待遇按照本办法的规定执行。（四）由于交通肇事者逃逸或其他原因，受伤害职工不能获得交通事故赔偿的，企业或者工伤保险经办机构按照本办法给予工伤保险待遇。（五）企业或者工伤保险经办机构应当帮助职工向肇事者索赔，获得赔偿前可垫付有关医疗、津贴等费用。2011年7月1日起施行的《社会保险基金先行支付暂行办法》第四条规定：个人由于第三人的侵权行为造成伤病被认定为工伤，第三人不支付工伤医疗费用或者无法确定第三人的，个人或者其近亲属可以持工伤认定决定书和有关材料向社会保险经办机构书面申请工伤保险基金先行支付，并告知第三人不支付或者无法确定第三人的情况。第十一条规定：个人已经从第三人或者用人单位处获得医疗费用、工伤医疗费用或者工伤保险待遇的，应当主动将先行支付金额中应当由第三人承担的部分或者工伤保险基金先行支付的工伤保险待遇退还给基本医疗保险基金或者工伤保险基金，社会保险经办机构不再向第三人或者用人单位追偿。个人拒不退还的，社会保险经办机构可以从以后支付的相关待遇中扣减其应当退还的数额，或者向人民法院提起诉讼。第十二条规定：社会保

① 参见杨立新：《侵权法论》（第2版），人民法院出版社2004年版，第635页。

险经办机构按照本办法第三条规定先行支付医疗费用或者按照第五条第一项、第二项规定先行支付工伤医疗费用后，有关部门确定了第三人责任的，应当要求第三人按照确定的责任大小依法偿还先行支付数额中的相应部分。第三人逾期不偿还的，社会保险经办机构应当依法向人民法院提起诉讼。

虽然《企业职工工伤保险试行办法》被后来的《工伤保险条例》取代，但是《工伤保险条例》对此问题并未作出相应解释，而两个办法的指导思想是一脉相承的，即交通事故赔偿已给付了医疗费、丧葬费、护理费、误工工资等，企业或者社会保险经办机构不再支付相应待遇；企业或者社会保险经办机构先行支付有关费用的，职工或其亲属获得交通事故赔偿后应当予以退还，个人拒不退还的，社会保险经办机构可以从以后支付的相关待遇中扣减其应当退还的数额，或者向人民法院提起诉讼；社会保险经办机构按照规定先行支付医疗费用或者先行支付工伤医疗费用后，取得了向交通肇事第三人追偿的权利，并可以依法起诉第三人。

本案中，交通事故发生后，肇事人与死者丈夫贾新全经交警部门主持达成了调解协议，贾新全获得了肇事人一次性支付的死者医疗费、死亡赔偿费、丧葬费、被抚养人生活费、误工费等费用共计27.5万元。肇事人赔偿了贾新全等人因其肇事造成受害人死亡的丧葬支出的费用，弥补了侵权行为所造成的财产损失，贾新全等人的丧葬费支出已经得到了赔偿，因此，其丧葬补助费的请求不应支持。

（三）一次性抚恤金应予支持

抚恤金是指国家机关、企事业单位、集体经济组织对死者家属或伤残职工发给的费用，是国家按照相关规定对特殊人员进行抚慰（抚慰包括精神抚慰和物质抚慰等）和经济补偿。《企业职工工伤保险试行办法》第二十七条规定：领取伤残抚恤金的职工和因工死亡职工遗属，本人自愿一次性领取待遇的，可以一次性计发有关待遇并终止工伤保险关系，具体计发办法由各省、自治区、直辖市劳动行政部门规定。一次性抚恤金由此而来。

鉴于一次性抚恤金对死者家属的一种抚慰和救济，含有一定精神抚慰的内容，带有抚慰其家属的性质，同时河南省劳动和社会保障厅、河南省财政厅《关于调整企业职工和离退休人员因病或非因工死亡待遇等问题的通知》规定应当支付一次性抚恤金，所以贾新全等人关于一次性抚恤金的请求应予支持。

## 四、结语

为促进就业，促进经济发展与扩大就业相协调，国家专门制定了就业促进法。公益性岗位作为就业援助制度的主要组成部分，是新生事物，相关政策不配套，法律法规规定也不完善，希望通过本案的探讨，能够在司法实践中准确界定公益性岗位就业、再就业之劳动关系；也希望藉此引起大家对就业援助制度的关注、研究，以期不断健全完善相关法律法规和政策规定，实现对就业困难人员的优先扶持和重点帮助，充分保障就业困难群体的生存、发展权利，促进社会和谐稳定。

（本文仅代表作者个人观点）

# 网络侵权中的个人信息控制权的保护问题

陶 盈*

## 案情概要①

原告王菲与死者姜岩系夫妻关系。2007年12月29日晚姜岩跳楼自杀死亡。姜岩生前在网络上注册了名为"北飞的候鸟"的个人博客并进行写作，并在博客中以日记形式记载了自杀前两个月的心路历程，将王菲与案外女性东某的合影照片贴在博客中，认为二人有不正当两性关系，自己的婚姻很失败。日记中还显示出了丈夫王菲的姓名、工作单位地址等信息。姜岩死后，其朋友张乐奕以姜岩的博客名注册了非经营性网站"北方的候鸟"，张乐奕、姜岩的亲属及朋友先后在该网站上发表纪念姜岩的文章。张乐奕还将该网站与天涯网、新浪网进行了链接。

姜岩的博客日记被一名网民阅读后转发在天涯网的社区论坛中，后又不断被其他网民转发至不同网站上，姜岩的死亡原因、王菲的"婚外情"行为等情节引发众多网民的长时间、持续性关注和评论。许多网民认为王菲的"婚外情"行为是促使姜岩自杀的原因之一；一些网民在参与评论的同时，在天涯网等网站上发起对王菲的"人肉搜索"，使王菲的姓名、工作单位、家庭住址等详细个人信息逐渐被披露；一些网民在网络上对王菲进行指名道

---

* 中国人民大学法学院民商法学专业2011级博士研究生。

① 北京市朝阳区人民法院（2008）朝民初字第10930号民事判决（2008年12月16日），北京市第二中级人民法院（2009）二中民终字第5603号民事判决（2009年12月23日）。

姓的谩骂；更有部分网民到王菲和其父母住处进行骚扰，在王家门口墙壁上刷写、张贴“无良王家”、“逼死贤妻”、“血债血偿”等标语。直至本案审理期间，许多互联网网站上仍有大量网民的评论文章。原告王菲认为“北飞的候鸟”网站上刊登的部分文章中披露了其“婚外情”以及姓名、工作单位、住址等信息，并包含有侮辱和诽谤的内容，侵犯了其隐私权和名誉权，向法院请求被告予以赔偿。

## 裁判要旨

案件双方争议的焦点在于：张乐奕将王菲的真实姓名、工作单位、家庭住址、与其他女性有“婚外情”的信息在“北飞的候鸟”网站中进行披露，是否侵犯了王菲的隐私权和名誉权。北京市朝阳区人民法院经审理认为，根据王菲的当庭自认及王菲与姜岩父母的协议内容，可以证实王菲与案外人东某确有不正当男女关系，王菲的行为违背了我国的法律规定。根据姜岩的日记显示，姜岩因此遭受了巨大伤害，承受了巨大精神痛苦。王菲的这一行为不仅违背了法律规定，也背离了社会道德标准，应予以批评。本案中，张乐奕对王菲的婚姻不忠行为持否定、批判的态度。其在网站上主动披露此事实和王菲的个人信息之前，明知披露对象已超出了相对特定人的范围，而且应当能够预知这种披露行为在网络中可能产生的后果。因此，张乐奕在网络中披露王菲“婚外情”和个人信息的行为，应属预知后果的有意为之。王菲的“婚外情”、姓名、工作单位等信息被披露，成为网民知晓其真实身份的依据之一，引发了众多网民的批评性言论及不满情绪，乃至形成了爆发和蔓延之势。因此，张乐奕在披露王菲婚姻不忠行为的同时，披露王菲的姓名、工作单位名称、家庭住址等个人信息，构成了对王菲隐私权和名誉权的侵害。

另，王菲认为“北飞的候鸟”网站登载的《静静的》一文中的一段文字对其构成了侮辱。法院认为，该文章系姜岩的亲属在姜岩不堪王菲的婚姻不忠行为而自杀后，发表的谴责王菲、宣泄个人感情的文章，该文章的文字并无异常过激之处。张乐奕在“北飞的候鸟”网站上登载该篇文章的行为不构成对王菲的侮辱。在产生了严重后果以及王菲起诉之后，张乐奕作为网站的管理者还不予以妥善处理，应当承担相应的侵权民事责任。具体方式包括停止侵害，将网站中的侵权信息（包括侵权文章及侵权图片）删除，赔礼道歉及赔偿相应损失。此后，张乐奕不服，上诉到北京市第二中级人民法院，但被驳回上诉，维持原判。

## 评析

本案是近年来出现的“人肉搜索案”的典型代表，法院在判决中明确提出并界定了隐私权的概念，前瞻性地与之后颁布的侵权责任法的裁判规则高度契合，彰显了法律大力保护个人信息的决心。判决在突破隐私权从属于名誉权的传统观念的同时，又比较清晰和完整地阐述了隐私权的范围，即“隐私权一般指自然人享有的对自己的个人秘密和个人私生活进行支配并排除他人干涉的一种人格权”，明确地将“公民的个人感情生活”和特定情况下的“个人信息”纳入了隐私权保护的范围。判决主张“个人信息的披露、使用等行为是否构成侵犯隐私权，应当视行为人对这些信息的取得方式、披露方式、披露范围、披露目的及披露后果等因素综合认定”，是比较妥当和正确的。

本案中，虽然王菲有“婚外情”的不道德行为在先，而且在张乐奕之前已经有人发起对王菲的“人肉搜索”，张乐奕只是众多网民中的一个。但法院仍然认为：“他人对王菲个人信息的披露并不意味着张乐奕可以继续对此予以披露、传播，他人此前对王菲个人信息的披露不影响张乐奕侵犯王菲名誉权的事实成立。”体现了法院认为应当严厉制止和规制非法泄露个人信息这种网络侵权行为的果断态度。王菲对其姓名、工作单位、电话、家庭住址等信息享有个人信息控制权，即对个人信息的利用方式、利用目的和利用范围等有控制和支配的权利。其并不愿意主动公开这些个人信息，也不存在法律规定的应当或者可以公开的情形，故此类信息也属于个人隐私。张乐奕将王菲的“婚外情”以及大量的个人信息公布于其管理的网站上，使信息超出特定人的范围而为不特定人所知晓，已经难以控制其传播速度和传播范围，严重侵犯了王菲的隐私权和对个人信息的控制权，应该受到法律的惩戒。

### 一、网络社会个人信息控制权保护的困境

互联网技术的高速发展带动了网络虚拟社会向现实社会的靠近，也带来了信息安全问题的突显。信息的快速传播和广泛散布使公民对其个人信息的控制力大大削弱，某些新技术（包括高科技的软件、“病毒”）也使他人能够借助网络非法获取他人的个人信息及隐私资料，对个人信息的保护难度进一步加大。近年来，由于个人信息泄露而引发的问题正在全世界迅速蔓延。尤其是2013年引发全球关注的“棱镜门”事件的爆发，揭露出美国在全球范

围内通过网上音像视频、图片、邮件、文档以及连接信息等分析个人联系方式，收集个人信息的行为，触发了世界人民对网络信息安全的担忧。此前英国①、德国②、日本③、韩国④都曾经爆发过大规模的个人信息泄漏事件，引发全球范围的关注与讨论。2011 年我国也出现了不断升级的互联网“泄密门”，先是黑客在网上公开了 CSDN 网站的用户数据库，泄露了 600 万用户的账户数据，随后，据传中国最早的社交网站天涯社区的 4000 万用户密码全部泄露。新华网还报道了很多网站公开出售个人信息的情况，数量庞大的个人信息被分门别类地推销给不同客户，并且相关数据大部分具有非常高的准确率。⑤

这些事件说明，目前各国的信息收集、处理和使用机构在保障个人信息安全方面，无论是管理制度的建立健全，还是电子技术的完善革新都面临巨大考验。无论是网络服务提供商对接受其服务的网络用户个人信息的盗用或泄露，还是个人、企业、社会机构、政府机构等作为直接侵权人非法收集、利用公民的个人信息，其信息采集的手段及侵权后果的加重与互联网技术的应用和发展密不可分。网络空间虽然是虚拟的，但是依赖于现实社会的客观存在，网络侵权，也就是在网络环境下所发生的侵权行为正威胁着现代人的人格权和财产权。随着目前互联网的普及和公民维权意识的提高，YouTube 上的视频、Facebook 上的照片、微博上的评论、论坛里的留言……正越来越多地引发纠纷。法律究竟应当如何应对新媒体的发展对现实生活的冲击，如何规范对于自媒体、虚拟人格权这些新兴概念的认识和保护，如何填补现行法律在规制网络侵权问题中的漏洞，如何应对网络侵权行为对个人信息控制

① 2007 年英国皇家税务及海关总署寄出的两张数据光盘丢失，上面有 2500 万人的姓名、住址及相关银行账户等信息，涉及人口将近英国总人口的一半。

② 2008 年 10 月 1700 万名德国电信用户的个人数据遭泄露。

③ 1999 年 5 月日本京都府一自治体发生了 22 万名居民基本登记数据大量泄露事件，2002 年最高法院判决赔偿提起诉讼者每人 1.5 万日元，假设 22 万人全部提起诉讼，将是高达 33 亿日元的巨额赔偿。2004 年日本雅虎公司一个外包员工偷盗了 450 万份个人信息，为此事件雅虎一共损失了 100 亿日元。

④ 2008 年韩国电子商务网站 Auction 的 1800 万名用户个人信息外泄，这些极为详尽的信息几乎涉及所有韩国网民。

⑤ 《谁在偷窥我？——1000 万条公民个人信息泄露的背后》，新华网 2011 年 11 月 14 日报道 http: //news. xinhuanet. com/legal/2011 - 11/14/c_ 111165681_ 2. htm。

权的冲击，引发了人们的广泛关注。

个人信息控制权是以个人能够推测出其信息所在何处，并向持有此信息的人行使公示请求权等权利为前提。但随着电子科技的发展，个人信息的收集、储存、利用正变得更便捷、广泛和廉价，信息社会的可视性得到提高的同时，匿名化程度也在提高，这让对于个人信息的追踪和控制变得难以实现。因此，对“个人信息控制权”的批判之一就是，该理论没有充分解释“为何信息主体对其个人信息具有支配可能性”①，即作为该理论的两个预设前提，即：（1）个人信息和信息主体之间有一对一的关联性；（2）提供信息后这些个人信息仍然可识别。这两点本身就是值得推敲的。比如社交网站上的个人信息可能并不具有一对一的关联性，也可能与多个信息主体有关。再如，个人信息提供时即构成同意对方在目的范围内使用相关信息的承诺，那么，之后如何追踪其个人信息，以及是否可能要求信息收集方对信息利用状况进行说明都是值得探讨的。为此，日本学者还提出了超越个人信息控制权的“个人信息保护期待权”。② 他们认为个人信息保护期待权的概念较之个人信息控制权而言权利性更低，即降低了个人信息得受保护的门槛。因为，即便是在个人信息无法追踪的情况下，权利人也可以基于个人信息应受保护这种期待权受到侵害，而提出启动保护机制的请求。这一理论的提出是考虑到在个人信息四处扩散的网络环境下已经难以实现对个人信息的控制权，而有必要建立相关机制或国际合作机构，以便个人隐私受到侵犯时能及时采取保护措施。

其实，网络侵权与传统侵权行为在本质上并无不同，对于隐私权、名誉权等人格权的侵害行为也造成了严重后果。按侵权主体一般可分为网络服务商侵权和网络用户侵权。无论是网络服务商对个人信息的使用和传播，还是电子邮件、网络广告等对个人隐私的侵害，或是网络窥探业务的兴起、黑客入侵的频频发生以及政府对个人信息的大量采集，再或是银行、电信、诊

---

① 坂本昌成：「プライバシーの権利と個人情報の保護」，『国民主権と法の支配』，佐藤幸治先生古稀記念論文集，成文堂，2008 年，第 103 頁。

② 「電子社会における匿名性と可視性？追跡可能性——その対立とバランス」，日本学術会議法学委員会「IT 社会と法」分科会，2008 年 7 月 24 日，http：//www. scj. go. jp/ja/info/kohyo/pdf/kohyo－20－h60－2. pdf。

所、商家等需要搜集顾客个人信息、为顾客建立档案的行为，都引发了大量网络侵权纠纷的产生。网络技术的发展在为社会带来便利和财富的同时，也为个人信息安全带来了极大的考验，相关立法和法学研究都亟待完善。但目前我国法学界对于互联网与用户之间的民事关系并没有进行明确的定性，互联网服务提供者与用户之间就个人信息的保护只是通过网络服务方单方提供的协议来解决，在个人信息发生泄露后的救济规范也并不完善。如何在侵权事件发生前对互联网使用者、内容及服务的提供者保护个人信息的权利义务进行有效规制，有力地保护公民的个人信息控制权成为一个重要课题。

## 二、个人信息控制权的内涵与法律性质

随着计算机和网络信息社会的发展，较早提出"个人信息控制权"概念的是美国宪法学者艾伦·威斯汀（Alan F. Westin），其于1967年将其界定为"自己决定何时、如何及在何种程度下传递有关个人信息给其他人的权利"，①即对个人信息进行控制的权利，后来被解释为"个人信息控制权"并被各国学者所接受。日本学者潮见佳男②将个人信息控制权具体化为：个人姓名不被他人冒用的权利、姓名被正确称呼的权利、俗名（在日本多指改名前通常使用的姓名等——笔者注）或婚前姓名可以积极使用的权利、肖像权。从这种划分形式可知，日本学者认为个人控制权是人格权中的隐私权的主要内容。潮见教授指出，作为个人信息控制权的内容，应当遵守以下原则，第一，收集、获取个人信息的原则。原则上需要取得本人同意才可收集个人信息，并且应当目的明确，方法正当。第二，个人信息保管的相关权利。具体包括个人信息公示请求权、对错误信息的更正请求权、当个人不希望公开的信息被收集时的删除请求权。第三，个人信息利用、传播的相关权利。具体包括对个人信息不符合收集目的的使用、传播的抑制权。③

在我国个人信息控制权的概念尚未在法律和法学研究中得以明确，但也

---

① Alan F. Westin, Privacy and Freedom（1967）。"Privacy is the claim of individuals, groups, or institutions to determine for themselves when, how, and to what extent information about them is communicated to others."

② ［日］潮見佳男：《不法行為法I》，信山社2011年第2版，第202～206页。

③ 参见［日］潮見佳男：《不法行為法I》，信山社2011年第2版，第202～206页。

有很多学者采用决定权、控制权的概念定义个人对其相关信息的权利，并将此种权利视为人格权下的隐私权之一种，从而归为“一元论”的范畴。王利明教授曾指出，隐私权已经越来越具有可利用商业价值，即对个人的信息、资料，权利人有权决定如何利用以及在何种范围内利用，① 也是主张将个人信息控制权作为现代隐私权的重要内容加以保护。在王利明、杨立新教授负责起草的《〈中国民法典·人格权法编〉草案建议稿》第四十五条规定了“法律保护自然人的私人信息不受侵犯。未经本人同意，禁止刺探、公开自然人与社会公共利益无关的私人信息”，从而将个人信息列入人格权的保护范围之中。并在第二节“隐私权”第 51 ~ 53 条中，对网络服务提供方的义务作出规定，包括收集储存公布个人资料须得本人同意以及保密义务、网络所有人和使用人的义务。由此构建出了个人信息控制权在未来中国民法典体系中的地位，即个人对其相关信息的控制权利属于具体人格权下的隐私权的一部分。

目前在我国基于网络服务提供方与网络用户之间的服务合同，可以认定网络服务提供方对网络用户的个人信息有合法收集、合理使用、及时准确修改的权利以及保管、维护、保密的义务。对于网络服务提供方收集的个人信息，权利人有知悉、修改、更正的权利。网站经营者对网络用户的个人信息进行收集时，应告知用户其所收集的信息资料的使用目的。此外，在信息收集后个人信息发生变更或出现错误时，权利人有权要求予以修改或更正。对个人信息主体的权利救济方式主要包括：信息主体可以在何时、何种方式要求信息用户停止对信息的控制、处理与利用；何时、怎样补充与修正本人的资料，以保持信息完整性、适时与准确；信息主体如何才能获取救济。②

个人信息控制权的法律性质究竟是财产权还是人格权曾引发较大争议。有学者认为个人信息基于其有用性而具有交换价值，可以为权利人带来财产性利益或损失。信息主体持有对其个人信息的销售权，可以判定各自信息的价值，自由决定其交易价格。从而主张赋予个人信息以财产权的地位，这最初也是受到著作权被作为“财产权”加以保护的启发，但个人信息的财产权

---

① 王利明：《人格权法研究》，中国人民大学出版社 2005 年版，第 587 页。

② 齐爱民：《个人信息保护法原理及其跨国流通法律问题研究》，武汉大学出版社 2004 年版，第 128 页。

保护模式与著作权存在显著不同。并且，个人信息被认为具有公共财产的性质，即个人信息一旦进入流通领域，是不会因某些人消费而消失减损的，对其传播的防止几乎是不可能的，至少也会代价极高。很多学者质疑个人信息一旦进入流通环节，是否还受到权利人的支配和控制，以及是否还可以被权利人识别。认为个人信息的不可控性会让其在公共领域中迅速蔓延，最终可能侵犯到信息主体的人格和财产权益。由于财产权主要规范人们对利益的分配权，如果该种利益既不可控又不可识别，则欠缺参与分配的条件，故至今为止个人信息控制权属于财产性权利这一观点受到较多质疑。

目前，国际社会的主流学说还是认为，个人信息控制权是人格权中的隐私权的核心内容，体现了现代社会对隐私权的新发展。例如在日本，因为对个人信息控制权法律属性的认定是基于宪法对人权的保护，从而使此项权利扩张为人格权之一。日本宪法第13条规定："所有国民作为个人受到尊重。有关生命、自由以及追求幸福之国民权利，只要不违反公共福祉，在立法与其他国策上，有必要予以最大的尊重。"这成为日本法上支撑个人信息控制权的核心法律依据。笔者认为，基于个人信息与主体人格性的密切关联，将个人信息控制权定位为民法人格权体系下作为具体人格权之一的隐私权的一部分较为妥当。

具体来说，个人信息控制权不同于传统的人格权，具有静态的消极防御权与动态的积极请求权的双重权能属性。传统民法理论认为，人格权只是一种静态的消极防御权，不具有动态性与积极性。如尹田教授甚至认为："自然人对其'独立、自由和尊严'完全不能使用，更不能转让和放弃，一般人格权根本不具备任何'支配权能'"；"自然人人格权……的实现完全依赖于法律提供的保障，一般情况下无需借助于自然人自身的积极行为，故此种权利通常仅仅具有一种消极权能（人格利益不受侵害的保障性）"。① 而个人信息控制权理论主张个人对与自身相关信息的内容及流转享有控制性权利。首先，个人对与其宗教、世界观、病历、犯罪史等与精神历程或内部身体状况有关的高度机密性信息，享有何时、何地、何种程度地告知他人的自我决定性权利，即个人信息控制权。这种权利是个人人格存在不可或缺的权利。但

① 尹田：《论人格权独立成编的理论漏洞》，载《民商法学》2008年第1期，第40~45页。

是，除了上述高度机密性信息外，个人对于自己的一般性信息也应享有控制性权利。如姓名、性别、出生日期、住址、联系方式以及学生的学号等学籍信息、顾客的消费记录等，即本人对其不希望他人随便公开的个人信息，享有希望受到法律保护的期待性权利。

个人信息控制权的双重权能属性也在带动着现代隐私权理论的新发展。作为“个人信息控制权”论理论基础的隐私权，不仅包括传统的自由性权利，即个人信息的隐私和安定生活不受侵犯的权利，还包括了个人有权自己决定其信息是否发布的积极性权利。说明现代隐私权已经更多地表现为个人享有控制与自己相关的信息的权利，并正在向包含积极性权利的方向迅速扩展。

## 三、个人信息控制权利的权利保护方式

个人信息控制权的保护范围比传统隐私权的保护范围广，保护方式既包括通过司法手段进行救济，又包括建立权利主体的积极请求机制和义务主体的约束机制，确保个人信息主体对本人信息的控制权得以实现。为此，应当尽快制定个人信息保护法，这不只是为规范政府对个人信息的保护，更重要的是确立公民享有个人信息保护的请求性权利。

目前已有50多个国家和地区制定了保护个人信息的相关法律，强调收集公众个人信息必须出于正当目的，收集行为须征得被收集人的同意，并应当对收集到的资料妥善保管。为限制政府权力，防止行政机关滥用个人信息，侵犯个人权利，很多国家禁止公务机关和非公务机关非法超出目的范围收集、储存个人资料。一些国家建立的第三方机构对政府的信息采集活动起到了监督调和作用。如德国为贯彻对个人资料的保护，创设了联邦资料保护专员制度。德国联邦个人资料保护法第22~26条详细规范了联邦资料保护专员的选任、法律地位、任务、纠正权及其他职责。在欧盟和加拿大，还设有数据保护监督专员和隐私专员办公室，专门负责保护公民的个人信息和隐私安全。美国对个人信息的保护更多的是从宪法保护私人财产的角度展开，政府一直通过促进行业自律、信息技术革新及相关保护程序的开发，自发性规范和自律性方案长期以来占据了重要地位。另一方面，基于宪法对言论自由的保护以及政府出于促进商业发展和市场竞争的目的，也在一定程度上要求公开部分个人信息。

我国在2008年由国务院发布了《个人信息保护法（草案)》，确立了该法律的适用范围是公共及民间部门以及对个人信息保护的“八个一般原则”。2009年《刑法修正案（七)》将非法提供和非法获取公民个人信息纳入刑事制裁范畴。2012年4月，中国大陆首个“个人信息保护”专项国家标准《信息安全技术、公共及商用服务信息系统个人信息保护指南》已正式通过评审，报批国家标准。我国虽然已经通过修订刑法将非法泄露个人信息行为入罪，民法通则也有关于个人隐私的相关条例，侵权责任法第三十六条还特别规定了网络内容提供者和网络服务提供者的侵权责任，但这些规定零散分布在各个法律法规中，存在较多空白之处并且难于实际操作，远远落后于发达国家的相关立法水平。

因此，我国应当尽快制定个人信息保护法及配套法律法规条例，并将个人信息控制权作为具体人格权的一种加以明确，加大对个人信息的保护力度。不但可以建立全国范围内统一的实施机构，还可以在现有的机构体制下，分别设立个人信息的保护部门，各自主管某一类型的个人信息保护工作，并通过设立第三方主管的监督、指导和协调机构，负责督促立法、制定方针和部门协调。笔者认为，可以将保护个人信息控制权区分收集、保管、利用三个阶段。第一，在收集、获取个人信息时，原则上需要取得本人同意，并且应当目的明确，方法正当。第二，在储存、保管个人信息时，应当确立并尊重个人信息公示请求权、对错误信息的更正请求权、个人对不希望公开的信息被收集时的删除请求权。第三，利用、传播个人信息时，应当确立对违反收集目的进行使用、传播的限制权。同时，还应当不断完善金融机构、电信企业等行业中个人信息的采集标准，将收集个人信息时权利人的“同意条款”作为必要程序，强化行业自律的意识和能力，变被动保护为主动出击，充分体现个人信息控制权作为积极性权利的特点。2005年中国人民银行颁布了《个人信用信息基础数据库管理暂行办法》，详细规定了个人信用信息的采集、处理、利用和流通等，虽然该法仍存在诸多问题，但作为首个针对个人信息保护问题的专门性部门规章，仍然具有划时代的意义。

近年来涌现了大批侵犯个人信息控制权的网络侵权行为。互联网是由数据搭建的平台，是为真实的用户提供信息服务的工具。这个复杂的集合体的优点是具有开放性和便捷性，促成社会信息的共享，影响着现代人生活中的方方面面。但同时，网络服务的普及也带来了很多问题，比如利用网站服务的用户在注册时需要提供大量个人信息，并会在使用网络服务时留下包括网络聊天记录、网络购物轨迹等大量隐私信息。因此，尤其应当加强对网络服务提供方的监督，保护用户个人信息不被泄露。而网络服务提供方也有义务妥善保管用户的个人信息，既要在技术上不断克服黑客或病毒的攻击，定期更新软件升级系统；又不能对网民间“点对点”的信息传递进行监控，不能将客户资料转卖他人。

## 四、个人信息控制权保护上的权利界限

个人信息在现代社会具有重要价值，其有用性也是受到重视和保护的重要原因。而个人信息的正常流通，不但是体现其有用性的重要方式，还是社会言论自由、信息流通的重要保障。但是，对个人信息的保护不应当成为将个人从社会人际关系中孤立出来的正当理由。欧盟在 1981 年批准《有关个人数据自动化处理的个人保护协定》时，特别重申成员国必须承诺保证信息的自由流通，要求各成员国必须在遵守隐私的基本价值和尊重信息在国家间自由流动两者之间达到平衡。1995 年及以后的欧盟多个有关个人数据保护的指令也都强调了促进个人数据的自由流动和保护个人权利和基本自由，特别是对隐私权的保护。

对于公共部门，个人信息的有用性体现在其支撑着行政机关正当、正常的运行。对于民间机构，其营业活动通过正当合理地利用个人信息可以取得更大利益。个人信息所产生的利益既造福本人，也有益于他人。例如，允许医院等机构采集公民的血型信息，有利于在抢救因交通事故昏迷不醒的公民时，医生可以直接为其进行输血。允许学校收集学生的个人和家庭相关信息，有利于更好地管理学生以及在出现紧急情况时尽快联系其监护人等。但是，个人血型、学生家庭信息等本身作为隐私权保护的对象，本人是有权利要求不公开此类信息的。如何平衡对个人信息的有效利用和对个人权利的正当保护，是个人信息保护相关立法过程中的重大课题。

在理论上，保护个人信息的重要性和必要性也许如何强调都不过分，但在实务上的确已经出现了过度保护的问题。例如最基础的个人信息是“姓名、性别、出生日期、住址”，其受保护程度是否应当与那些机要性和私密性较强的个人信息一样呢？众所周知，姓名是人际交往中不可或缺的信息，在日常生活中被广泛使用。除了需要使用匿名或者化名（基于公共利益、人

格权保护等）的情形以外，姓名几乎很难被视为隐私，甚至不公开会带来更多不利后果。其实这对于性别也同样适用，除了疾病或变性等原因外，公开性别并不一定被认为侵犯隐私，反而在很多需要识别男女的场所（厕所、浴室等），需要明确公示性别。相比之下，住址的隐私性较强，而出生年月可能会引发盗用密码等情况，也需要进行必要的保护。这样看来，区分不同的信息，其受保护程度应当是不同的，一概而论地讨论保护个人信息未免有些以偏概全，而且也可能引发过度保护。对可公开个人信息和不可公开个人信息进对区别对待，这考验了法律的灵活性，也关系到确定法律应当介入的范围和力度。

对个人信息控制权的过度保护论引发了学者对信息自由的不当遏止和社会文明进程的萎缩的担忧，如何解决个人信息控制权为内容的个人隐私权与新闻自由、公共利益等权利之间的冲突与价值平衡成为一个重要课题。信息所有人虽然有权不公开个人信息，但并非毫无限制。首先，公众人物的个人信息控制权受到一定程度的限制。其次，出于满足公众知情权、维护公共利益、批评公权力机关等正当目的信息公布行为应该受到保护。第三，受害人承诺也是免责事由之一。第四，新闻侵权中还要根据是否具有权威消息来源、报道事实基本真实、观点评论公平公正、批评对象不特定等要素综合考虑新闻机构是否应为公开个人信息的行为承担侵权责任。另一方面，信息所有人虽然有权公开个人信息，但也并非毫无限制。首先，不得公开法律、法规等禁止性规定限制的内容，如包含色情淫秽或危害国家安全内容的个人信息。其次，信息所有人不能肆意公开损害个人尊严的信息；第三，信息的公开受社会公序良俗的制约，不得危害社会公共利益和善良风俗。最后，信息的公开不得侵犯他人的合法权益。

总之，鉴于对个人信息控制权的概念界定尚存在较大争议，该权利的保护范围和权利界限均未得以明确，现阶段主要是通过解释论确立此概念的内涵与外延。虽然目前中国信息产业的行业自律能力还较低，个人信息相关立法缺乏体系，保护范围、力度皆有不足，执行机构分散且力量有限，但在政府的调控政策下，相关立法和调研工作正积极开展，为未来的全面立法工作奠定了基础。鉴于为个人信息控制权立法已经成为世界范围内的大趋势，中国也应当积极融入这种潮流，尽快全面建立个人信息保护制度，在与国际规范接轨的同时考虑自身国情，一方面借鉴国际社会的先进经验，尽力满足国际社会对个人信息保护的一般要求，另一方面应当注意我国审判实践中的经验积累，循序渐进的不断完善有中国特色的相关法律法规体系。既要满足信息时代对网络发展的迫切需要，又要重视特别性立法与现有法律法规的对接，既不盲目立法，也不墨守成规，积极促进个人信息保护的相关法律体系不断完善。

（本文仅代表作者个人观点）

# 网络消费的法律调整与消保法的立法完善

## 北京市消费者权益保护法学会 2013 年会暨“网络消费的法律调整”学术研讨会综述

刘 欢*

2013 年 6 月 15 日，由北京市消费者权益保护法学会主办的北京市消费者权益保护法学会 2013 年会暨“网络消费的法律调整”学术研讨会在北京市工商行政管理局隆重召开。来自中国人民大学、清华大学、中国政法大学、北京航空航天大学、中国青年政治学院等高校的多名专家、学者与中国消费者协会、北京市人大常委会、北京市法学会、北京市工商行政管理局、朝阳区人民法院、密云县人民法院等单位的多名实务工作者参加了本次研讨会。

本次研讨会围绕十二届全国人大常委会第二次会议初次审议的《中华人民共和国消费者权益保护法修正案（草案)》展开了广泛交流与深入探讨。各位与会专家与实务工作者就消保法草案的不足与完善、消保法的修改与其他现行法律的衔接及网络消费的法律调整等问题进行深入的研讨，并取得了丰硕的讨论成果。本次研讨会的举行对于完善正在修改的《消费者权益保护法》与实现更周全的消费者权益保护具有重要的理论与现实意义。

## 一、消保法修正草案的不足与完善

2013 年 4 月 28 日，十二届全国人大常委会第二次会议初次审议通过了《中华人民共和国消费者权益保护法修正案（草案)》（以下简称草案)，这

* 中国人民大学法学院民商法学博士研究生。

次草案是自《消费者权益保护法》（以下简称消保法）1993 年制定、1994 年实施以来的第一次正式修正。消保法在 20 余年来的运行与实践中，对于我国消费者权益的保护、交易秩序的维持与市场经济的发展起到了不可磨灭的作用，但是随着社会的进步，尤其是互联网的出现，消保法对于实践中消费者权益的保护逐渐出现了力不从心的情况。以市场经济初步阶段为背景与基础制定的消保法已经无法适应中国经济腾飞的新局面。于是，消保法的修正便被提上了日程。草案出台公布之后，在社会上广泛征求意见，得到了社会各界的热烈响应。从本次草案公布的内容来看，消保法修改的目标、宗旨与可能达成的结果都非常乐观，其增删和修改的内容也对消费者权益保护具有重要意义。但是草案仍然存在一些不足和需要改进的地方。与会各位专家、学者针对草案进行了热烈的探讨，并提出了修改意见。

（一）消费者概念与消费者范围的界定

草案没有专门规定消费者与经营者的概念，而是沿用现行消保法的做法，以规定消费者权益受到保护的范围替代消费者概念的直接定义。杨立新教授再次强调了修改消费者概念，明确消费者范围的必要性。现行消保法中对于消费者概念界定的不明确、不清晰导致了司法实践中法律适用的不一致，影响了法律的权威性与稳定性。在规定消费者概念时将“生活消费需要”的限定词予以删除，将会扩大消费行为的范围，能够对更多的消费者加以保护。学界以及实务界中对于扩大消费者范围的顾虑在于将会产生更多借打假之机获取不当利益的人。然而，专业打假者的打假行为有利于打击不法行为，净化消费环境，从而达到保护消费者权益的最终目的。因此，适当扩大消费者概念的范围与消保法的宗旨是一致的。崔建远教授认为草案第二条、第三条表述不明确，建议将消费者明确界定为所有进行有效法律行为的自然人，并不具有营利目的。而经营者可以是自然人、法人以及合伙企业，适应有效的法律行为，以营利为目的的组织。董新义老师从金融消费者的角度出发指出，金融消费者与普通商品、服务消费者有不同的特征与性质，草案中在消费者概念里没有提及金融消费者而在第二十七条将金融消费者单列出来违反了消保法的体系性基础。应当在消保法第二条的消费者概念条款中规定金融消费者的保护另行制定。

（二）“冷静期”的合理构建与制度完善

草案第二十八条规定了 7 天内“无条件退货”的制度，学界一般借鉴英美法系“cooling - off periods”的叫法，称其为“冷静期”。冷静期制度在英国、美国等英美法系国家以及德国、日本、台湾等大陆法系国家和地区都有明确的规定。草案也借鉴以上国家对冷静期进行了简要的规定。冷静期制度在我国学界和实务界引起了广泛的讨论和争议，对于消保法的修改是否引进冷静期制度，学界意见林林总总，不一而足。本次研讨会的与会专家也对冷静期制度的合理构建与制度完善提出了建设性的意见。李永军教授认为消保法作为规定消费者与经营者的私权利义务关系的法律，应当贯彻民法的公平与平等原则。消保法对于消费者进行倾斜性保护的政策即是实现民法实质正义的途径之一。冷静期制度虽然形式上对于经营者并不公平，但是在消费者处于极度弱势的当今社会，只有给予消费者更加完善的保护才能实现民法的实质正义。

崔建远教授认为我国系大陆法系，应当借鉴德国的相关规定构建“撤回权”制度。作为消费者权益保护中最重要的制度设计之一的消费者撤回权，《德国民法典》进行了详细而完备的规定。然而草案第二十八条的规定过于简略而显得不那么有实践意义。在撤回权适用的类型上，草案仅仅限于电子交易与远程交易，而没有规定适用范围同样广泛的信贷交易及旅游交易。由于撤回权的基础是意思决定自由受到影响，草案中“即使没有过错”的规定将当事人的主观过错作为撤回权行使的考虑因素不甚合理，改为“无需说明理由”更能体现撤回权的立法意旨和价值所在。草案的规定对于撤回期间的起算仅以收到货物开始起算，并没有考虑涉及撤回期间的规范目的。而撤回期间（即“冷静期”）的起算时间应当依赖于经营者的告知义务的行使。撤回权的规定还应当明确撤回权告知义务行使的方式为书面形式，相对人为消费者以及消费者的相关权利。对于撤回期间的具体时长应当借鉴《德国民法典》及欧盟最新指令的相关规定。

朱巍老师持不同的观点，他认为我国消保法规定冷静期制度必然会导致权利的滥用。由于冷静期制度的构建是把消费者一律设定为“诚实信用的消费者”，并在此基础上给予一体保护。然而实践中消费者的素质并非如此，极易导致冷静期制度的滥用。冷静期制度的设计只考虑了经营者对消费者可能造成的损害，而忽视了消费者滥用这一制度的可能性，将会损害经营者的利益，从而导致整个市场经济秩序的紊乱。冷静期制度的规定还会导致额外成本的产生，如冷静期制度的运行导致物流成本的增加，和商品贬值带来的机会成本都会由消费者最终承担。对于退回之商品的二次销售可能涉及的消费者欺诈以及瑕疵商品销售等问题都会导致消费者权益受到损害。

邱宝昌律师认为“后悔权”是消费者知情权和选择权的延伸，但又独立于知情权和选择权的新型权利。在现行消保法中，尽管消费者拥有知情权与选择权，但由于没有法律责任的保障，其很难充分实现。后悔权的规定能够充分保障消费者的知情权与选择权，从而更好地实现保护消费者权益的立法目的。从不断增强消费者权益保护的法律的社会化发展方向来说赋予消费者后悔权也是加强消费者权益保护的必然趋势。然后作为后悔权行使的法律效果的合同解除不同于单方面撕毁合同。虽然立法规定后悔权与民法的意思自治原则及契约自由原则有一定的抵触，但是消费者权益保护运动的蓬勃发展以及消费者权益保护法律制度的不断完善要求后悔权必须出现发展并于立法中确定下来。后悔权的规定对于处于弱势地位的消费者能够起到极大的保护作用，从而实现真正意义的实质公平与正义。

（三）广告经营者、发布者的损害赔偿责任

草案第四十四条规定了广告责任，对原条文的三十九条增加了第二款广告经营者发布者连带责任的规定，引起了学界广泛的争论。杨立新教授认为本条规定争议的焦点在于广告责任的归责原则问题，在食品药品的广告责任中，究竟应当适用何种归责原则来确定损害赔偿责任。杨立新教授在总结了学界关于广告责任归责原则的观点之后指出，不宜将草案第四十四条规定的食品药品的广告经营着、发布者对虚假广告承担的责任理解为无过错责任。而应当坚持广告法第三十八条的做法，将其规定为过错责任。立法者对广告经营者、发布者设计、制作、发布食品药品等关系消费者生命健康的商品或服务的虚假广告规定无过错的严格责任，是出于保护消费者生命健康的立法宗旨。但是，过于严苛的无过错责任将会扼杀经营者的积极性，是原本不应受到严厉处罚的经营者受到打击，反而阻碍生产经营的发展。具言之，首先，广告经营发布者与缺陷食品药品的生产者在一般情况下并无主观上的意思联络，令其承担无过错责任不存在正当性的法理基础。即便二者存在意思联络，即构成共同侵权，应当依照侵权责任法第八条规定承担连带责任，无需专门规定本条款；其次，广告责任属于一般侵权行为，规制广告责任应当体现侵权责任一般条款的法律要求，坚持过错责任；再次，虚假广告之“虚假”本身体现的就是广告经营者发布者的故意或过失，因此不存在适用我过错责任原则的条件；最后，根据比较法的经验，广告责任均应当实行过错责任原则。

在网络交易平台提供者的法律责任方面，朱巍老师认为其不应当就网络广告承担连带责任。其同样认为草案第四十四条与侵权责任法和广告法存在体系性的冲突与矛盾。广告法第三十八条规定的广告责任坚持的过错责任原则，而草案采取的无过错责任原则与广告法的规定显然存在矛盾。这样同位阶的法律之间存在的矛盾和冲突就会导致司法实践中法律适用的混乱。具体到网络平台方面，作为广告发布者，责令其承担无过错责任不但会加重网络平台的负担，而且会伤害仅存的言论自由。朱巍老师以新浪微博为例，指出新浪微博每天发布的微博中，有大约20%左右的内容为直接或间接的广告，如果网络平台承担无过错的连带责任，那么新浪微博将会陷入诉讼爆炸的危机中。由于网络平台对所发布的内容没有实质审查的义务，仅仅依据侵权责任法第三十六条的“通知—删除”规则。一旦消保法的修改中规定广告发布者的连带责任，将会极大地限制网民的言论自由。我国的网络经济现在正呈现蓬勃发展之势，法律的规制应当以促进网络的发展和社会的进步为目的，不合理的规定将会影响甚至对其产生阻碍。进言之，草案第四十四条的规定还将会导致网站利用实质审查的机会搜集广告商的信息，这与我国民法加强个人信息和商业机密保护的趋势相违背，也与现行法律相冲突。

## 二、现行法律体系下消保法与其他法律法规的衔接

现行消保法制定于1993年，彼时我国法律体系仍不完善，消保法的施行替代了很多其他法律的功能。但是随着合同法、物权法、侵权责任法等民事法律法规的相继出台，消保法的很多规则比如格式合同、损害赔偿规则被替代以致废除。为了适应时代的发展以及调和与其他法律法规之间的冲突与矛盾，消保法必然要进行修正。本次研讨会的与会专家针对消保法的体系归属以及消保法与其他法律法规的衔接问题提出了真知灼见。

### （一）消保法的体系归属

无论是在理论界还是实务界，探讨消保法体系归属的声音始终络绎不绝。李永军教授在会上明确指出，消保法应当归属于民法。理论界中主张消

保法属于经济法的观点是值得商榷的。决定一部法律的部门归属的关键因素应当是其调整的法律关系。民法调整的是平等主体之间的权利义务关系，而经济法调整的是宏观调控和市场规制的管理关系。消保法的调整的就是消费者与经营者之间的权利义务关系，属于私法性质的权利义务关系，因此应当归属于民法。而且，观诸大陆法系的法律体系，消保法皆规定与民法典当中或在以民法规则为共通性规则。消保法虽然侧重于对弱者的保护，在一定程度上限制了经营者的权利，与民法的平等原则相违背。但是，这是在消费者与经营者存在极大的势差的基础上的。给予消费者以特殊保护和倾斜保护是实现民法实质公平的手段。

（二）消保法与现行法律体系的衔接

杨立新教授在讨论草案的不足与修改时指出，草案第四十四条规定的广告经营者、发布者的无过错责任与现行广告法第三十八条规定过错责任相矛盾，而且与侵权责任法第六条第一款规定的一般侵权行为的过错责任向冲突，应当对草案加以修正。对此朱巍老师持同样的观点。

崔建远教授首先肯定了草案第二十四条对于三包制度的明确和完善是消保法修正进程中的一大进步。但是其指出此规定与现行合同法的相关规定存在冲突与不一致的地方。合同法第一百一十一条和第五十三条规定了瑕疵履行的违约责任，受损害方可以合理选择要求对方承担修理、更换、重作、退货、减少价款或者报酬的违约责任。草案第二十四条规定的退货、更换、修理等义务的法律含义与合同法不一致，缺少了重做、减少价款、报酬等违约责任，在理解上面存在商榷的余地。退货实际上是含有多重法效意思的救济措施，合同解除只是其中一种。在实践中，消费者可以选择将退货作为拒绝受领的意思，也可以选择主张解除合同，进而退货，还有可能是代物清偿或合同更改。而草案直接将退货理解为单一的合同解除而排除其他的法效意思，不符合合同法的相关规定与法理，也不利于消费者在实践中机动灵活地采取多种退货措施。消保法对于商品瑕疵履行的规定应当与合同法的规定与立法精神相吻合，否则合同法的相关规定可能会架空消保法，也使消保法修正失去了本来的意义。合同法第一百一十一条明确规定了瑕疵履行情况下当事人减少价款的权利，消保法中没有相关规定，也削减了消费者自主选择救济措施的权利。因此，在合同法立法精神的指导下，消保法应当规定减价权，并适当多列举一些救济措施，供消费者自主选择。在先后顺序上，可以考虑将退货作为第一顺序，修理、重作、更换作为第二顺序，将减少价款、报酬作为第三顺序，最后才是解除合同以及损害赔偿。

李永军教授从体系性的角度考虑认为草案的部分内容没有太大的实际意义。在合同法、侵权责任法等法律法规出台之前，消保法的内容对于调整消费者与经营者之间的权利义务关系，缓解两者之间的紧张状态十分重要。但是，在这些法律法规以及配套的司法解释施行以后，消保法的很多内容已经被其吸收，而且规定的更为详尽。消保法的修正再进行重复性的规定对现行民法体系的规整与法律适用的统一十分不利。

## 三、网络消费的法律调整

由于互联网的普及和电子商务的发展，人们的消费方式和消费理念发生了极大的变化。网络消费逐渐成为日常生活不可或缺的重要组成部分。低成本、便捷性、商品种类齐全等特点导致网络消费的总额和比重不断攀高。随着网络消费的快速发展，侵害消费者权益的事件日益增多，消费者权益保护问题也逐渐成为学界以及实务界关注的焦点问题。本次研讨会重点探讨了网络消费中产生的问题以及法律调整的方式和措施，以期为消保法的修正及法律适用中适应网络消费的新特点提供相应的理论参考。

### （一）网络消费对于消保法修改的影响

与会专家与实务工作者都认为网络消费对于消保法的影响是巨大的，在消保法的修改中应当对网络消费的特点予以体现。但是如何在具体的规则中规定网络消费的内容，与会代表的意见并非一致。杨立新教授认为网络消费的基础仍然是消费者与经营者之间的权利义务关系。虽然应当在消费者权益保护的问题上采取倾斜保护的措施，但是在实际的操作中，不能由于网络消费的特性而无限制地增加经营者的责任。在立法工作中要把握好经营者责任的加重与平衡的度，否则不但会伤害经营者的权益，还会危及到整个社会的利益。张严方副教授认为网络消费者在跨越信任和便捷的门槛，随着可支配收入的提高，增长潜力大幅增加。但是网络消费中各种侵害消费者权益的情形已逐渐成为其发展的阻碍，也对消费者权益保护提出了严峻挑战。在我国的立法进程中，需要尽快建立一套比较完备的安全可信的网络交易消费者权益保护体系。其中当务之急就是解决网购维权难题的症结，即明确或完善网络交易中涉及到的消费者的几项基本权利，如知情权、验货权、司法救济权等。朱巍老师从网络广告发布者责任分析的角度出发指出，由于互联网的普及和互联网经济的额发展，网络广告逐渐成为广告的重要组成部分，成为未来广告产业发展的主要趋势。应当在消保法的修改中考虑到网络的虚拟性和网络技术的中立性，应当对消保法广告责任条款进行重新审视和调整。邱宝昌律师认为应当结合网络交易的现状，制定相应的规范，保障网络交易环境的健康发展，更好地维护消费者合法权益。

（二）网络虚假宣传问题

草案第四十四条引起了与会代表的激烈讨论，与互联网环境下网络广告的新特性直接相关。杨立新教授和朱巍老师的观点较为一致，认为应当修改草案第四十四条第二款的规定，将广告经营者、发布者责任还原为过错责任。邱宝昌律师和刘克滥律师更多地从实务角度出发讨论网络虚假宣传的现状及规制措施。邱宝昌律师举出网络消费中“秒杀”、“拍卖”等宣传方式的例子，认为其涉嫌虚假宣传，还有一些不诚信的网络经营者为了点击率进行虚假宣传，在用户产生使用习惯后再作出不利于消费者的声明，这些行为都严重损害了消费者权益。因此，应当建立网络服务提供者的准入及退出机制。

（三）格式合同问题

格式合同一直是侵害消费者权益的严重问题，在网络消费时代亦是如此。张严方副教授认为消费者在网站注册或购物的过程中往往容易忽略网站的用户注册协议，而协议中可能存在涉嫌加重消费者的义务，规避经营者责任的条款，从而导致消费者权益受到损害，以及发生纠纷后难以维权。应当在消保法的修改中明确规定“用户协议”等格式条款应当采用合理和显著的方式提请消费者注意。此外，经营者应当以消费者可以保存和复制的形式提供给消费者以格式合同文本，便于消费者以此作为主张权利或提请诉讼的根据。邱宝昌律师认为网络交易区别于现场交易的弊端在于无法对合同内容进行充分协商，经营者多采用不平等的格式条款。葛友山律师认为网络消费中“霸王条款”的出现是经营者强势地位的体现，大多数购物网站要求网购消费者必须注册并同意交易协议后方可进行交易。交易协议中的一些不公平、不合理规定成为经营者规避法律责任的挡箭牌。据此，葛友山律师认为应当根据合同法的相关规定对“霸王条款”进行规制。同时在消保法的修正中落实格式条款的具体规制措施。

（四）网络经营者的信息提供义务及消费者的知情权保护问题

张严方副教授认为，在网络消费领域，消费者通过数据电文的形式与经营者进行远程通信联系，完全依据经营者提供的信息进行选择和判断，消保法应当在远游的基础上按照网络交易的特点进行延伸和扩展。其中，应当“化被动为主动”，责令经营者担负主动提供信息的特定义务。提供信息的内容不限于消费者知悉经营者本身及其提供的商品或服务的情况。

（五）网络消费的个人信息保护问题

随着互联网的发展，消费者个人信息日益受到严重的威胁，个人信息保护问题成为法学界探讨的热点话题。随着消费者对于个人信息保护的逐渐重视，消保法的修正必须对此有所反应。邱宝昌律师认为，在现有的网络技术下，消费者在网络消费中，不得不将基本个人信息告知经营者，网络经营者也可以通过cookies等技术追踪消费者的网上行为，搜集用户的兴趣或其他可识别的信息，然后有针对性地向消费者发送广告，或者转售给他人，从而成为有价值的个人数据。消保法的修正应当汲取《全国人大常委会〈关于加强网络信息保护的决定〉》的经验，在个人信息保护条款中明确经营者搜集消费者个人信息的原则、方式和范围，平衡经营者合法合理搜集个人信息与消费者个人信息保护之间的度量。

（六）网络消费纠纷的程序性问题

不同于当面交易，网络交易由于其远距离的特性，消费者对于经营者侵害其权益的行为尤难举证，经营者的损害赔偿责任难以落实，这也导致网络消费中欺诈等侵害消费者权益的情况经常发生。针对这种情况，李永军教授建议消保法对欺诈等严重侵害消费者权益的情形实行举证责任倒置。葛友山律师与李永军教授持同样的观点，葛律师认为网络交易的数据电文在认定证据时存在一定的障碍，不但何为原件难以确认，其真实性也很难确定。因此，网络消费纠纷中应当由经营者承担举证责任

最新修订的民事诉讼法中首次提及了公益诉讼，规定法律规定的机关和有关组织可以对污染环境、侵害众多消费者合法权益等损害社会公共利益的

行为向法院提起诉讼。自此，消费公益诉讼的问题也引起了学界和实务界广泛的讨论。本次研讨会中，邱宝昌律师认为公益诉讼对叙解决消费者维权难、维权成本高的问题有很大的价值和作用。草案中明确了消费者协会的诉讼职能对于消费者权益的进一步保护具有突破性的进展。北京市消费者协会的与会代表针对公益诉讼发表了不同的观点，认为草案中以行政级别界定消费公益诉讼的诉讼主体范围不甚合理。我国许多地区的基层消费者协会对于消费者权益保护起到了极大的作用，而且未来消协的行政架构、职能分配都有很大的变数。将公益诉讼的职能赋予作为整体的消协部门才是具有前瞻性的作法。然后，可以再通过司法解释或者行政法规、规章的方式对具体的公益诉讼方式进行规定。

# —— 编辑后语 ——

本辑“专论”刊登的是最高人民法院奚晓明、杜万华两位大法官的讲话稿。其中，奚晓明副院长《证券市场侵权民事责任制度的法律政策》一文发表于中国证券法学研究会2013年年会。演讲在回顾我国证券市场20年法制建设成果的基础上，以维护投资者信心为着眼点，系统阐述了完善证券市场侵权民事责任制度的必要性以及制度设计时所需的政策权衡，深刻反映出了作者作为一位资本市场法制建设参与者和见证者对市场发展的关注与思考，为进一步推动证券市场法制建设、深化理论研究提供了十分有益的指导。而杜万华专委在“全国高级法院民一庭庭长座谈会”上的讲话，则在总结今年民事审判工作所面临的新形势新任务的同时，向各级法院提出了“充分发挥民事审判工作职能作用，进一步推动社会主义法治秩序的完善，切实维护司法公正”的要求，并明确了本年度民事审判工作所应重点关注的问题，甚值审判实务工作者关注和思考。

以此次“消保法”的修订为契机，关于网络环境下个人权益保护问题的研究再度呈现升温趋势。2013年6月在北京召开的北京市消费权益保护法学会年会以“网络消费的法律调整”为主题，汇集多家单位、相关领域的理论与实务工作者，围绕着“冷静期”制度的合理构建与完善、网络虚假宣传、网络经营者的信息提供义务及消费者的知情权保护、网络消费的个人信息保护、网络消费纠纷的程序等诸多问题展开了深入且富有成效的研讨，为推动相关立法的完善以及理论研究的发展做出了非常有益的贡献。而以此为呼应，李颖法官、陶盈博士从具体案件中法院裁判态度的差异比较以及典型案例的评析出发，通过现状梳理、比较分析，分别就网络环境下的个人信息保护及其与网络服务商信息披露义务之间的“博弈与平衡”问题进行了颇具启发意义的思考与探讨。

以裁判为关切，理论研究才能确保“真问题”，回应“实需要”。这也是《判解研究》长期以来坚持的基本理念所在。本辑所载马强法官以“李明丽”案为基础而对“错误出生之诉”及其侵权损害赔偿问题所作的论述，关倩法官依“刘某诉东升公司、徐某”案而就民间借贷大额现金交付案件的审理思路所行之探讨，王云鹏法官据“张昕诉宛城区环卫站”案而对公益性岗位再就业劳动关系认定问题所为之研究，以及邓志伟、曾茜两位法官从知识产权司法实践出发，对裁判过程中“法官造法”问题所展开的思考，无不与时下民事立法、司法实践中的急切、焦点问题直接相关。而正是此种直接关切的品质，使得研究得以更为准确、有效地回应社会现实需求，突显理论的张力和价值。

承应上辑，本期用稿仍旧对“公”与“私”的关系给予了较大的关注。并且对二者关系的观察与讨论更显微观、具体。张华法官《论报批义务对合同效力的影响》一文，在正确解读“报批义务”与“未生效合同”的基础上，作出了“未经批准的合同并不必然都导致合同未生效”的判断，认为“因批准而生效的合同应具有自己独特的规律性，批准本身应具有独立性，不受合同是否生效的影响，应在此基础上重新确立批准与合同效力之间的规则。”并区分不同情境，提出了对违反报批义务的处理原则，不失为对公权干预与意思自治关系的一种独到见解。而姚辉教授与雷震文博士合作的《公权力介入私人关系的理由与界限》则采取案例分析的路径，由民政局代诉死亡赔偿案件说起，通过分析裁判立场的差别及其理由，较为系统地提出了公权力介入私人关系的三大理由：法律的明确授权、维护公共利益的需要以及追求实质平等，并具体分析不同理由下权力介入所应坚守的基本界限，不仅为类似案件的审理提供了方向与思路上指引，也为一般性地思考和处理“公”与“私”的关系提供了理论上的借鉴与支撑。

# —— 征稿启事 ——

《判解研究》系教育部人文社会科学重点研究基地——中国人民大学民商事法律科学研究中心主办、《判解研究》编辑部编辑、人民法院出版社出版的，面向海内外公开发行的全国性法律专业刊物。本刊秉持“加强判解研究，推进司法改革”的宗旨，以裁判实践以及相关法律、司法解释的研究基本关注，设有法学专论、司法解释之窗、法官论坛、判例评析、公报案例评析、焦点笔谈、调查与研究、海外判例选介等多个栏目，力图多视角、全方位地追踪和展示中国的判例、司法解释及相关研究之全貌，总结司法经验，探求法治精神，积极推动国家法制建设与法学研究的发展。

本刊恪守求实、严谨、公正的办刊理念，弘扬兼容并蓄的学术传统，诚邀法学理论及实务工作者惠赐佳作。来稿要求：

1. 来稿应属未以任何形式公开发表过的作品。本刊不接受一稿多投，因此类行为给本刊造成不良影响和损失的，将予以严肃追究。

2. 本刊对来稿的篇幅原则上不做限定，但对于全文低于八千字或超过二万字（含注释部分文字）的稿件，适用更为谨慎的编审程序。

3. 来稿应遵守本刊注释体例，注释以必要和合理为原则，不使用伪注；标点符号、数字的使用应遵守国家有关规定。

4. 案件评析的稿件应包含案情概要、裁判要旨以及学理评析三部分，且前两部分所占篇幅应限制在全文的五分之一以内；所评须为真实案例，并附注裁判文书字号。

5. 本刊用稿实行匿名评审制度，请作者将姓名、出生年月、性别、工作单位、职称、学位、职务、通讯地址、联系电话、电子邮箱等个人信息，单独放在首页，稿件正文不要体现上述信息。

6. 本刊不退来稿，稿件采用后，编辑部会及时与作者联系；稿件寄出后两个月未收到用稿通知，作者可另作处理。

7. 凡本刊所发表的文章，自发表之日起一年内，有本刊享有专有版权和使用权，任何转载、摘登、翻译或集结出版等事宜，均须事先得到本刊编辑部的书面许可。

8. 来稿请寄：北京市海淀区中关村大街59号中国人民大学明德法学楼1015室《判解研究》编辑部（100872）；或发送：panjieyanjiu@163. com

《判解研究》编辑部

**附：《判解研究》注释体例**

1. 文中注释一律采用脚注，每页独立注码，样式为：①②③等；

2. 非直接引用原文时，注释前加“参见”；引用非原始资料时，请注明“转引自”。

3. 请规范数字用法，其中非直接引用法条的序号用阿拉伯数字(包括正文)。

4. 注释及参考文献范例：

（1）著作类：

①《马克思恩格斯选集》第4卷上册，人民出版社1972年版，第24页。

② 佟柔：《中国民法》，法律出版社1990年版，第67页。

（2）论文类：

① 苏永钦：《私法自治中的国家强制》，载《中外法学》2001年第1期。

（3）文集类：

① 龚祥瑞：《比较宪法学的研究方法》，载《比较宪法研究论文集》（第一集），南京大学出版社1993年版。

（4）译作类：

①［古希腊］亚里士多德：《政治学》，吴寿彭译，商务印书馆1983年版，第54页。

（5）报纸类：

① 张志铭：《现代化与中国律师制度的发展》，载《光明日报》，2003年9月23日。

（6）古籍类：

①［清］沈家本：《沈寄簃先生遗书》甲编，第43卷。

（7）辞书类：

①《新英汉法律词典》，法律出版社1998年版，第24页。

（8）网络资料类：

①郑成思：《“入世”、知识产权保护与民商法的现代化》，载中国法学网 http：//www. iolaw. org. cn/showNews. asp? id =243，2007年4月29日访问。

（9）英文类：

① L. Fuller, The Morality of Law, revised edition, New Haven: Yale University Press, 1969, p. 143.

② See Roscoe Pound, The Spirit of the Common Law, New Brunswick: Transaction Publishers, 1999, pp. 179 – 180.

③ Joseph Raz, “Legal Principles and The Limits of Law”, 81 Yale Law Journal (1972), p. 839.

④H. L. A. Hart, “Jhering's Heaven of Concepts and Modern Analytical Jurisprudence”, in Essays in Jurisprudence and Philosophy, London: Oxford University Press, 1983, pp. 269 – 270.

**推荐阅读**

# 世界侵权法学会丛书

# World Tort Law Society Series

侵权法论（第五版）上、下册　作者：杨立新　定价：168.00 元

共同侵权制度研究（修订版）　作者：张铁薇　定价：39.00 元

银行汇款方式：

开户银行：工行王府井金街支行

账号：0200000709004606170

开户名称：人民法院出版社

传真：010－67550551

邮箱：cbs67550558@163.com

邮局汇款方式：

邮编：100745

地址：北京市东城区东交民巷 27 号

联系人：人民法院出版社发行中心

咨询电话：010－67550558